陶瓷考古通讯

第 9 期

北京大学考古文博学院
北京大学中国考古学研究中心　编
北京大学陶瓷考古与艺术研究所

科学出版社
北　京

内 容 简 介

《陶瓷考古通讯》是由北京大学考古文博学院、北京大学中国考古学研究中心、北京大学陶瓷考古与艺术研究所联合出版的系列辑刊，计划每年出版1期。本书以介绍陶瓷考古研究相关的简报、论文和学术书评为主要内容。本期收录发掘简报与考古收获2篇，论文10篇，书评1篇。

本书适合于从事陶瓷考古研究的专家学者及高等院校相关专业的师生参考、阅读。

图书在版编目（CIP）数据

陶瓷考古通讯. 第9期 / 北京大学考古文博学院，北京大学中国考古学研究中心，北京大学陶瓷考古与艺术研究所编. —北京：科学出版社，2024.1
 ISBN 978-7-03-077934-2

Ⅰ.①陶… Ⅱ.①北… ②北… ③北… Ⅲ.①古代陶瓷–考古–中国–文集 Ⅳ.① K876.34-53

中国国家版本馆 CIP 数据核字（2024）第 002643 号

责任编辑：蔡鸿博 / 责任校对：张亚丹
责任印制：肖 兴 / 封面设计：张 放
封面题字：宿 白

科学出版社 出版
北京东黄城根北街16号
邮政编码：100717
http://www.sciencep.com

北京厚诚则铭印刷科技有限公司印刷
科学出版社发行 各地新华书店经销

*

2024年1月第 一 版　开本：787×1092　1/16
2024年8月第二次印刷　印张：12　插页：12
字数：320 000
定价：168.00元
（如有印装质量问题，我社负责调换）

编 委 会

主　　　编　丁　雨
副 主 编　崔剑锋
编　　委　江建新　孙新民　秦大树　栗建安　Nigel Wood
　　　　　　　王小蒙　王光尧　杨哲峰　沈岳明　张　弛
　　　　　　　赵　冰　徐天进　彭善国　森达也　裴亚静
　　　　　　　Jan Stuart
编辑部主任　陈　冲

目 录

简 报

江西崇仁县拳头山窑址调查简报
　　……………… 西北大学文化遗产学院　江西省文物考古研究院　崇仁县博物馆（1）
浙江临安光孝明因寺遗址考古发掘与整理的主要收获………………………………
　　………………………………………… 聂文辉　陈鑫权　王征宇　沈岳明（14）

论 文

北魏平城时期铅釉陶器的样式来源……………………………………… 李　鑫（23）
试述隋唐时期的陶瓷辟雍砚………………………………… 彭善国　刘锡甜（41）
婺州窑研究的回顾与反思………………………………………………… 谢西营（51）
福清东张窑黑釉瓷生产标准化研究……………… 徐文鹏　陈志涛　蔡　婵（61）
9—12世纪广东陶瓷外销情况初探……………………………………… 艾沁哲（77）
11—12世纪中国陶瓷外销低潮现象简析………………………………… 丁　雨（94）
考古学视野下的明代早期景德镇民窑青花瓷…………………………… 陈　冲（108）
克拉克瓷器及其生产机制——以景德镇观音阁窑址的发掘为背景……… 王光尧（132）
关于老挝沙湾拿吉省Sepon矿区遗址出土中国瓷器的思考……………… 范佳楠（139）
瓷国的秘密——16—18世纪欧洲人眼中的中国瓷器产业……………… 王冠宇（153）

书 评

读《华光礁一号沉船遗址发掘报告》…………………………………… 黄学文（173）

简报

江西崇仁县拳头山窑址调查简报

西北大学文化遗产学院
江西省文物考古研究院
崇仁县博物馆

摘要：2015年1月，江西抚河流域先秦遗址考古调查队对崇仁县境内的文物保护单位拳头山窑址进行了调查，采集了一批青白釉、酱釉瓷器以及窑具标本等地表遗物。窑址主体年代为北宋中期至南宋时期，是一处使用涩圈叠烧方法烧造青白瓷为主的窑场。此次调查发现，进一步丰富了江西抚河流域的瓷业生产面貌，为宋代青白瓷生产体系及江西地区的陶瓷史研究提供了新的实物资料。

关键词：拳头山窑址，青白釉，涩圈叠烧，南宋

2015年1月，江西省文物考古研究院、西北大学文化遗产学院等单位在开展抚河流域先秦时期遗址联合考古调查期间，对位于抚河中游崇仁县境内的文物保护单位拳头山窑址进行了复查，发现该窑址已被人为破坏，地表暴露出部分窑业堆积，采集了一批地表遗物，包含大量青白釉瓷和少量酱釉瓷及窑具等标本。因窑址年代不在联合考古队调查范围之内，2023年2月，笔者重新对拳头山窑址的地理环境和现状进行了详细调查，并获得了几件典型标本。两次调查采集的遗物编号分别为"2015·J·C·Q·采""2023·J·C·Q·采"，简称为"15JCQ采""23JCQ采"，以下作详细介绍。

一、地理位置

拳头山窑址位于江西省抚州市崇仁县三山乡庙前村小山南坡，俗称拳头山（图一），西靠罗山，东、南两面为梯田，梯田低处有一东西向小河汇入港河水库，东南距庙前村委会约500米，周边分布有横山、竹山、项溪山等山岗。窑址所在的三山乡位于崇仁县西北部，地处崇仁和丰城交界处的罗山脚下，为山区丘陵地带，地势西北高东南低。窑址海拔167.63米，地理坐标：北纬27°52′37.8″，东经115°55′28.8″。

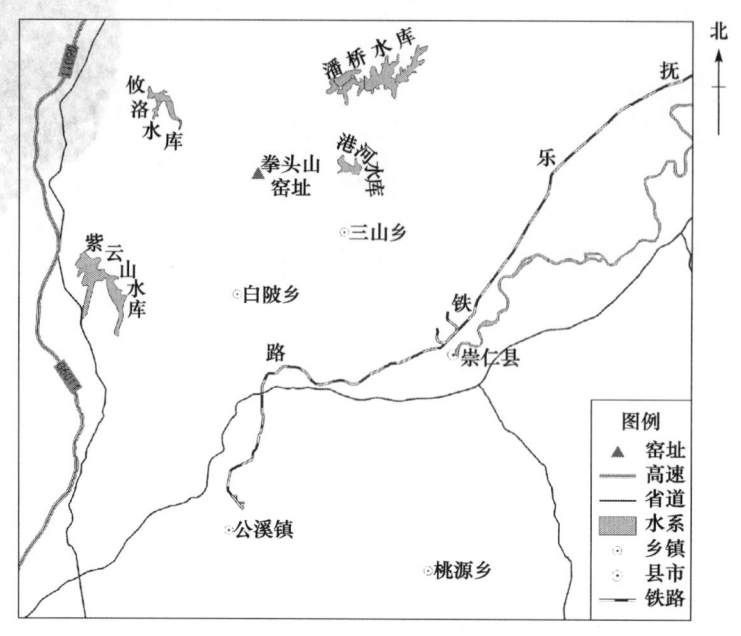

图一 窑址位置示意图

二、遗存现状

拳头山窑址的范围不大，地表遗物仅见于两处南北相连的山包（图版一，1）。两山包底部南北长约75、东西宽约42米，高出周围农田约7米，现被当地开垦为茶树种植区，其上遍种茶树苗和早年的杉树。窑业遗存埋藏较浅，大量瓷片及窑具也因此露出地表（图版一，3）。窑址西面有一条小水圳，灰黄色土沙，山上的一些窑具滚落至此。东面山脚下有一处引山中泉水为水源的现代蓄水池。西侧山腰暴露出一段长约1.1米的窑墙，地表可见二至三层的青灰色窑砖，最大残高28厘米（图版一，4）。1983年该窑址被崇仁县列为第一批县级文物保护单位（图版一，2）。

三、主要遗物

本次调查总计采集遗物255件，主要为瓷器标本，包括酱釉器、青白釉器两种，其中青白釉器居多，另外还有少量陶器。除陶瓷器之外，还有少量窑具及制瓷工具。

（一）酱釉瓷器

共23件。占采集标本的9%。可辨器型有碗、盏、灯盏、器盖等。

碗底　共2件。残存下腹及底足部分。标本15JCQ采：70，矮圈足，弧壁，内壁近底压印一周凹弦纹。内壁满、外壁至近底施酱褐釉，釉面光亮，釉层较薄。灰白胎。残高4.4、足径7厘米（图二，2）。标本15JCQ采：152，矮圈足，斜弧壁，内壁近底压印一周凹弦纹。内壁满、外壁至近底施酱褐釉，釉面开细冰裂纹，釉层脱落。灰白色胎。残高 4.2、足径 7.3 厘米（图二，3）。

盏 共 7 件。均可复原。依据底足的不同，分 3 型。

A 型 4 件。卧足。敛口，深腹，斜壁微弧，内底凹平。标本 15JCQ 采：3，外壁近底有两周拉坯痕，外底可见旋削痕。内壁满、外壁至近底施酱褐釉，釉层较薄。灰色胎。高 6.4、口径 12.2、足径 4.5 厘米（图二，7）。标本 15JCQ 采：17，外底粘沙。内壁满、外壁至近底施酱绿釉，外壁下部近底泪状流釉痕明显。灰色胎。高 5.4、口径 11.3、足径 3.5 厘米（图二，8；图版二，1）。

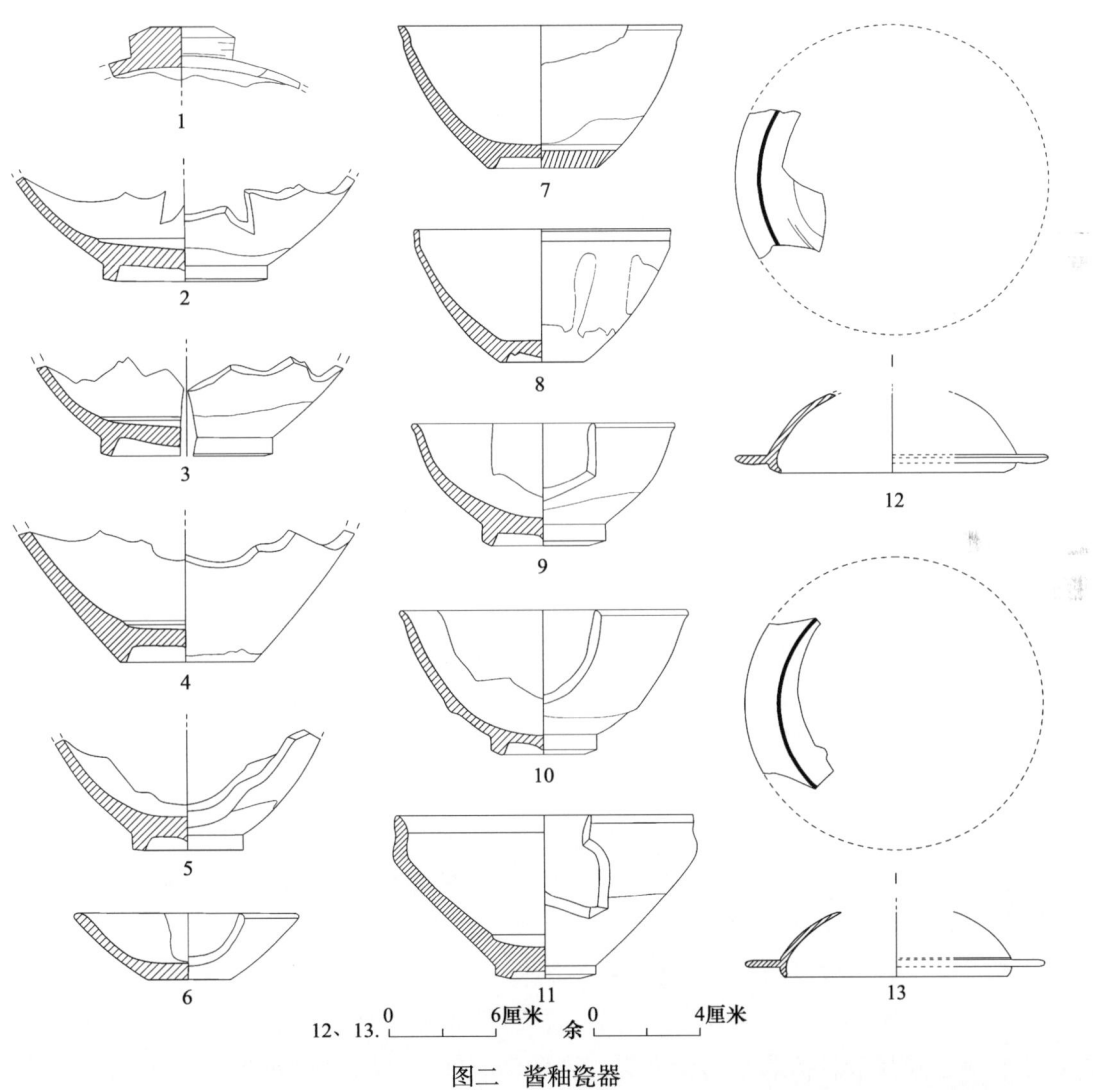

图二 酱釉瓷器
1、12、13. 器盖（15JCQ 采：73、15JCQ 采：105、15JCQ 采：106） 2、3. 碗底（15JCQ 采：70、15JCQ 采：152） 4. A 型盏底（15JCQ 采：155） 5. B 型盏底（15JCQ 采：148） 6. 灯盏（15JCQ 采：13） 7、8. A 型盏（15JCQ 采：3、15JCQ 采：17） 9. B 型 I 式盏（15JCQ 采：16） 10. B 型 II 式盏（15JCQ 采：19） 11. C 型盏（15JCQ 采：76）

B型　2件。圈足。依据腹壁的差异，分2式。

Ⅰ式　1件。标本15JCQ采：16，侈口，上腹壁外倾，下腹部缓内收，内底凹平，外底中心有一乳突，足墙方直。内壁满、外壁至近底施酱黑釉，外壁下部积釉较厚。灰白色胎。高4.8、口径10.6、足径4.8厘米（图二，9；图版二，2）。

Ⅱ式　1件。腹较Ⅰ式深。标本15JCQ采：19，侈口，壁下部较斜直内收，内底凹平，外底中心有一乳突，足墙方直。内壁满、外壁至近底施酱黑釉，釉层较薄。灰白色胎。高5.6、口径11.6、足径4.2厘米（图二，10；图版二，3）。

C型　1件。浅圈足。标本15JCQ采：76，拿口，束肩，深斜腹，内底凹平，外底粘沙，圈足小。内壁满、外壁至二分之一处施酱黑釉。灰白色胎。高6.6、口径12、足径4厘米（图二，11；图版二，4、5）。

盏底　共7件。残存下腹及底足部分。依据底足的不同，分2型。

A型　3件。卧足，斜腹微弧，内底凹平。内壁满、外壁至近底施酱黑釉。标本15JCQ采：155，灰白色胎。残高5、足径5.1厘米（图二，4）。

B型　4件。圈足，斜弧腹，内底凹平。内壁满、外壁至近底施酱黑釉。标本15JCQ采：148，灰白色胎。残高4.5、足径4.3厘米（图二，5）。

灯盏　共2件。均可复原。敛口，斜壁微弧，内底圆弧，平底。内壁满施酱黑釉，口沿处呈红褐色，外壁无釉。标本15JCQ采：13，灰色胎。高2.7、口径8.9、底径3.3厘米（图二，6）。

器盖　5件。与罐配套使用。均残，不可复原。标本15JCQ采：73，盖顶隆起，盖面斜弧，中置圆饼状纽。内、外壁满施酱褐釉，釉层较薄，大部分脱落。灰白色胎。残高2.3厘米（图二，1）。标本15JCQ采：105，盖面隆起，弧陡，子口长出盖口。盖面施酱黑釉，釉层较薄。灰白色胎。残高4.6、直径18.9厘米（图二，12；图版二，6）。标本15JCQ采：106，盖面隆起，弧陡，子口长出盖口。盖面施酱黑釉，釉层基本脱落。灰泛红色胎。残高3.9、直径18厘米（图二，13；图版二，6）。

（二）青白釉瓷器

共210件。占采集标本的82%。可辨器型有碗、盏、杯、盘、灯盏、盒、盖等。

碗　共45件。其中34件可复原，另有11件碗底。可复原器依其整体形态的不同分为墩式碗和平口碗2类。

墩式碗　共3件。依据口部形制的不同，分2型。

A型　1件。敛口。标本15JCQ采：23，厚圆唇，上腹壁微内倾，下腹壁弧缓内收，圈足，足墙外壁方直，内壁外斜。内壁满、外壁至近底施青白釉。灰白色胎。高11.6、口径17.4、足径10.1厘米（图三，1；图版二，7）。

B型　2件。尖唇，直口或口部较直，上腹壁较直，下部缓弧收，圈足，足壁方正。标本15JCQ：37，内底有旋胎痕。内壁除口沿满、外壁至近底施青白釉，釉面开冰裂纹。灰色胎。高7.9、口径12.9、足径7厘米（图三，2）。标本15JCQ采：41，芒口，内壁满、外壁至近底施青白釉，釉面开细冰裂纹。灰白色胎。高7.6、口径13.8、足径6.4厘米（图三，3；图版二，8）。

平口碗　共31件。侈口或口微侈。依据腹壁的差异，分2型。

A型　29件。圆唇，斜直壁，内壁近底下凹，浅圈足，足墙方直或微外斜。内底涩圈，外壁至近底施青白釉。标本15JCQ采：27，灰白色胎。高5.3、口径17、足径6.9厘米（图三，4）。标本15JCQ采：28，灰白色胎。高5.6、口径17.2、足径6.9厘米（图三，5；图版三，1）。

B型　2件。尖唇，斜弧壁，内壁近底下凹，圈足，足墙方直。内底涩圈，外壁近底施青白釉。标本15JCQ采：44，白色胎。高7.1、口径17.9、足径7.6厘米（图三，6；图版三，2）。标本15JCQ采：50，灰白色胎。高7.6、口径18.2、足径7.4厘米（图三，7）。

碗底　共11件。残存下腹及底足部分。标本15JCQ采：40，斜弧壁，内底凹平。内壁满、外壁至近底施青白釉，釉面开冰裂纹，外壁釉层脱落。灰白色胎。残高7.8、足径8.4厘米（图三，8；图版三，3）。标本15JCQ采：68，斜弧壁，内壁向心刻划一周卷草纹，内底压印一周小圆圈。内壁满、外壁至近底施青白釉，釉色泛黄，釉面开细冰裂纹。灰白色胎。残高5.7、足径7.2厘米（图三，9，图版三，4）。

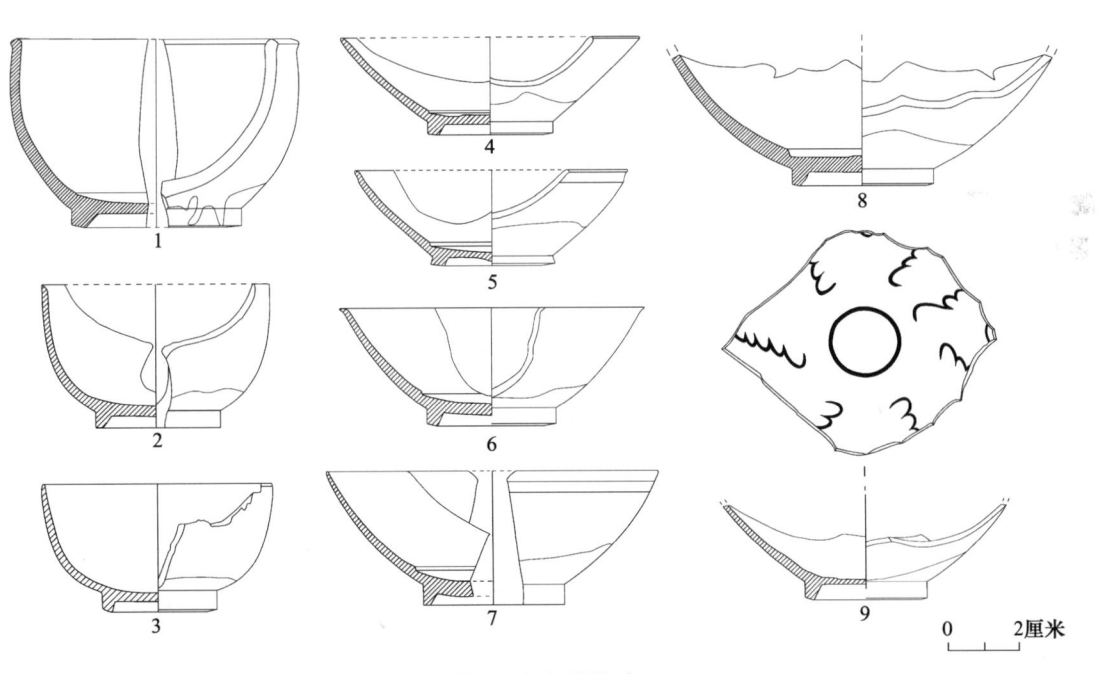

图三　青白釉瓷碗
1. A型墩式碗（15JCQ采：23）　2、3. B型墩式碗（15JCQ采：37、15JCQ采：41）　4、5. A型平口碗（15JCQ采：27、15JCQ采：28）　6、7. B型平口碗（15JCQ采：44、15JCQ采：50）
8、9. 碗底（15JCQ采：40、15JCQ采：68）

盏　共18件。均可复原。圆唇，撇口或口微外撇，曲弧壁，外底中心有一乳突，圈足，足墙方直。内底涩圈或压印一周凹弦纹，外壁至近底施青白釉，釉层较薄。标本 15JCQ 采：2〔上〕，口沿粘窑渣处塌陷变形。灰白色胎。高 4.7、口径 11.5、足径 5.4 厘米（图四，1；图版三，5）。标本 15JCQ 采：47，灰白色胎。高 4.5、口径 11.5、足径 5.6 厘米（图四，2）。

杯 共 1 件。可复原。标本 15JCQ 采：36，直口，上腹壁较直，下腹壁弧收，内壁粘窑渣，近底压印一周凹弦纹，浅圈足，足墙方直，外底中心有一乳突。内壁满、外壁至近底施青白釉，釉色泛黄，釉面开冰裂纹。灰色胎。高 4.9、口径 10.6、足径 5.3 厘米（图四，5）。

盘 共 5 件。均可复原。尖唇或圆唇，侈口，曲壁浅腹，内壁近口沿压印一周凹弦纹，圈足或浅圈足。内底涩圈，外壁施青白釉不及底。标本 15JCQ 采：6，灰白色胎。高 3.1、口径 14.2、足径 6.7 厘米（图四，6）。标本 15JCQ 采：45，灰白色胎。高 3.9、口径 13.7、足径 6 厘米（图四，7；图版三，6）。

执壶流 共 1 件。标本 23JCQ 采：3，弯曲圆管状，根部较粗，口部较细。内外壁施青白釉，外壁釉层脱落，内壁釉色泛黄。青灰胎。残长 7.9 厘米（图四，11；图版四，1）。

执壶把柄 共 1 件。标本 15JCQ 采：8，残存把柄上部。呈扁平耳状。正、背面满施青白釉，釉面开冰裂纹。残高 7.1、扁平面宽 2.3 厘米（图四，8）。

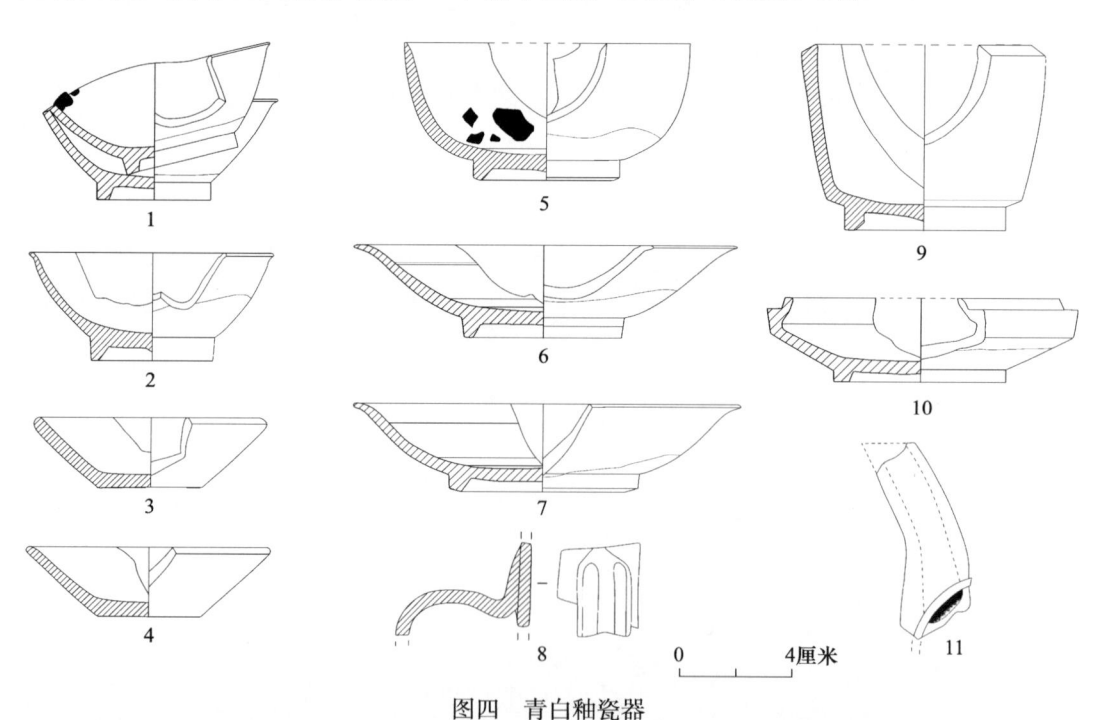

图四 青白釉瓷器
1、2. 盏（15JCQ 采：2〔上〕、15JCQ 采：47） 3、4. 灯盏（15JCQ 采：9、15JCQ 采：10）
5. 杯（15JCQ 采：36） 6、7. 盘（15JCQ 采：6、15JCQ 采：45） 8. 执壶把柄（15JCQ 采：8）
9. 炉（15JCQ 采：18） 10. 盒（15JCQ 采：31） 11. 执壶流（23JCQ 采：3）

器盖 共 5 件。均可复原。依据器型分为罐盖和盒盖 2 种。

罐盖　共2件。与罐配套使用。依据腹壁及盖纽的差异，分2型。

A型　1件。呈伞状。标本15JCQ采：4，盖顶弧拱，盖面斜弧，中心有两处茎纽断口，盖沿折出，沿下设子口，子口长出盖口。盖面施青白釉，器内无釉，釉层较薄，开细冰裂纹。灰白色胎。残高3.2、盖径14.5厘米（图五，1；图版四，5）。

B型　1件。呈覆碗状。标本23JCQ采：2，盖顶隆起较高，盖面圆弧，中置圆饼状纽，盖沿平折，沿下设短子口。盖面施青白釉，器内无釉，釉层较薄，开细冰裂纹。灰白色胎。残高6.9、盖径17.6厘米（图五，2；图版四，4）。

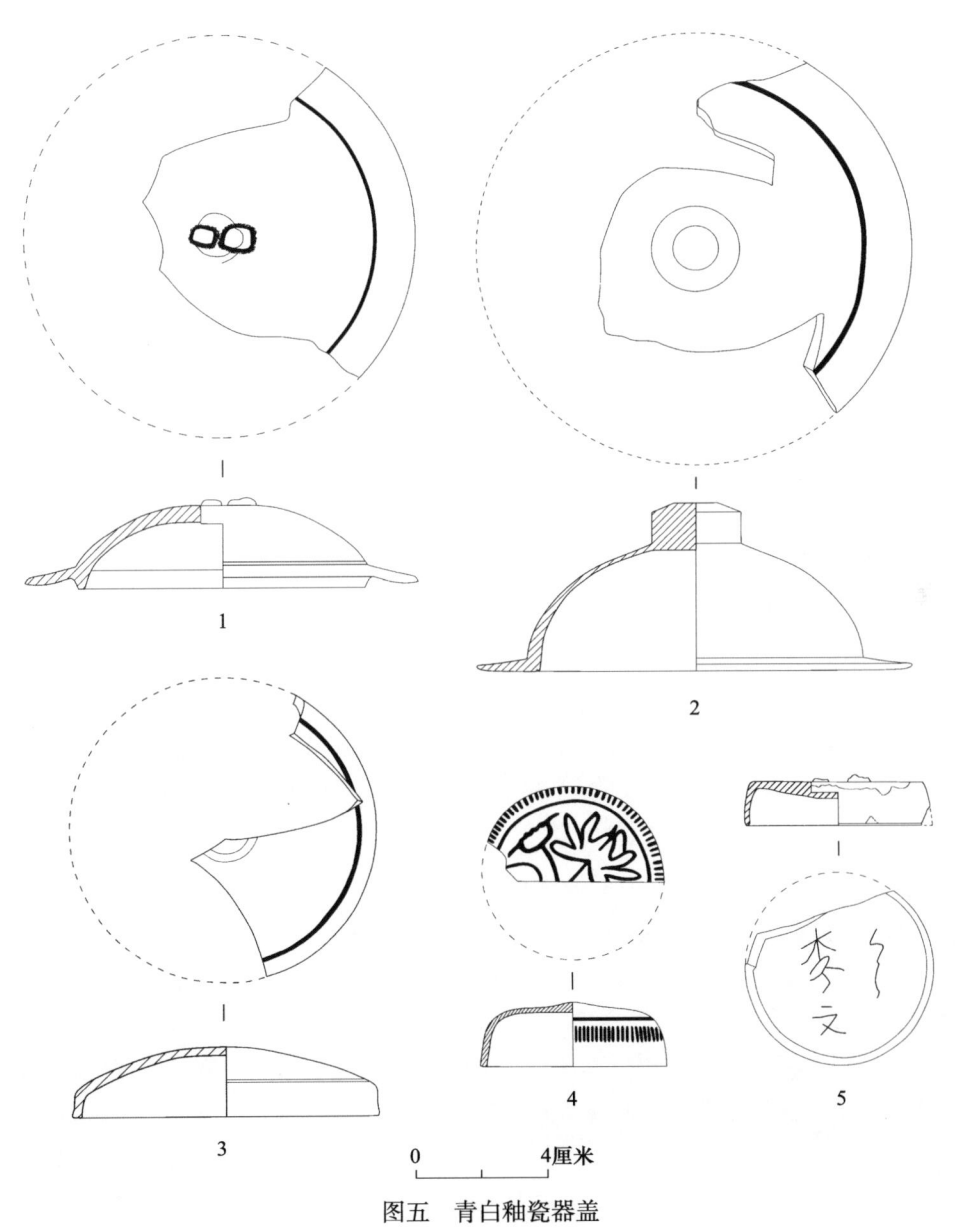

图五　青白釉瓷器盖

1. A型罐盖（15JCQ采：4）2. B型罐盖（23JCQ采：2）3—5. 盒盖（23JCQ采：1、15JCQ采：1、15JCQ采：22）

盒盖　共3件。与盒类器物配套使用。盖呈圆形，母口。标本15JCQ采：1，盖顶弧隆，腹壁较直，顶面模印牡丹花纹，盖壁饰竖条纹。盖面满、内壁沿子口内施青白釉，釉面开冰裂纹。灰白色胎。高2.5、盖径6.9厘米（图五，4；图版四，6）。标本15JCQ采：22，盖顶平直，中心和盖沿有三处纽断口，呈一直线，腹壁较直，内收。盖面满施青白釉，开冰裂纹，盖沿釉层脱落，内壁刻划汉字"李""文"和一简约线条。灰白色胎。残高1.8、盖径7厘米（图五，5）。标本23JCQ采：1，盖顶弧拱，腹壁较直，顶面中心和边缘分别压印一周凹弦纹。盖面满、内壁沿子口内施青白釉，釉面开冰裂纹，盖壁有积釉痕。灰白色胎。高3、盖径13厘米（图五，3）。

炉　共1件。可复原。标本15JCQ采：18，敛口，深斜腹，外腹壁与底足交接处有一周宽旋削台面，圈足，足墙方直，底部粘砂，外底中心有一乳突。外壁满、内壁口沿处施青白釉，釉面开冰裂纹。灰白色胎。高6.7、口径8.9、足径6.3厘米（图四，9；图版三，8）。

盒　共1件。可复原。标本15JCQ采：31，圆唇，子口内敛，内底较平，腹壁上部较直，下部斜收至底，圈足。内壁满、外壁上部施青白釉，外壁釉色泛黄，基本脱落。灰色胎。高3.1、口径11.8、足径6.5厘米（图四，10；图版三，7）。

灯盏　共3件。均可复原。圆唇，敞口，斜弧壁，内底圜，外底平。标本15JCQ采：9，内底施釉，口沿及外壁无釉。釉面开冰裂纹。白色胎。高2.6、口径8.9、底径4厘米（图四，3；图版四，2）。标本15JCQ采：10，内底施釉，口沿及外壁无釉。釉面开细冰裂纹，脱落严重。黄色泛红胎。高2.7、口径9.1、底径3.8厘米（图四，4；图版四，3）。

圈足器底　共93件。仅存器底，器类不明，较多内底有涩圈。标本15JCQ采：79，斜弧腹，内底压印一周小圆圈，底足粘砂。内壁满、外壁至近底施青白釉，釉层较厚，开冰裂纹。青灰色胎。残高4、足径7.7厘米（图六，1）。标本15JCQ采：80，弧壁，内底圆弧，边缘有一周凹弦纹，外底中心有一乳突。内壁满、外壁部分及底施青白釉，釉色泛黄，脱落严重。黄白色胎。残高4、足径6.3厘米（图六，2）。

口沿标本　共36件。残存口沿及上腹部分。标本15JCQ采：66，圆唇，敛口，平折沿，上腹壁较直，下腹壁弧缓内收。内、外壁满施青白釉，釉面开冰裂纹。黄白色胎。残高8、口径23.6厘米（图六，3）。标本15JCQ采：67，圆唇，敛口，斜弧腹，内壁刻划有兰草纹。内、外壁满施青白釉，釉面开细冰裂纹，釉层脱落。黄白色胎。残高6.3、口径18厘米（图六，4）。标本15JCQ采：72，圆唇，唇沿外翻，侈口，束颈，弧鼓腹壁。残高5、口径9.9厘米（图六，5）。

（三）陶器

共3件。陶罐残片。占采集标本的1.2%。标本15JCQ采：149，残存肩腹部。肩部贴塑条形系，腹部有多道弦削痕。泥质深灰色胎。残高7.1厘米（图六，6）。

图六 青白釉瓷器和陶器

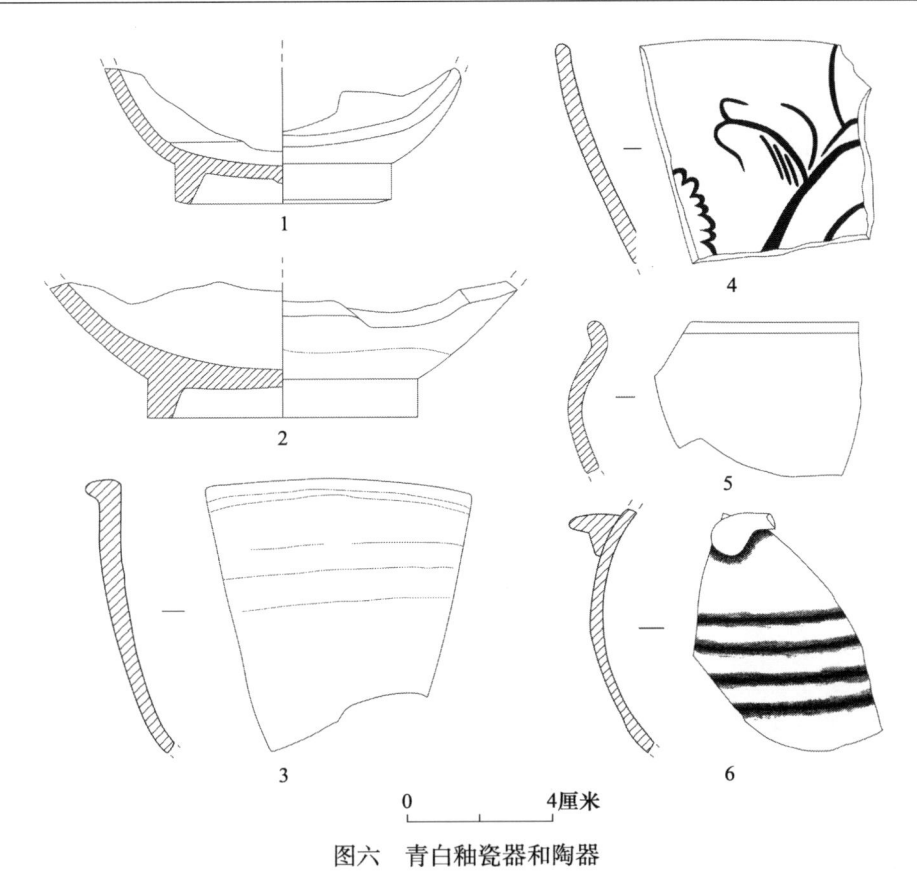

1、2. 青白釉瓷圈足器底（15JCQ 采：79、15JCQ 采：80） 3—5. 青白釉瓷口沿标本（15JCQ 采：66、15JCQ 采：67、15JCQ 采：72） 6. 陶器（15JCQ 采：149）

（四）窑具

共19件。占采集标本的7.5%。分为窑砖、窑撑、火照三类。

窑砖 共3件。长方形，红色。标本15JCQ：158，部分砖面泛青色，端面两层分别粘连残砖和瓷片。长13.4、宽9、厚5.2厘米（图七，1；图版五，5、6）。

窑撑 共15件。依据形制的不同，分4型。

A型 4件。圆筒束腰形，下部中空，支面较平，壁中部内弧。标本15JCQ采：75，灰色胎。外侧局部有一层墨绿色薄釉。高15.9、上径9.3、下径10.1厘米（图七，6；图版五，1、2）。

B型 1件。倒筒形，支面下凹，壁由上往下斜直内收。标本15JCQ采：77，残，不可复原。灰黄色胎。外侧局部一层墨绿色结晶窑汗。残高14.6、上径10.1厘米（图七，4；图版五，3）。

C型 6件。圆筒形，中空，支面平，直壁。标本15JCQ采：71，残，不可复原。灰红色胎。残高10.9、上径14.6厘米（图七，3；图版五，4）。

D型 4件。不规则形，有手指印痕。标本15JCQ采：74，深灰色胎。高7.7厘米

（图七，7；图版五，7）。

火照　共1件。标本15JCQ采：5，利用残碗改成，圈足，碗底中间有一小圆孔。内壁满、外壁施酱黑釉不及底。灰白色胎。残高5.1、足径4.6厘米（图七，2；图版四，7、8）。

（五）制瓷工具

共1件。占采集标本的0.4%。为研磨棒。

研磨棒　共1件。标本15JCQ采：83，头部残，不可复原。棍棒状，横截面呈半圆形，实心，把柄外壁有刀削痕。白泛红色胎。残长7.5、最大径5.3厘米（图七，5）。

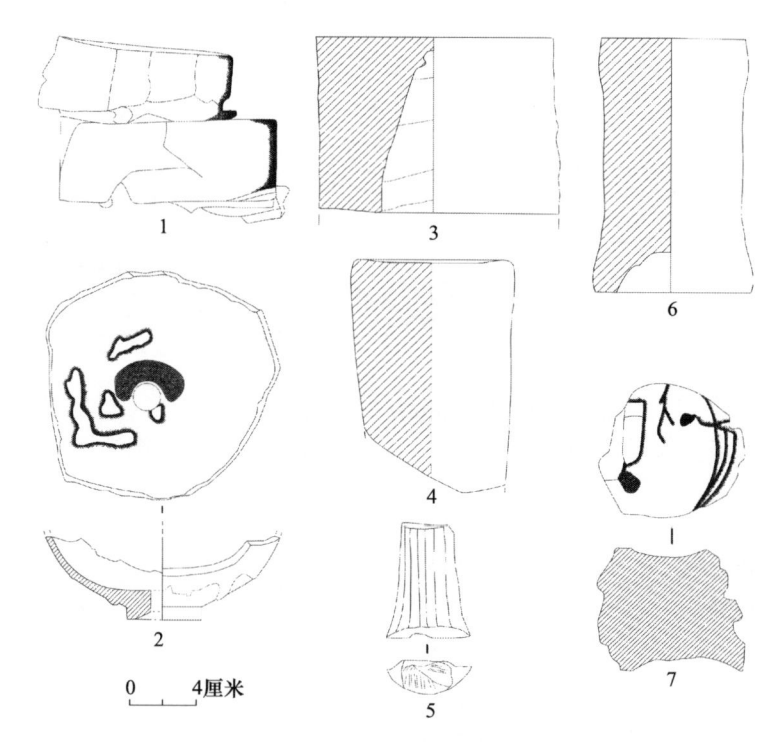

图七　窑具、制瓷工具
1. 窑砖（15JCQ采：158）2. 火照（15JCQ采：5）3. C型窑撑（15JCQ采：71）4. B型窑撑（15JCQ采：77）5. 研磨棒（15JCQ采：83）6. A型窑撑（15JCQ采：75）7. D型窑撑（15JCQ采：74）

四、结　语

拳头山窑址于20世纪80年代发现并建档，由于其不见于文献记载，具体烧造年代不详，调查人员将在窑址区域采得标本中的一件八棱壶残片判断为南宋时期典型器物，所采标本现藏于崇仁县博物馆。此次拳头山窑址的调查在前人的工作基础之上，对江西抚河流域崇仁县的窑业遗存有了更进一步的认识。

1. 产品特征

拳头山窑烧造的产品类型主要为青白釉瓷，包括各式碗、盏、杯、盘、壶、罐、灯盏、盒、炉等生活用瓷，其中以平口类碗为大宗；此外还兼烧少量酱釉产品，主要包括碗、盏、器盖等，并以盏居多。胎质整体上较为粗糙，胎色主要有白、灰白、灰色等。青白釉瓷大多施满釉，其中大多数圆器内底涩圈，少数器内满釉，外底不施釉，胎釉结合较差，釉色多泛黄，釉面局部剥落，施釉方式为浸釉法。器物装饰手法简约，大部分碗盘等圆器釉面无纹饰，仅一件器物内壁见有划花装饰（15JCQ采：67），所见粉盒采用胎装饰，盒盖外壁模印有关植物花卉纹饰（15JCQ采：1），另一件盒盖内壁刻划文字（15JCQ采：22），与湖田窑大量粉盒盖内模印作坊主的姓氏类似，应是作坊主的姓名，为产品单纯的较小作坊生产[1]。酱釉瓷流行圈足、卧足，依据釉色可分为酱褐釉与酱黑釉两类，大多施满釉，近外底足露胎，釉层较薄，有的外壁垂流，在下腹形成一周唇边；有的见有泪状流釉痕。酱釉盏的数量较多，该类产品的生产应与当时社会盛行饮茶、斗茶的风尚紧密相关。

2. 装烧工艺

调查期间未对窑址进行试掘，有关窑址的窑炉形制及其他制瓷遗迹等尚不清晰。从采集的标本看，有大量内底涩圈的青白釉碗等圆器，以及数件烧造未成功的粘连在一起的标本，推断拳头山窑产品的装烧工艺主要为涩圈叠烧。采用该方法烧造的圆器腹壁大多较斜直，底足厚实，圈足较大，是摞放过程中增强器物承受能力以提高产量的体现。酱釉器则大部分垫耐高温的砂土烧造，器物圈足底部或外壁至近底部多粘有细砂。其他装烧工艺还见有灯盏对口叠烧。调查过程中，在窑业遗存暴露范围内发现了支面大小不一的各类窑撑，以及端面粘有数件青白釉盏的窑砖（15JCQ采：158），推测拳头山窑产品采用了明火裸烧，且是主要的装烧方式，同时不排除采用匣钵装烧少量高档产品的可能。

3. 窑址年代

关于窑场的烧造年代，虽然缺乏地层学依据及相关纪年遗物和文献记载，但是从该窑产品的造型、釉色、装饰和烧造方式等方面来看，时代特征明显。

对比邻近地区已发掘窑址或墓葬出土的同类器物可知，拳头山窑青白瓷中所见的A型墩式碗与南丰白舍窑墩式碗[2]、B型墩式碗与景德镇湖田窑B型Ⅰ式墩式碗[3]除圈足较矮之外基本一致，其时代为北宋中晚期。新近采集的执壶流与出土于德安县北宋康定元年（1040年）墓的青白釉执壶风格类似，其流弯曲短粗[4]。B型平口碗与湖田窑南宋晚期Ac型青白釉侈口碗相近，湖田窑则内底心及内壁多饰有纹饰；炉口沿及外腹壁至底施釉的做法也见于湖田窑南宋晚期Aa型青白釉圈足炉[5]。灯盏与白舍窑北宋末至南宋B型灯盏在尺寸、釉色和装烧方式上大体相同[6]。酱釉器中，各类茶盏都明显呈现出吉州窑宋代器物的风格[7]。拳头山窑主要采用的涩圈叠烧技术在宋元时期比较流行，距此不远的饶家山窑址于北宋末至南宋初期生产了少量的青白釉涩圈器物[8]，而萍乡南坑窑烧造此类器物的时代集中在元代中期[9]，拳头山窑的主烧年代大体不会超出这一时间范围。

据此初步推断，拳头山窑是一座以烧造青白釉和酱釉瓷器为主的地方综合性窑场，其始烧年代约在北宋中期，停烧年代约在南宋末期或稍后。从整体面貌看，拳头山窑主烧青白瓷，制瓷技术深受同时期以景德镇湖田窑等为代表的窑业的影响，窑业性质应归属于景德镇青白瓷窑系。抚河流域以往已调查的一批宋代青白瓷窑场，包括金溪县小陂窑和里窑[10]、南城县荷塘窑和云市窑[11]等，产品类型均为日常用瓷，以服务当地百姓为主要目的。拳头山窑址的调查收获，进一步丰富了江西抚河流域的瓷业生产面貌，为宋代青白瓷生产体系及江西地区的陶瓷史研究提供了新的实物资料。

调查整理：王上海　严振洪　豆海锋
　　　　　习通源　余志忠　吴磊等
绘　　图：朱江晨
摄　　影：朱江晨
执　　笔：习通源　朱江晨

注　释

[1] 冯先铭《古陶瓷鉴真》，北京燕山出版社，1996年，219页。
[2] 江西省文物考古研究所、南丰县博物馆《江西南丰白舍窑：饶家山窑址》，文物出版社，2008年，17页。
[3] 江西省文物考古研究所、景德镇民窑博物馆《景德镇湖田窑址——1988-1999年考古发掘报告》，文物出版社，2005年，72页。
[4] 江西省博物馆《江西宋代纪年墓与纪年青白瓷》，文物出版社，2016年，42、43页。
[5] 江西省文物考古研究所、景德镇民窑博物馆《景德镇湖田窑址——1988-1999年考古发掘报告》，文物出版社，2005年，84、215页。
[6] 江西省文物考古研究所、南丰县博物馆《江西南丰白舍窑：饶家山窑址》，文物出版社，2008年，53页。
[7] 江西省文物考古研究院、吉安县吉州窑遗址博物馆《江西吉安县吉州窑尹家祠堂遗址调查简报》，《东方博物》2017年3期，52—64页。
[8] 江西省文物考古研究所、南丰县博物馆《江西南丰白舍窑：饶家山窑址》，文物出版社，2008年，81页。
[9] 北京大学考古文博学院、景德镇市陶瓷考古研究所、景德镇陶瓷大学艺术文博学院《江西萍乡南坑窑调查》，《南方文物》2022年3期，103—120页。
[10] 陈定荣、李宗宏《金溪县的两处古瓷窑》，《江西历史文物》1982年4期，25—30页。
[11] 胡义慈《南城县株良公社古窑址调查记》，《文物工作资料》1964年3期，4页。

Investigation Report of a Quantou Mountain Kiln Site in Chongren County, Jiangxi Province

School of Cultural Heritage, Northwest University

Jiangxi Provincial Institute of Cultural Relics

Archaeology Chongren County Museum

Abstract: In January 2015, the Pre-Qin archaeological investigation team of Fuhe River Basin in Jiangxi Province investigated the Quantou mountain kiln site, a cultural relic protection unit in Chongren County, and collected a batch of surface relics such as bluish white porcelain, brownish porcelain and kiln ware specimens. The kiln site mainly dates from the middle of the Northern Song Dynasty to the Southern Song Dynasty. And it is a kiln site that mainly uses the method of deglazed bottom stack firing to make bluish white glaze. The findings of this survey further enriched the production features of the porcelain industry in the Fuhe River basin of Jiangxi Province, and provided new materials for the production system of bluish white porcelain in the Song Dynasty and the ceramic history in Jiangxi.

Key Words: Quantou Mountain Kiln Site, Bluish White Glaze, Deglazed Bottom Stack Firing, Southern Song Dynasty

浙江临安光孝明因寺遗址考古发掘与整理的主要收获

聂文辉[1] 陈鑫权[1] 王征宇[1,2] 沈岳明[1]

（1. 复旦大学文物与博物馆学系 2. 杭州市文物考古研究所）

摘要：光孝明因寺遗址位于浙江省杭州市临安区功臣山西南侧。2018年以来，杭州市文物考古研究所对其开展了科学的发掘与整理研究工作，初步判明其性质为一处五代至明清时期的寺院。遗址中发现了分别属于五代北宋、南宋至元末，以及明清时期的三组建筑遗存，主要包括建筑台基和散水。同时，发掘区域内出土了大量的陶瓷器残件与建筑构件等。结合历史文献，该寺始建于吴越国时期，初名为光孝明因寺，宋真宗时更名为净土禅寺。对于该遗址相关情况的归纳分析将为临安城市遗址考古发掘与研究提供重要的参考。

关键词：光孝明因寺，净土禅寺，吴越国

一、发掘概况

光孝明因寺遗址位于浙江省杭州市临安区功臣山西南侧，距现临安博物馆约200米，海拔40余米，北、东、南三面分别倚靠石镜山、功臣山与钱坞垅，西临锦溪，处于背山面水的平原之上（图一）。2018年3月，临安区锦桥吴越街南侧地块保障房项目施工中发现文物，经初步勘察，确定为五代时期的建筑遗存，有关部门立即决定对遗迹进行抢救性清理及保护工作。经国家文物局批准，2018至2019年，杭州市文物考古研究所对遗址进行了考古发掘。此次发掘共布10米×10米探方46个，揭露面积约4600平方米，主要发现了五代至明清时期的寺院遗迹。2023年2月至今，杭州市文物考古研究所联合复旦大学文物与博物馆学系开展了遗址相关的整理工作。本项目领队为王征宇，参与发掘和整理的人员有倪亚清、沈国良、周德奖、卢震烁、姜一玮、翁彦博、陈鑫权、聂文辉、许惠平、周禺含、沈岳明。

图一　光孝明因寺遗址位置图

二、遗　迹

发掘区域内地层情况基本一致，遗址地层堆积呈现出北厚南薄的特征，现以T0701为例进行说明（图二）。

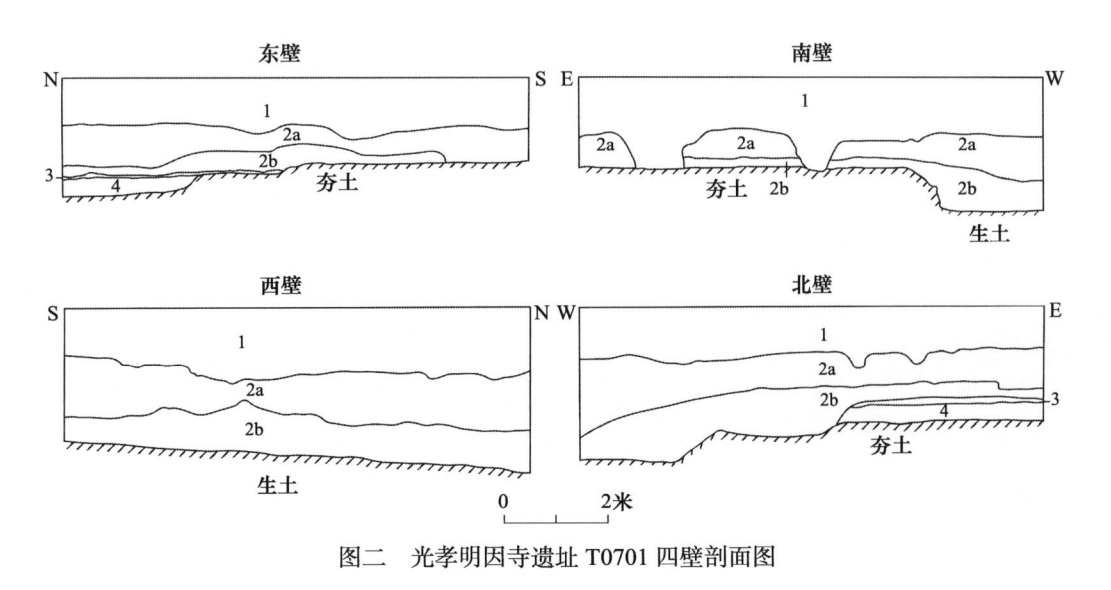

图二　光孝明因寺遗址T0701四壁剖面图

根据土质、土色及包含物的不同，T0701主要可以划分为四层。

第1层，距地表深0—1.7米，厚0.9—1.7米，分布全方。土质较硬，呈灰褐色，夹杂较多的鹅卵石、断砖和瓦砾等。出土物包括花纹砖、重唇板瓦及景德镇产青花瓷残片等。

第2层，土质疏松，呈灰褐色。可细分为两亚层，分布全方。其中2a层距地表深0.9—2.5米，厚0—1.5米，主要包含景德镇产青花瓷残片、龙泉窑系青釉瓷残片、莲瓣纹瓦当及其他瓦构件。2b层距地表深1.25—3米，厚0—1.1米，包含景德镇青花瓷残片及少量断砖。探方第2层的东北部发现了平面呈"L"字形的墙基遗迹，东西段残长6.15、南北段残长2.35米，墙基宽0.6—2、残高0.05—0.13米，为砖石混砌，砖石大小不一。

第3层，距地表深1.75—2米，厚0—0.15米。土质较硬，呈红褐色。其中发现东北—西南走向，平面呈长方形的砖铺遗迹，残长4.5、宽0.12、高0.05米，由0.15米×0.1米×0.05米的一层青砖平铺而成。第3层主要出土了一些龙泉窑系、越窑系青釉瓷残片与湖田窑系青白釉瓷残片。

第4层，距地表深1.95—2.35米，厚0—0.35米。土质坚硬致密，土色灰褐。该层主要为夯土台基遗存，呈东北—西南走向，由黄黏土与卵石夯筑而成，卵石分布不均匀。此外，第4层中主要发现了数量众多的越窑系青釉瓷残片与临安本地窑口所产的酱褐釉瓷残片。

结合地层及遗迹分布情况，经初步判断，基本能够将该遗址分为三组不同时期的遗迹。第一组主要分布于遗址北部，发现建筑台基、散水、灶和水井等，建筑用材规格较大且较为统一，推测该组遗迹应建于吴越国时期，沿用至北宋；第二组分布范围较第一组更为广泛，该组遗迹的北部和中部为砖石铺排呈西北—东南走向的建筑台基，西部和南部发现环绕在台基周围的散水遗迹，其中西部段呈西北—东南走向，南部段呈东北—西南走向，第二组遗迹的建筑规格小于第一组，推测其处于南宋至元代中晚期；第三组遗迹中发现了大量卵石铺地及小型建筑基址，零散地分布在整个遗址范围内，建筑规格小，保存状况相对较差，推测该组应是属于明清时期的建筑遗迹（图版六）。

三、遗　物

光孝明因寺遗址出土遗物数量非常丰富，以陶瓷器残件及砖、瓦、石等建筑构件为主，同时包含少量的钱币、铁器、纺轮、料珠和兽骨等。较典型的出土物及相关标本列举如下。

（一）陶瓷器

1. 陶器

陶器在遗址的出土物中所占比重较小，且多为残件或零散残片，以泥质灰陶和泥质红陶为主，素面无纹饰者居多，可辨器型者有罐和缸等。

标本 T0306①：4，残件。标本为泥质灰陶，胎体较薄，胎质粗糙。素面。器型不可辨别（图版七，1）。

标本 T0406①：1，残件。标本为泥质红陶，胎体厚重，胎质粗糙。敛口，接近口沿部分有一戳穿的小孔。素面（图版七，2）。

标本 T 采：133，残件。标本为泥质红陶，胎体较薄，胎质粗糙。口部残缺，直颈，溜肩，弧腹，平底。素面。残高 5.6、底径 3.3 厘米（图版七，3）。

2. 瓷器

遗址内发现的瓷器中，以青釉瓷残片、青白釉瓷残片、青花瓷残片、黑釉瓷残片及酱褐釉瓷残片为主。

（1）青釉瓷残片

遗址中，青釉瓷残片在第 1—4 层均有大量发现，涉及的器型最为丰富，包括碗、盘、碟、盏、杯、钵、罐、壶、瓶、盒、洗、盆等。这些器物胎色包含白胎、灰胎、灰白胎、灰黄胎与灰红胎等。一部分为素面，一部分装饰有各类纹饰，涉及弦纹、水波纹、折扇纹、瓜棱纹、篦点纹和篦划纹等简单刻划纹饰，莲瓣纹、莲子纹、竹节纹、向日葵纹和石榴纹等植物纹饰，以及凤鸟纹等动物纹饰，少数还在器物的内底或外底书写文字，有"上一""大"等字样。装烧方式以匣钵装烧为主，垫烧方式有泥点垫烧、泥条垫烧、垫圈垫烧和垫饼垫烧等，亦有明火裸烧器物。

标本 T0310④：9，底足残件。斜弧腹，环足。灰胎，胎质细腻，胎体较薄。内、外壁皆施青釉，釉层薄且较为均匀。泥点垫烧，垫烧部位刮釉。无纹饰。标本复原底径 10、残高 6.1 厘米（图版八，1）。

标本 T0702④：1，底足残件。灰胎，胎质细腻，胎体较薄。内、外壁均施淡青色釉，泥点垫烧部位无釉。标本底径 8.3、残高 2.8 厘米（图版八，2）。

标本 T0702④：2，残件。敞口，曲腹，卧足。灰胎，胎质细腻，胎体较薄。施淡青色釉，釉层薄而均匀，存在剥落现象。足底有垫圈垫烧痕迹，垫烧部分不施釉。内底刻划流畅的花纹。标本复原底径 4.5、高 3.6 厘米（图版八，3）。

标本 T0601④：20，残件。撇口，弧腹，带系。灰胎，胎质细腻，胎体较薄。内、外壁皆施青釉，表面无纹饰。标本残长 5.8、宽 4.1 厘米（图版八，4）。

标本 T0701③：1，残件，器物仅存三片。敞口，曲腹，圈足。灰白色胎，胎质较细。除圈足位置，内、外壁皆施青灰色釉，釉层厚而均匀，存在开片现象。标本复原口径 19.6、底径 8.6、高 3.1 厘米（图版八，5）。

标本 T0702②：2，底足残件。圈足外撇，足底内凹，有明显的刮削痕迹。灰白色胎，胎质较粗。除垫饼垫烧部位，其余部分施青釉，釉层较厚，有细碎开片。内、外壁皆无纹饰。标本底径 4.4、残高 3 厘米（图版八，6）。

标本 T0601②：9，底足残件。圈足略外撇。灰胎，胎质较粗。除垫饼垫烧位置，内、外壁皆施青釉，内底无釉部分刻印植物纹。标本复原底径5.5、残高2.4厘米（图版八，7）。

标本T散：37，底足残件。斜弧腹，圈足。灰红色胎，胎质粗糙，胎体厚重。施青釉，剥落现象严重。器物为垫饼垫烧，内、外底皆无釉，外底有墨书的"大"字。标本底径6.4、残高3.7厘米（图版八，8）。

（2）青白釉瓷残片

遗址中出土的青白釉瓷残片主要集中在第2层和3层，涉及器物有碗、盘、盏、碟、高足杯和器盖等。均为白胎，胎体有薄、厚两类。残件中，大多为素面，少数带有弦纹、篦划纹、折扇纹、花叶纹和凤鸟纹等装饰，有些器底存在墨书字样。装烧方式以匣钵装烧为主，垫烧方式为垫饼垫烧等。

标本T0503③：4，底足残件。圈足内收。白胎，胎质细腻，胎体较薄。除垫烧处，其余部位均施青白色釉，釉面均匀，有细碎开片痕迹。内底有篦点纹及刻划图案。标本底径5.3、残高2.4厘米（图版九，1）。

标本T0702③：1，底足残件。圈足内收，足底较平。白胎，胎质较细，胎体较薄。除底足垫饼垫烧部位，其余部分均施青白色釉。内底装饰刻划的花叶纹饰。标本底径5.1、高1.8厘米（图版九，2）。

（3）青花瓷残片

遗址中青花瓷残片主要出土于第1、2层，此类器物涵盖碗、碟、盏、杯、盘、罐等类型。白胎，且大部分胎质较为细腻。纹饰非常丰富，包括点线等几何纹饰，花草等植物纹饰，鹿、鹤、雀等动物纹饰，以及孩童嬉戏等人物场景图案，个别器物还饰有青花料书写的文字。器物的装烧方式以匣钵装烧为主，垫烧方式为垫圈垫烧、垫饼垫烧及垫环垫烧等。

标本T0504②：15，底足残件。矮圈足，弧腹。白胎，胎质较细，胎体较薄。除外底垫烧位置，其余部分均施釉。内底装饰花草纹。标本底径7、残高2.8厘米（图版九，3）。

标本T0506①：13，底足残件。圈足，弧腹。白胎，胎质细腻，胎体较薄。器物内、外壁均施釉，外底垫烧位置无釉。内底有青花纹饰及青花字迹。标本底径4.8、残高1.8厘米（图版九，4）。

（4）黑釉瓷残片

黑釉瓷残片集中于第2、3层，器型以盏为主。胎色有深灰胎及灰红胎等，釉层普遍较厚，多流釉、凝釉现象，有一部分存在兔毫纹饰。垫烧方式可见垫饼垫烧等。

标本T0309③：50，残件。仅余下腹部及底足，圈足，斜直腹。深灰色胎，胎体较厚，胎质较粗。内、外壁皆施黑釉，釉层较厚，垫烧部分不施釉。标本复原底径2.8、残高3.2厘米（图版九，5）。

标本T0703③：1，残件，剩余微弧的器腹部位。灰胎，胎体较厚，胎质较粗。内、外壁皆施黑釉，外壁施釉不及底，釉面厚而不均匀。标本残长4.4、宽3.6厘米

（图版九，6）。

（5）酱褐釉瓷残片

酱褐釉瓷残片第1—4层均有分布，包括碗、碟、罐、瓶、钵、洗、盏、灯盏等器型。普遍胎体较厚，胎质粗糙，施釉不均匀，多流釉、凝釉现象。大多为素面，极个别存在植物纹饰与动物纹饰。遗址内出土的酱褐釉器物多为明火裸烧。

标本T0310②：2，残件，标本残存三片，其中一片带有平沿口。灰胎，胎质较粗，胎体较厚。内、外壁皆施酱褐色釉，釉面不均匀。器表有形似龙纹的图案（图版九，7）。

标本T0310②：22，残件。标本仅剩部分器底、器腹及口沿。敞口，斜弧腹，平底。灰胎，胎质较粗。内、外壁均施酱褐色釉，外壁施釉不及底。标本残高2.6厘米（图版九，8）。

（二）建筑构件

1. 瓦当

遗址内第1—4层共发现二百余件瓦当，为出土建筑构件的大宗。其材质分为泥质灰陶与夹砂灰陶两大类。莲瓣纹是最主要的当面图案，另外有少数做牡丹纹、萱草纹与兽面纹等样式，当心多为六瓣莲子纹，少数为涡纹，当面大多周饰联珠纹，边轮有宽有窄。为使瓦当各组成部分更加牢固，当面及瓦当与筒瓦连接处可见黏连泥片。

标本T0605④：28，基本完整。泥质灰陶。窄边轮，当面近边轮处饰一周凸弦纹，其外侧环绕二十颗莲子，其内侧饰莲瓣八瓣，花瓣较短，瓣面微鼓，当心有六颗莲子。瓦当后接残损筒瓦。当径14.85、厚2.78厘米（图版一〇，1）。

标本T0606④：15，基本完整。泥质灰陶。窄边轮，当面近边轮处施一周凸弦纹，其内侧饰八瓣莲瓣，花瓣较短，瓣面微鼓，当心为涡纹。当径16.3、厚2.5厘米（图版一〇，2）。

2. 筒瓦

遗址区域内发现的筒瓦有三十余件，第1—4层均有分布。其材质为泥质灰陶，或添加羼和料。筒瓦凹面大多有布纹。

标本T0605③：34，残件。灰陶，加羼和料。器物凸面为素面，凹面有布纹。标本残长31.1、宽15.93、唇厚1.93、器厚2.24厘米（图版一〇，3）。

3. 板瓦

遗址内共发现八十余件板瓦残件，第1—4层均有分布。其材质为泥质灰陶或另外添加羼和料。重唇板瓦唇面装饰水波纹、绳纹和弦纹等，瓦身凹面多见布纹。

标本T0605④：43，残件。灰陶，加羼和料。唇面装饰水波纹、绳纹与弦纹。瓦身残断。标本残长12.9、宽6.8、唇厚4.6、器厚2.3厘米（图版一〇，4）。

4. 滴水

遗址内共发现十余件滴水残件，主要集中于第1—3层。普遍为灰胎。滴水面塑纹饰，多为植物纹。

标本 T0605①：31，残件。瓦面与滴水均呈扇形，其夹角约90°，滴水装饰桃纹及枝叶纹（图版一〇，5）。

5. 花纹砖

遗址内出土花纹砖十余件，分布于第1—4层，第4层偏多。花纹砖大多为残件，其材质一般为泥质灰陶，实心，表面多装饰宝相花纹。

标本 T0205④：33，残件。泥质灰陶，实心，表面装饰宝相花纹。标本残长17.5、残宽12.2、厚5.4厘米（图版一〇，6）。

除上述建筑构件以外，还有陶水管、鸱吻构件、脊兽构件、石板、石柱础、望柱头和柱石等。

（三）其他

1. 钱币

包括五铢、开元通宝、乾元重宝、太平通宝、至道元宝、咸平元宝、景德元宝、祥符元宝、祥符通宝、天圣元宝、景祐元宝、皇宋通宝、嘉祐通宝、熙宁元宝、元丰通宝、元祐通宝、绍圣元宝、绍圣通宝、圣宋元宝，以及少数锈蚀严重、无法辨认字体的钱币。

2. 铁器

包括铁钉、铁刀、铁环及铁坩埚等。

3. 杂件

包括纺轮、料珠、骰子、棋子、蜡烛等。

根据考古发掘资料，出土遗物具有以下三点特征。

1）时间上呈现出较强的连续性。特别是在陶瓷器及建筑构件方面，遗址中保存了从五代至明清时期各个阶段的遗物，样本数量相当丰富。因而，有关地层学与类型学的分析将为厘清同一类型遗物的演变历程奠定基础，并进一步揭示遗址的发展进程。

2）空间上遗物分布并不均匀，不同区块中遗物的种类及比重能够在一定程度上显示出区块的功能属性，以及不同区块间的功能差异。

3）出土遗物种类多样，有益于将它们与当时的社会文化生活联系起来，与历史背景相结合，从物质文化的角度探究这一地区在时代环境下的整体面貌。

四、主 要 认 识

　　此次发掘揭露的是一处五代至明清时期的寺院遗迹。据文献资料，基本可以确定该寺院始建于吴越国时期，但具体年份仍有待考证，《咸淳临安志》记录，"显德中，吴越王建，号光孝明因寺"[1]，而《浙江通志》则记载"吴越天宝四年，武肃王（钱镠，作者注）舍安国县宅基为寺，请额于梁，曰'光孝明因'"[2]。其后，北宋大中祥符元年（1008年）光孝明因寺更名为"净土禅寺"，后寺院毁于元末，明洪武十五年（1382年）又得以重建[3]。结合史料记载与考古发掘材料，二者可以互为比对，两相印证。

　　1）该遗址中保存着五代北宋、南宋至元末、明清多个时段的建筑遗存，包含建筑台基、散水、灶、井等遗迹，相互之间叠压关系明确，相对完整地展示了寺院布局的发展脉络，对研究时代背景下寺院的历史变迁具有重要意义。

　　2）该遗址的文化堆积也相当丰富，遗物主要包括陶瓷器残件与砖瓦等建筑构件。其中，陶瓷器种类繁多，还发现了来自其他地区窑场的产品，有利于厘清遗址各个阶段所涉及陶瓷器的艺术审美、消费需求及运输线路等相关情况。大量砖瓦构件的发现，则为分析寺院的建筑等级、建筑规范提供了重要的参考，同时也有助于研究临安地区其他同时期的建筑规制。

　　3）据史料记载，吴越王钱镠第十九子钱元玩（慧因普光大师）在此地修禅，圆寂后也葬于此处，即为后唐同光二年（924年）营建的"塔亭院"，位于功臣山南侧，应顺元年（934年）建"净土塔"，北宋治平二年（1065年）将这一区域更名为"净土寺"[4]。结合文献与考古发掘资料，塔亭院与光孝明因寺位置相近，而光孝明因寺在北宋时期也被易名为"净土禅寺"。因此，二者的关系及发展变化情况仍然是一个值得探讨的问题。

　　4）光孝明因寺遗址与吴越国衣锦城密切相关。此次考古发掘及整理工作的开展，尤其是对于陶瓷器及建筑构件的梳理与分析，将有助于完善临安衣锦城相关研究的框架体系，在此基础上，深入了解吴越文化的形成与发展脉络。

注　释

[1]（宋）潜说友纂修，清道光十年重刊本《咸淳临安志》，成文出版社有限公司，1970年，821页。
[2] 嵇曾筠《浙江通志》，商务印书馆，1934年，3890页。
[3]（宋）潜说友纂修，清道光十年重刊本《咸淳临安志》，成文出版社有限公司，1970年，821页。
[4] "普光大师墓，在治南二里净土寺，武肃王十九子普光修禅于此，圆寂后，即葬焉"，引自（清）彭循尧修，董运昌、周鼎纂《宣统临安县志》，上海书店出版社，1993年，70页。"石照山净土寺……同光二年创为塔亭院，治平二年改赐今额"，引自（宋）潜说友纂修，清道光十年重刊本

《咸淳临安志》，828 页。"奉王旨建立，时唐应顺元年岁次甲午五月庚子朔十九日戊午，建净土塔"，引自（清）阮元《两浙金石志》，浙江古籍出版社，2012 年，76 页。

Archaeological Findings from the Excavation of Guangxiaomingyin Site

Nie Wenhui[1]　Chen Xinquan[1]　Wang Zhengyu[1,2]　Shen Yueming[1]

(1. Department of Cultural Heritage and Museology, Fudan University　2. Hangzhou Municipal Institute of Cultural Relics and Archaeology)

Abstract: The Guangxiaomingyin Site is located on the southwest side of the Gongchen Mountain, in Lin'an District, Hangzhou, Zhejiang Province. Since 2018, many archaeologists from the Hangzhou Institute of Cultural Relics and Archaeology have carried out scientific excavation and analytical work within the Site. Preliminary evidence suggests that the Site is a temple dating from the Five-Dynasties Period to Ming and Qing Dynasties. Furthermore, three groups of architectural remains have been unearthed, which belong to the 1) Five-Dynasties Period and Northern Song Dynasty; 2) Southern Song Dynasty to the end of Yuan Dynasty; and 3) Ming Dynasty to Qing Dynasty respectively. These remains relate to building platforms and drainage systems, while a large number of ceramics, bricks and stones have also been excavated. Historical documents suggest that the temple was set up during the Wu-Yue period, which was originally named Guangxiaomingyin Temple and then was renamed Jingtu Temple during the reign of the Emperor Zhenzong in Northern Song Dynasty. The analysis of the site is likely to be a significant foundational backdrop for archaeological excavation and research of Lin'an during the same historical period.

Key Words: Guangxiaomingyin Temple, Jingtu Temple, Wu-Yue Period

论 文

北魏平城时期铅釉陶器的样式来源[*]

李 鑫
（中国社会科学院考古研究所）

摘要：本文通过类型划分和对比分析，追溯器物的样式来源，揭示出随着人群流动进入平城地区的多种文化传统对北魏平城时期（398—494 年）铅釉陶器样式的影响。同时通过对样式来源比重的分析，认为平城窑工通过对自身传统的承继以及对多种文化因素的吸收，塑造出北魏平城釉陶器物的独特面貌。

关键词：北魏平城时期，铅釉陶器，样式，文化传统，人群流动

1965 年司马金龙夫妇墓的发掘揭示北魏平城时期（398—494 年）铅釉陶器（以下简称"平城釉陶"）生产的存在[1]。后随墓葬出土材料的逐渐丰富，平城地区被认定为十六国时期至北朝初期的釉陶生产中心之一[2]，学界对平城釉陶产品的类型与分期、生产工艺等的研究也逐渐展开[3]。同时，有学者指出北魏平城施釉陶俑及模型明器与十六国关中地区，釉陶容器的造型与装饰同平城地区灰陶器、南方青瓷、西方玻璃器或镶嵌宝石的金银器的密切关系[4]。不过，仅通过若干出土器物的枚举不易反映这一时期釉陶产品的整体面貌，缺乏基于数量统计的讨论也很难区分不同样式来源的主次。本文即在已有研究的基础上，系统梳理平城釉陶器的类型，通过对比分析追溯平城釉陶的样式来源，并通过数量统计区分多种样式传统的比重，进而探讨北魏时期釉陶的整体面貌、文化源流及其所反映的社会历史背景。需要说明的是，本文的讨论对象限于壶、罐、盒、灯等釉陶器物，不包括建筑构件、俑类及模型明器。

一、平城釉陶的出土情况

截至目前，出土釉陶的北魏平城时期遗迹共 66 处，为方便讨论分列如下。

纪年墓葬（5 座）：依时代早晚，有山西大同太延元年（435 年）破多罗氏墓（5

---

[*] 本文是国家社科基金中国历史研究院重大历史问题研究专项重大招标项目"隋唐洛阳城遗址考古发掘资料的整理和综合研究"（项目编号：LSYZD21019）的阶段性成果。

件）[5]、阳高太安三年（457年）尉迟定州墓（1件）[6]、大同和平二年（461年）梁拔胡墓（3件）[7]、大同太和元年（477年）贾宝墓（3件）[8]、大同太和八年（484年）司马金龙夫妇墓（387件）[9]。

非纪年墓葬（59座）：依发现地区，有内蒙古正镶白旗伊和淖尔M1（9件）[10]、兴和叭沟村M1（1件）[11]，陕西西安顶益制面厂M217（1件）[12]，山西大同二电厂墓群（4座，33件）[13]、电焊厂墓群（29座，49件）[14]、湖东北魏墓群（2座，4件）[15]、金属镁厂M14（1件）[16]、七里村墓群（6座，13件）[17]、齐家坡北魏墓DQM1（2件）[18]、仝家湾M7（7件）[19]、文瀛路M1（6件）[20]、雁北师院墓群（2座，2件）[21]、迎宾大道墓群（7座，14件）[22]、御昌佳园M108（1件）[23]、云波里路09SDYM1（10件）[24]。

城址（1处）：山西大同操场城3号建筑基址（1件）[25]。

佛寺（1处）：云冈石窟窟顶西区北魏佛寺遗址（334件）[26]。

以上遗迹出土釉陶数量总计887件。除数量最多的俑及模型明器、建筑构件，主要包括壶、罐、盒类容器及灯、器盖、器座，这些器物从出土数量上来说，罐最多，壶次之，其他器类很少（图一）。其中，司马金龙夫妇墓出土器盖和器座、二电厂M36出土器盖无器物图片可供参考，形制不详，可进行分析的包括壶、罐、盒、灯四类。需要说明的是，由于纪年材料的匮乏和层位关系的稀少，目前还无法讨论平城釉陶的分期与编年。因此本文将北魏平城时期作为同一时段来讨论釉陶的类型，不作式的划分及分期的讨论[27]。

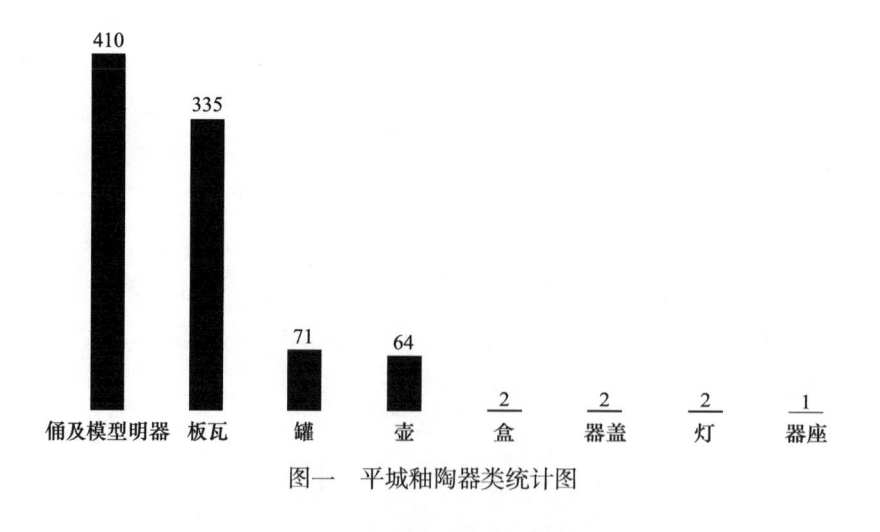

图一 平城釉陶器类统计图

二、平城釉陶的类型

出土平城釉陶中，部分器物未有详细的器物描述和图片刊布，可进行类型学观察的共122件，计有壶55件、罐63件、盒2件、灯2件。

1. 壶

共55件。除电焊厂M240：8为铜呈色的绿釉外，均为铁呈色的酱釉。依据肩腹造型可分为4型。

A型　27件。溜肩鼓腹壶。平沿，有的沿端微向上或向下倾斜，束长颈，溜肩，鼓腹，平底。多在颈部、肩部和腹部做出凹、凸弦纹装饰。依据腹部造型又分为3个亚型。

Aa型　9件。圆溜肩，鼓腹，下腹缓收。均为酱釉。部分器身有压印方格条带纹或划水波纹装饰。出土实例有破多罗氏墓M7：1（图二，1），电焊厂M204：5、M230：1，齐家坡DQM1：1、DQM1：2。

Ab型　15件。斜溜肩，鼓腹，最大腹径在腹偏上部。均为酱釉。出土实例有尉迟定州墓标本1（图二，2），迎宾大道M34：1，电焊厂M65：1、M65：2、M108：6、M114：3、M124：1、M156：5、M185：2、M204：2、M208：8、M224：7、M253：1，七里村M29：20、M29：21。

图二　平城釉陶壶

1. Aa型（破多罗氏墓M7：1）　2. Ab型（尉迟定州墓标本1）　3. Ac型（电焊厂M227：8）
4、5. Ba型（电焊厂M239：4、梁拔胡墓M9：3）　6. Bb型（迎宾大道M74：2）
7. Ca型（仝家湾M7：7）　8. Cb型（电焊厂M240：8）　9、10. D型（电焊厂M26：7、文瀛路M1：11）

Ac 型　3 件。斜溜肩，鼓腹，最大腹径在腹中部。均为酱釉。出土实例有电焊厂 M170：1、M227：8（图二，3）、M228：6。

B 型　24 件。鼓肩壶。平沿或平沿微下斜，束长颈，鼓肩，下腹部斜收，平底。多在颈部、肩部和腹部饰弦纹。依据肩部造型差异可分为 2 个亚型。

Ba 型　23 件。器形较矮，颈部以下外斜形成鼓肩，下腹急收，平底。有的在肩部贴莲花纹装饰。均为酱釉。出土实例有电焊厂 M23：7、M26：3、M72：9、M110：1、M117：2、M239：4（图二，4），二电厂 M10：3，湖东北魏墓 M4：8，梁拔胡墓 M9：3（图二，5）、M9：4，七里村 M20：4，雁北师院 M9：8，迎宾大道 M62：2，文瀛路 M1：30，伊和淖尔 M1：6、7、8、10、11，云波里路 09SDYM1：4。

Bb 型　1 件。颈部以下平延形成端肩，下腹部急收。均为酱釉。在肩部贴莲瓣花装饰，并在花芯处镶嵌透明青绿釉。出土实例为迎宾大道 M74：2（图二，6）。

C 型　2 件。半球形腹壶。器形较小，束长颈，圆溜肩，半球形圆鼓腹，平底。依据口沿造型分为 2 个亚型。

Ca 型　1 件。侈口，平沿。酱釉。出土实例为仝家湾 M7：7（图二，7）。

Cb 型　1 件。盘形口。绿釉。出土实例为电焊厂 M240：8（图二，8）。

D 型　2 件。多层塔式壶。平沿，束颈，器身由二节或三节矮鼓腹上下相束连接而成，由上至下腹径逐层增大，平底。均为酱釉。出土实例有电焊厂 M26：7（图二，9）、文瀛路 M1：11（图二，10）。

2. 罐

共 63 件，除电焊厂 M35：5 出土为铜呈色的绿釉外，均为铁呈色的酱釉。依据肩腹造型可分为 5 型。

A 型　15 件。鼓腹罐。高束领，斜溜肩，鼓腹，平底。依据口部造型可分为 2 个亚型。

Aa 型　6 件。平沿。均为酱釉。有的腹部有弦纹装饰。出土实例有迎宾大道 M18：13、M34：4，电焊厂 M124：2（图三，1）、M124：6、M216：5，七里村 M29：16。

Ab 型　9 件。盘口。多在肩部及腹部作弦纹装饰。多为酱釉，绿釉 1 件。有的肩部有贴花，并在花芯处镶嵌透明青绿釉装饰，或剔刻出一周双重覆莲瓣纹。出土实例有雁北师院 M52：11（图三，2），迎宾大道 M62：5，七里村 M33：2、M36：3，电焊厂 M23：1、M35：5、M197：1，二电厂 M37：14，御昌佳园 M108：2（图三，3）。

B 型　28 件。鼓肩罐。鼓肩，下腹急收。依据口部、领部及底部造型可分为 5 个亚型。

Ba 型　21 件。平沿，高束领，平底。均为酱釉。多在肩部及腹部作弦纹装饰，有的肩部作出贴团花纹装饰。出土实例有叭沟村 M1：6，电焊厂 M83：3、4、6、7，电焊厂 M110：3、5，电焊厂 M114：1，电焊厂 M134：11，梁拔胡墓 M9：2（图三，

4)，云波里路09SDYM1∶13，文瀛路M1∶25，伊和淖尔M1∶9、12、13、14，二电厂M20∶12、M36∶4（图三，5）。

Bb型　3件。侈口，矮领，平底。均为酱釉。多在肩部及腹部作弦纹装饰。出土实例有文瀛路M1∶26（图三，6）、金属镁厂M14∶2。

Bc型　2件。盘形口，矮领，平底。均为酱釉。出土实例有电焊厂M110∶2、M110∶4（图三，7）。

Bd型　1件。直口微外侈，直领，平底。酱釉。肩部有剔刻花装饰。出土实例为二电厂M36-4（图三，8）[28]。

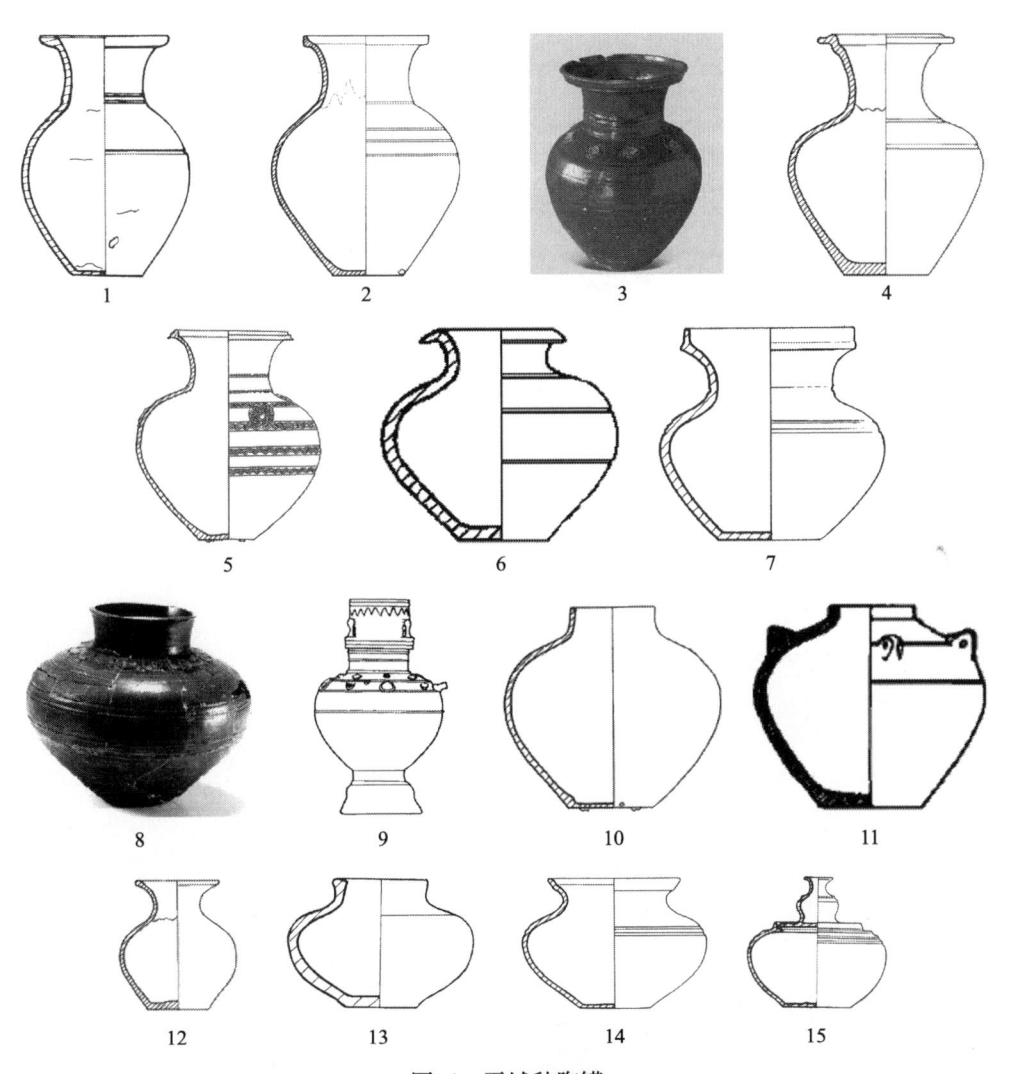

图三　平城釉陶罐
1. Aa型（电焊厂M124∶2）2、3. Ab型（雁北师院M52∶11、御昌佳园M108∶2）4、5. Ba型（梁拔胡墓M9∶2、二电厂M36∶4）6. Bb型（文瀛路M1∶26）7. Bc型（电焊厂M110∶4）8. Bd型（二电厂M36-4）9. Be型（七里村M6∶3）10、11. C型（二电厂M37∶15、迎宾大道M16∶34）12. D型（仝家湾M7∶1）13. Ea型（电焊厂M23∶4）14. Eb型（电焊厂M83∶5）15. Ec型（电焊厂M23∶6）

Be 型　1件。器身造型与 Bd 型相同，下部接高喇叭形圈足，肩部置一宽带形横錾。带盖，为直口、直壁、平底、三足樽形，内有五孔，并有子母口与器身扣合。酱釉。器身及器盖有弦纹及划花水波纹装饰，肩部贴花及镶嵌装饰。出土实例为七里村M6∶3（图三，9）。

C 型　4件。直口鼓肩罐。直口，矮直领，鼓肩，腹部斜收，平底。有的肩部附三个或四个纵向条形系。酱釉。出土实例有二电厂 M37∶15（图三，10），七里村M29∶22，迎宾大道 M16∶28、M16∶34（图三，11）。

D 型　10件。球形鼓腹罐。侈口近平，高束领，球形鼓腹，平底。均为酱釉。不见装饰。出土实例有全家湾 M7∶1（图三，12）、M7∶2，电焊厂 M65∶3，电焊厂M77∶4、7、9。

E 型　6件。矮鼓肩罐。器身矮，鼓肩，平底。依据口部与领部造型可分为3个亚型。

Ea 型　4件。直口，矮领。均为酱釉。不见装饰。出土实例有迎宾大道 M37∶4，电焊厂 M23∶4（图三，13）、M128∶2、M215∶1。

Eb 型　1件。盘口，矮领。酱釉。肩部有弦纹装饰。出土实例为电焊厂 M83∶5（图三，14）。

Ec 型　1件。双口，外直口，矮领，内口平伸以承口。盖为平顶，中部接葫芦形把手，中空。酱釉。肩部有弦纹装饰。出土实例为电焊厂 M23∶6（图三，15）。

3. 盒

共2件，均为酱釉。造型相同：盒身子口，筒形直腹微外斜，平底；盖斜直壁，平顶；盒内子口处多子槅，槅圆唇，侈口，斜直腹微内曲，平底，槅内以一纵三横棱分为五格。盒身有三组凹弦纹装饰。出土实例有七里村 M29∶18（图四，1）、M29∶19（图四，2）。

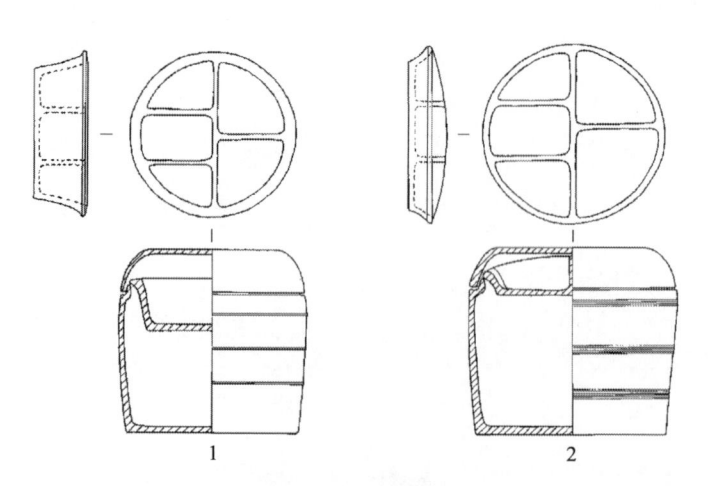

图四　平城釉陶盒
1. 七里村 M29 出土（M29∶18）　2. 七里村 M29 出土（M29∶19）

4. 灯

共 2 件。依据整体造型可分为 2 型。

A 型　1 件。多枝灯，由灯盏、灯柱、灯座和灯枝四部分组成。灯盏直口，圆曲腹，平底。内底有圆锥状凸起，下接灯柱；灯柱中空，呈竹节状，直径由上到下逐渐扩大，下部与覆盆形灯座相连；灯座中空，平底，座面出三层小台；灯柱中部穿孔，以插灯枝，灯枝为 L 型，上接直口、曲腹小灯盏。出土实例为二电厂 M36：30（图五，1）。

B 型　1 件。豆形灯，有灯盏、灯柱和高座组成。灯盏尖唇，敞口，曲腹，圜底，下腹部接灯柱，灯柱直壁微内束，下接覆盆形灯座，灯柱与灯座中空。灯盏碗口沿下、灯柱与灯座相接处、灯座外壁有凹弦纹装饰。出土实例为七里村 M29：17（图五，2）。

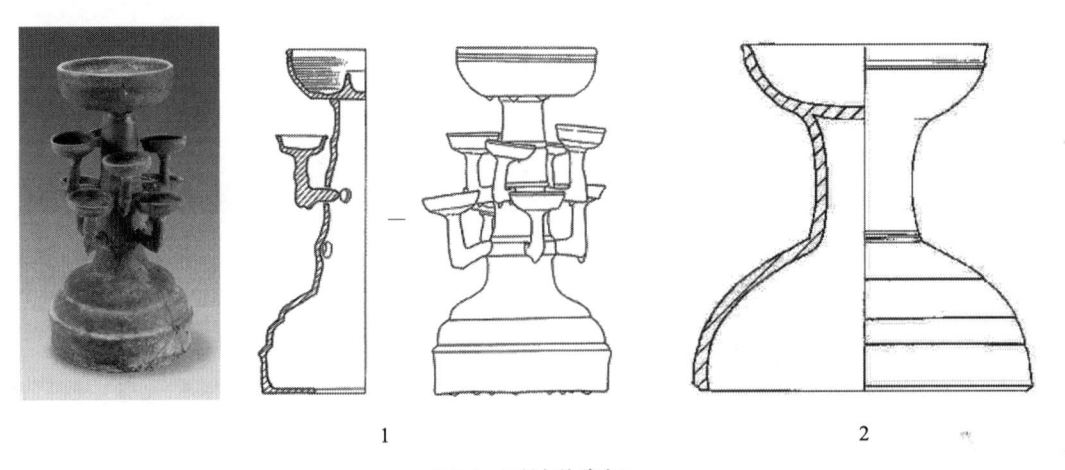

图五　平城釉陶灯
1. A 型（二电厂 M36：30）　2. B 型（七里村 M29：17）

三、平城釉陶的样式来源分析

平城釉陶从样式来源上来看，大多数与同期的灰陶器造型相同，纹饰也基本不超出灰陶器物上所施用的纹饰类别，反映了原有器物传统在新出现的釉陶生产技术下呈现出的新面貌。少数器物承继了以今辽宁朝阳为中心的十六国时期釉陶样式。还有个别产品的样式明显受到了关中汉晋传统和南方青瓷产品造型的影响，这两类产品数量较少，与以灰陶器为代表的鲜卑器物样式有明显的区别。此外还有少部分新出现器形，一些新的器形是以已有器物造型局部为基本元素，进行新的组合而产生（表一）。

表一　平城釉陶样式来源统计表

样式来源	类型	数量	比重（%）
平城灰陶	壶 Aa、Ab、Ac、Ba，罐 Aa、Ab、Ba、Bc、Bd、Be、Eb、Ec	93	76.23
三燕釉陶	罐 C、Ea	7	5.73

续表

样式来源	类型	数量	比重（%）
南方瓷器	壶Ca、Cb	2	1.64
关中汉晋传统	灯A、B	2	1.64
新见器形	壶D、罐Bb、Be、D，盒	18	14.75
总计		122	99.99

1. 平城灰陶

包括早期拓跋鲜卑、慕容鲜卑、大夏（匈奴）文化以及经由河西地区中转的域外文化等多种文化因素共同塑造了北魏平城时期灰陶器物的样式特点，有着较为清晰的演变脉络[29]。我们亦可认为其属于鲜卑陶器传统。而这一时期大多数壶、罐类釉陶容器都能在同时代的灰陶器中找到相同的器形，但器物装饰与纹样的类别少于灰陶器。

壶类器物中，釉陶壶Aa型（图六，1）与同墓出土的灰陶壶（图六，12）造型相同[30]。釉陶壶Ab型（图六，2）与迎宾大道M11出土B型陶壶（图六，13）造型相同，后者纹饰更为丰富，在肩部上下分饰两周压印忍冬纹条带，两条带间刻划条形和方格暗纹[31]。釉陶壶Ac型（图六，3）与电焊厂M107出土灰陶壶（图六，14）造型基本一致[32]。釉陶壶Ba型（图六，4）与雁北师院M24出土黑衣灰陶壶（图六，15）造型一致，后者下腹部还施加纵向暗纹[33]。

罐类器物中，釉陶罐Aa型（图六，5）与电焊厂M149出土灰陶平沿罐（图六，16）造型相同，后者于颈部和腹部施加篦划水波纹，颈、肩结合处戳刺纹一周，外壁还刻划竖向的暗纹[34]。釉陶罐Ab型（图六，6）与同墓群M18出土黑衣灰陶罐（图六，17）造型相同，后者腹部刻划复线水波纹[35]。釉陶罐Ba型（图六，7）与电焊厂M211出土灰陶平沿罐（图六，18）造型基本相同[36]。釉陶罐Bc型（图六，8）与电焊厂M57出土灰陶盘口罐（图六，19）造型基本相同[37]。釉陶罐Bd型（图六，9）与七里村M1出土灰陶直领罐（图六，20）造型基本相同，仅口部略有差异，后者肩部贴花连珠纹与莲瓣纹的装饰纹样也与前者如出一辙，七里村墓群出土灰陶器侧面还有一横錾[38]，这样的做法也见于釉陶罐Be型（图三，9）。釉陶罐Eb型（图六，10）与电焊厂M13出土灰陶盘口罐（图六，21）造型相同，后者口沿下一周戳刺文，肩部和腹部分别施网状和折线状暗纹[39]。釉陶罐Ec型（图六，11）造型较为特殊，但与此造型完全相同的灰陶器见有同墓群M181出土灰陶壶形纽盖罐（图六，22）[40]。

北魏平城时期，具有时代和地域特征的灰陶器的造型与样式传统，不仅塑造了铅釉陶器的主体样式，还影响到平城时期本土玻璃器的生产，使得这一时期不同介质的手工业产品呈现出很多相似的面貌特点。迎宾大道M16出土1件蓝色半透明玻璃壶（M16：4），造型特点为侈口、平沿、束长颈、颈部以下外斜形成鼓肩、下腹急收、平底，肩部两周凸弦纹装饰（图版一一，1）[41]。这件玻璃壶器壁较厚、加工粗糙、气泡较多，采用了模制成形的工艺，安家瑶等认为有可能是中亚月氏人在大同生产制造的[42]。其造型与釉陶壶 Ba 型基本相同，如同墓群 M62 出土酱釉陶壶（M62∶2），纹饰略有区别，后者分别在肩部与腹部两周凹弦纹之间刻划出水波纹（图版一一，2）[43]。同墓群 M75 还出土有造型相同的灰陶壶（M75∶4），该件壶纹饰更为复杂，在颈部和肩部滚印出四周缠枝忍冬纹带饰（图版一一，3）[44]。

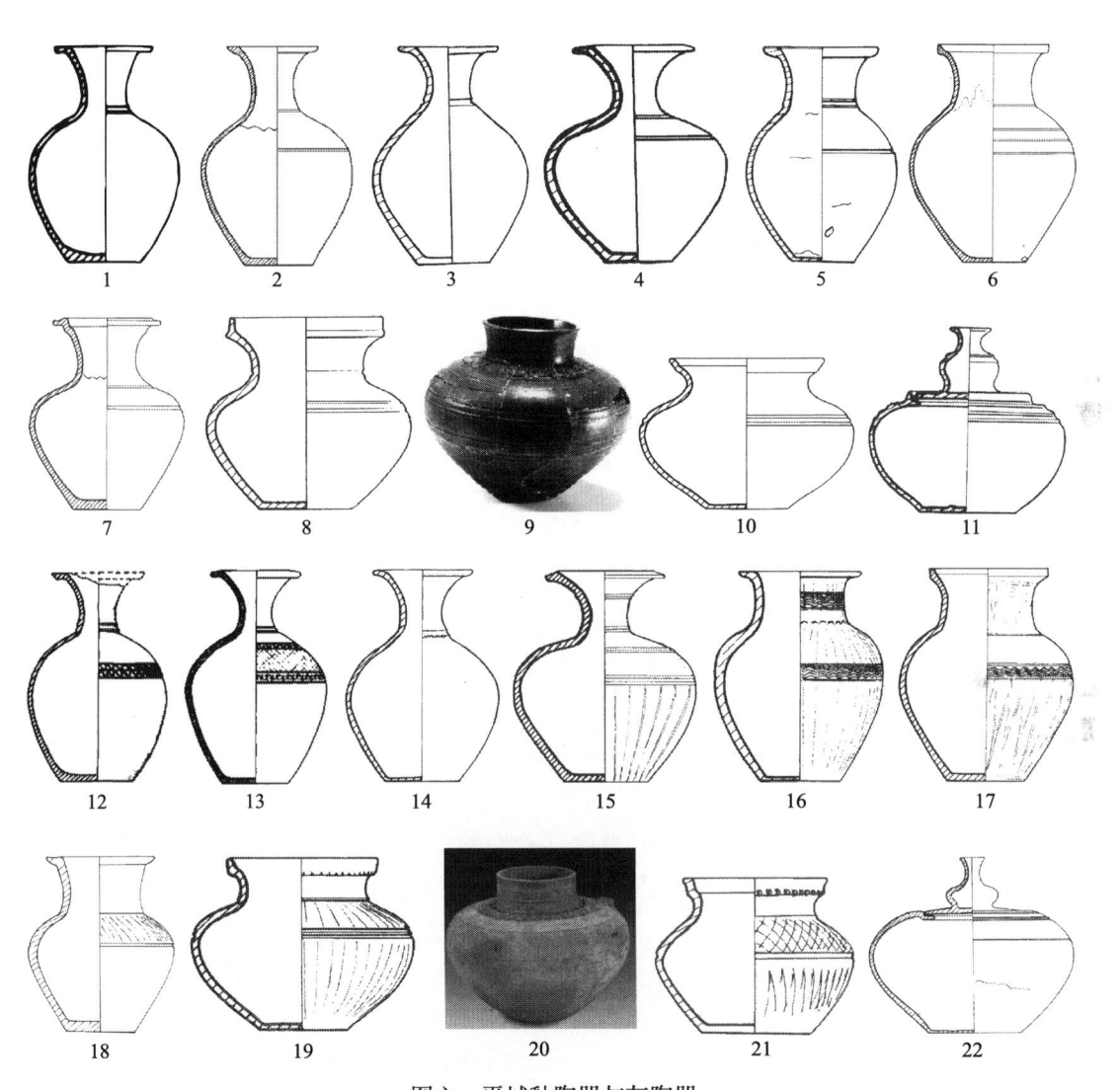

图六 平城釉陶器与灰陶器

1. 釉陶壶 Aa 型（破多罗氏墓 M7∶1） 2. 釉陶壶 Ab 型（尉迟定州墓标本 1） 3. 釉陶壶 Ac 型（电焊厂 M227∶8）
4. 釉陶壶 Ba 型（电焊厂 M239∶4） 5. 釉陶罐 Aa 型（电焊厂 M124∶2） 6. 釉陶罐 Ab 型（雁北师院 M52∶11）
7. 釉陶罐 Ba 型（梁拔胡墓 M9∶2） 8. 釉陶罐 Bc 型（电焊厂 M110∶4） 9. 釉陶罐 Bd 型（二电厂 M36∶4）
10. 釉陶罐 Eb 型（电焊厂 M83∶5） 11. 釉陶罐 Ec 型（电焊厂 M23∶6） 12. 灰陶壶（破多罗氏墓 M7∶15）
13. 灰陶壶（迎宾大道 M11∶1） 14. 灰陶壶（电焊厂 M107∶20） 15. 黑衣灰陶壶（雁北师院 M24∶3）
16. 灰陶平沿罐（电焊厂 M149∶1） 17. 黑衣灰陶罐（雁北师院 M18∶4） 18. 灰陶平沿罐（电焊厂 M211∶3）
19. 灰陶盘口罐（电焊厂 M57∶10） 20. 灰陶直领罐（七里村 M1∶10） 21. 灰陶盘口罐（电焊厂 M13∶3）
22. 灰陶壶形纽盖罐（M181∶4）

2. 三燕釉陶

　　一部分以朝阳为中心的三燕釉陶器型也出现在平城釉陶器的样式组合中。这类器物数量不多。釉陶罐 Ea 型（图版一二，1）[45] 与辽宁朝阳前燕时期墓葬十二台乡砖厂 88M1 出土酱釉陶小口罐（图版一二，4）[46] 造型上具有明显的相似性，电焊厂 M239 还出土有造型相同的灰陶矮领罐（M239：3）[47]。釉陶罐 C 型（图版一二，2）[48] 则与西晋时期辽宁地区流行的加系酱釉小罐具有明显的承继关系，如辽宁辽阳三道壕 8 号墓出土双耳釉陶小壶（图版一二，5）[49]、辽宁北票喇嘛洞 II M64 出土四系釉陶罐（图版一二，6）[50]，加纵系的做法还见于辽宁北票喇嘛洞 I M30 出土四系釉陶罐（图版一二，7）[51]。所不同的是，平城出土同类产品领部更矮、肩部更为圆鼓，除了加四纵系，还见加三系（图版一二，3）[52] 及不加系（图三，10）的做法。彭善国提出辽宁地区所出酱釉小罐与同时期中原地区基本没有差别，不排除由内地输入的可能[53]。谢明良则认为平折有段肩部的做法仅见于三燕地区，有较大的可能是当地窑场所生产[54]。无论属于上述哪种情况，我们均可将此类器物视为魏晋传统的器物样式经三燕地区传承并影响到平城地区釉陶产品面貌的代表。

3. 南方瓷器

　　这一时期发现的南方高温青瓷、黑釉瓷数量很少，南方瓷器的造型与样式对平城时期包括釉陶在内的器物样式的影响表现得还不明显，但仍然有少部分产品的制作可能受到了南方瓷器造型的启发。

　　本文划分为釉陶壶 Cb 型的电焊厂墓群 M240 出土酱釉壶（图版一三，1）[55]，虽同墓群 M16 出土有造型相似的灰陶壶（M16：1）[56]，但这一样式与鲜卑传统的灰陶器造型有别。谢明良指出这件酱釉陶壶与 4 世纪后期的越窑青瓷盘口壶有类似之处，因此有必要考虑南方生产青瓷产品造型对北方地区铅釉陶器样式的影响[57]。这类釉陶及素陶壶呈现出盘形口、长颈、球形鼓腹、平底的造型特点，壶身造型相似的盘口壶见于 4 世纪后期的东晋时期青瓷产品，如浙江台州东晋永和十一年（355 年）黄岩秀岭水库 M44 出土 II 式青瓷壶（图版一三，3）[58]、江苏南京东晋升平元年（357 年）李缉墓出土青瓷盘口壶（M1：18）和同墓群东晋升平元年及宁康三年（375 年）李綦与夫人武氏合葬墓出土青瓷盘口壶（图版一三，4）[59]。时代推定为东晋晚期至南朝时期的河南淅川下寨 M4 出土青瓷盘口壶（M4：1）除 4 个横系外，器身的造型则与釉陶壶造型完全一致，发掘者推断该壶为长江中游地区湘阴窑或洪州窑产品（图版一三，5）[60]。相似造型的盘口壶见于洪州窑东晋中晚期至刘宋时期的地层中[61]。该造型的壶身还见于东晋至刘宋时期的青瓷龙柄鸡首壶，如浙江温州东晋永和七年（351 年）雨伞寺墓出土青瓷褐彩鸡首壶（图版一三，6）[62]、江苏南京刘宋永初二年（421 年）谢琉墓出土青瓷鸡首壶（图版一三，7、8）[63]，造型相同的酱釉鸡首壶亦见于与谢琉墓同一墓地的东晋义熙二年（406 年）谢温墓出土遗物中（M5：2）[64]。谢琉墓出土尺寸较小的青瓷鸡首壶（图版一三，9）[65] 与金属镁厂 M14 出土酱釉鸡首壶（图版一三，10）[66] 更是如出一手，可见平城地区的窑工对这一造型的器物并不陌生。

与釉陶壶 Cb 型壶身造型相同、口部为侈口平沿的壶 Ca 型（仝家湾 M7：1）可能也是这种改变下的产物（图版一三，2）。电焊厂 M39 还出土有造型相同的灰陶壶（M39：1），后者还施用了北魏平城灰陶器中常见的较为复杂的纹样，在肩中部滚压出一周忍冬纹，器表还有纵向暗纹[67]，是不同文化传统交互作用在器物样式上的反映。

4. 新见器形

新见器形中，有一部分是以已有器物的造型为基本元素，对局部做出调整、改变或通过不同元素的组合生产出新的器物样式。上文已提及釉陶壶 Ca 型、Cb 型是受到相似造型的南方瓷器产品的影响而出现，但平城窑工对口部、颈部做出了调整，除此以外，七里村 M29 出土的两件盒亦被发掘者推断为陶质或漆器多子槅的一种变体[68]。最典型的新见器形实例是釉陶罐 Be 型（图版一四，1）[69]。喇叭形高足、豆式炉形的器盖不见于同时期的任何材质的其他器物，但事实上该型器物是以罐 Bd 型（图版一四，2）的造型为基础，在肩部加錾、在底部接上高喇叭形圈足，并在肩部做出纹样有别的贴花装饰。其三足樽造型的器盖，则采用了东汉三足樽的造型，同样造型的灰陶樽出土于雁北师院 M2（M2：19），这件灰陶樽内、外壁还分别施加红彩与黑彩（图版一四，3）[70]。同样的红彩陶樽还出土于大同南郊田村北魏墓（图版一四，4）[71]。

5. 关中汉晋传统

釉陶容器外，与釉陶 A 型灯形制相似的陶灯还见于大同田村北魏墓（图版一五，1）[72]、雁北师院 M2（图版一五，2）[73]。多枝灯在汉代即已出现，东汉时期陶质多枝灯见于河南洛阳、济源等地[74]。至魏晋时期多枝灯数量减少、造型趋向简化，流行区域集中于中原地区[75]。十六国时期关中地区如陕西西安草厂坡 1 号墓亦有出土（图版一五，3）[76]。不过相较而言大同地区北魏平城时期出土陶质及釉陶质的多枝灯形制更趋简化，灯身不再贴塑繁复的装饰。釉陶 B 型灯实为 A 型多枝灯的灯体部分，不过器身更为矮胖，与釉陶 B 型灯造型相似的陶灯还见于迎宾大道北魏墓群 M56，后者灯柱和灯座还做出镂孔装饰（图版一五，4）[77]。这类灯亦是典型的汉晋传统器物[78]。有学者提出墓内四角置灯属于拓跋鲜卑墓葬文化的特色[79]，若结合北魏平城时期墓葬开始随葬陶俑以及陶俑施釉的做法可能与关陇、河西一带十六国传统进入平城地区有关[80]，那么可以认为这两类具有明显丧葬习俗内涵的汉晋传统的器类可能经由被鲜卑征服的十六国关中地区而进入平城地区。

四、不同样式来源的社会历史背景

魏晋时期的平城地区没有釉陶生产的传统，平城釉陶的突然出现是新的釉陶生产技术随着人口的迁移与流动而被带入的结果。自刘渊称汉（304 年）至北魏平定北凉

（439年）的十六国时期，铅釉陶集中发现于辽西地区以今辽宁朝阳为中心的慕容鲜卑为主体的三燕文化遗存，5世纪时关中和平城地区也出现了铅釉陶器，而中原地区的铅釉陶几乎销声匿迹[81]。道武帝时期为开发平城及京畿地区，竭力将新占地区的劳动力和技术力量以及其他对于新建政权的有用之人向雁北地区集中，迁入大量的移民以充实平城开发的劳动力[82]。这其中就包括以今辽宁朝阳为中心的三燕工匠。比较辽宁地区和平城地区的釉陶器产品，就能发现两个区域在器类、器形及器物装饰方面差异明显，但胎、釉却呈现非常相似的特征。结合这一时期的历史背景，我们有理由推断平城地区釉陶的兴烧，是以朝阳为中心的辽宁地区十六国釉陶工匠的流动所带入的传统在当地所进行的新的生产实践。

釉陶技术进入平城地区后，釉陶产品的样式与装饰体现出多种文化因素的交融与影响。有部分釉陶样式承自三燕地区的釉陶器物造型，随釉陶技术一同传入平城地区。但以京师平城为中心的釉陶生产并未全盘不动地延续十六国时期的传统，而是在生产中体现出鲜明的鲜卑陶器生产传统。这一时期釉陶样式中，占据绝对数量优势的是融合多种文化因素的平城灰陶样式，传统的造型与新兴的釉陶技术结合，创造出具有北魏平城时期特色的产品结构与器物面貌。明显具有丧葬习俗内涵的汉晋传统的灯类器物与陶俑随葬一起经由拓跋鲜卑对关中地区的征服而进入平城地区。个别属于南方青瓷器的器物造型，也出现在平城釉陶产品组合中。平城地区在这一时期有不少东晋、刘宋移民的进入，在平城附近的平齐郡怀宁县，就安置了大量来自刘宋的移民[83]，因此南方瓷器对平城釉陶样式的影响，除了可能是平城窑工对所见南方瓷器的模仿与创新，也十分有可能是熟悉这类器物传统的东晋、刘宋移民带入到当地陶器及釉陶器手工业生产中来的。

值得注意的是被不少研究者关注的平城釉陶器物上的外来文化因素，最典型的代表如七里村M6出土的釉陶罐（图版一四，1），其肩部的贴塑加镶嵌的装饰被认为是对西方镶嵌宝石的金属器的模仿[84]。不过，从这一时期釉陶器物的整体面貌来看，这类明显来自西方的文化因素也仅仅表现在个别器物的局部装饰上，并未在器物样式上影响这一时期铅釉陶器的生产。经由丝绸之路而来的外来文化因素要到北魏迁洛以后、尤其是东魏北齐时期，才对铅釉陶器的器物样式产生更为显著的影响。

以上多种文化因素在器物样式与装饰上的表现，并不是简单的模仿与重复，而是或多或少地对原有的器物样式做出调整与改变，或是以已有器物造型的某些局部为基本元素，进行组合与再造，产生出一批新的器型。因此，可以认为北魏平城窑工正是通过对自身传统的承继与坚持以及对多种文化因素的吸收与再创造，塑造出北魏平城釉陶器物的独特面貌，同时也影响到北魏迁洛后以及东魏北齐的釉陶生产。

注　释

[1] 山西省大同市博物馆、山西省文物工作委员会《山西大同石家寨北魏司马金龙墓》，《文物》1972年3期，20—29页。

[2] 彭善国《3~6世纪中国东北地区出土的釉陶》,《边疆考古研究》(第7辑),科学出版社,2008年,235—248页。

[3] 前者如逯斌、王爱国《山西北魏釉陶研究》,《文物世界》2016年1期,14—19页。后者以李文杰、黄素英对大同安南郊电焊厂墓群出土釉陶产品的研究最具代表性,见山西大学历史文化学院、山西省考古研究所、大同市博物馆《大同南郊北魏墓群》,科学出版社,2006年,511—562页。此外学者对北魏平城时期墓葬的研究中对出土釉陶器也多有讨论,兹不赘述。

[4] 谢明良《中国早期铅釉陶器》,颜娟英主编《中国史新论——美术考古分册》,联经出版公司,2010年,55—110页。

[5] 大同市考古研究所《山西大同沙岭北魏壁画墓发掘简报》,《文物》2006年10期,4—24页。

[6] 大同市考古研究所《山西大同阳高北魏尉迟定州墓发掘简报》,《文物》2011年12期,4—12页。

[7] 山西省考古研究所、大同市考古研究所《山西大同南郊仝家湾北魏墓(M7、M9)发掘简报》,《文物》2015年12期,4—22页。

[8] 大同市考古研究所《山西大同北魏贾宝墓发掘简报》,《文物》2021年6期,23—37页。

[9] 山西省大同市博物馆、山西省文物工作委员会《山西大同石家寨北魏司马金龙墓》,《文物》1972年3期,20—29页。

[10] 中国人民大学历史学院考古文博系、锡林郭勒盟文物保护管理站、正镶白旗文物管理所《内蒙古正镶白旗伊和淖尔M1发掘简报》,《文物》2017年1期,15—34页。

[11] 乌兰察布盟文物工作站《内蒙古兴和县叭沟村鲜卑时期墓葬》,《考古》1993年3期,284—285页。

[12] 陕西省考古研究所《西安北郊北朝墓清理简报》,《考古与文物》2005年1期,7—16页。

[13] 大同市考古研究所《山西大同二电厂北魏墓群发掘简报》,《文物》2019年8期,15—37页。据简报"出土器物"部分,出土釉陶器33件,除灯、俑类及模型明器共18件均出土于M36外,壶、罐等其他器类15件未交待分别出自哪几座墓葬。简报M36的墓葬平剖面图(图一九),编号3、4、14—18为釉陶罐,若依编号应为7件,此外日用器中还包括盖1件、壶1件、灯1件,如此应为10件,但文字部分计日用器为8件,参考编号5、11釉陶磨将分开的上下两部分分别编号,又罐以外盖、壶等三类日用器均为1件,因此釉陶罐的编号可能为拼对修复前的原始编号,因此据简报仅能将罐计为5件。但古顺芳在另文中又刊布一件未在简报中提及的酱釉陶罐,见古顺芳《一组有浓厚生活气息的庖厨模型》,《文物世界》2005年5期,4—8页,图一四。故本文计M36出土罐6件、壶1件、灯1件、器盖1件、俑及模型17件,共26件。M37墓葬平剖面图(图一五)显示出土壶3件、罐2件,计5件。此外未作墓例介绍的2座墓葬依据标本介绍部分计M10出土壶1件、M20出土罐1件。二电厂共计入出土釉陶器标本数量33件,与简报交代的总数相合。

[14] 山西大学历史文化学院、山西省考古研究所、大同市博物馆《大同南郊北魏墓群》,科学出版社,2006年。

[15] 山西省考古研究所、山西省大同市考古研究所《山西大同湖东北魏墓群发掘简报》,《中国国家博物馆馆刊》2018年2期,47—79页。

[16] 韩生存、曹承明、胡平《大同城南金属镁厂北魏墓群》,孙进已、苏天钧、孙海主编《中国考古集成:华北卷魏晋至隋唐(一)》,哈尔滨出版社,1994年,888—895页。

[17] 大同市考古研究所《山西大同七里村北魏墓群发掘简报》,《文物》2006年10期,25—49页;

大同市考古研究所《山西大同七里村北魏墓群 M29 发掘简报》，《文物》2023 年 1 期，33—57 页。2023 年简报明确交代 M29 出土釉陶器 7 件，包括罐 2 件、壶 2 件、盒 2 件、灯 1 件。需作说明的是 2006 年简报介绍的 5 座墓葬，包括 M6、M20、M25、M33、M36，共出土釉陶器 11 件，包括壶 3 件、罐 8 件，简报墓例介绍中可知 M36 出土壶 1 件、罐 1 件，M25 出土壶 1 件，出土遗物部分的描述可见分属 4 座墓葬的 4 件，其中包括 M36 出土的 1 件罐，本文除 M25、M36 参照墓例介绍计量，其余几座以有标本介绍的数量计，共计入标本数量 6 件。综上本文将七里村墓群出土釉陶数量计为 13 件。

[18] 大同市博物馆《大同市齐家坡北魏墓发掘简报》，《文物季刊》1995 年 1 期，14—18 页。

[19] 山西省考古研究所、大同市考古研究所《山西大同南郊仝家湾北魏墓（M7、M9）发掘简报》，《文物》2015 年 12 期，4—22 页。

[20] 大同市考古研究所《山西大同文瀛路北魏壁画墓发掘简报》，《文物》2011 年 12 期，26—50 页。

[21] 大同市考古研究所《大同雁北师院北魏墓群》，文物出版社，2008 年。

[22] 大同市考古研究所《山西大同迎宾大道北魏墓群》，《文物》2006 年 10 期，50—71 页。简报中除在墓例介绍中述及 M37 出土壶 1 件、罐 4 件外，未详细交代不同类别器物的件数及分别出自哪几座墓葬，遗物介绍部分仅描述了分属 7 座墓葬的 9 件标本，其中 M37 介绍 1 件，除 M37 参照墓例介绍计量，其余仅以有标本介绍的数量计，共计入标本数量 14 件。

[23] 古顺芳《大同北魏平城丝路遗珍》，《收藏家》2015 年 3 期，21—32 页。

[24] 大同市考古研究所《山西大同云波里路北魏壁画墓发掘简报》，《文物》2011 年 12 期，13—25 页。

[25] 徐国栋、林海慧《北魏平城时期的板瓦和筒瓦》，《华夏考古》2014 年 4 期，110—115 页。

[26] 云冈石窟研究院、山西省考古研究所、大同市考古研究所《云冈石窟窟顶西区北魏佛教寺院遗址》，《考古学报》2016 年 4 期，533—562 页；图版拾，1。

[27] 以电焊厂墓群为例，由于缺乏纪年墓葬，发掘报告依据墓葬形制、墓道方向、墓葬之间的叠压打破关系、出土随葬品的状况，尤其是陶器的类型与组合，将发现的墓葬分为 5 期，见山西大学历史文化学院、山西省考古研究所、大同市博物馆《大同南郊北魏墓群》，科学出版社，2006 年，465—481 页。有学者即参照发掘报告的分期结论试图对山西地区北魏墓葬出土铅釉陶器进行排比并对早晚特征的变化进行总结，见逯斌、王爱国《山西北魏釉陶研究》，《文物世界》2016 年 1 期，14—19 页。韦正对报告分期结论提出异议，并以出土陶器的类型学研究为基础，结合墓葬形制、出土石灯、釉陶及灰陶器上的纹样组合等因素，同时参考年代可靠的相似墓葬，重新将墓群分为 5 组即 5 期，并进行了年代判定，见韦正《大同南郊北魏墓群研究》，《考古》2011 年 6 期，72—87 页。两者分期结论差异极大，倪润安提出如果不细分期段而是将之放置在北魏早期的时段内考察，则两种分期结论对北魏早期墓葬的识别还是具有较大的共性，见倪润安《光宅中原：拓跋至北魏的墓葬文化与社会演进》，上海古籍出版社，2017 年，136—138 页。笔者亦认为，无论参照以上哪种分期结论，被划入不同期段的墓葬出土釉陶器在形制、胎釉特征与装饰并无明显不同，而与北魏迁都洛阳以后出土釉陶器则有着极大的差别，因此本文暂时搁置平城时期内墓葬本身及出土随葬品可能存在的早晚变化，将北魏平城时期作为整体对出土釉陶予以分析。

[28] 该件遗物在发掘简报刊布前介绍，见古顺芳《一组有浓厚生活气息的庖厨模型》，《文物世界》2005 年 5 期，4—8 页，图一四。

[29] 倪润安《光宅中原：拓跋至北魏的墓葬文化与社会演进》，上海古籍出版社，2017年，147—148、169页。
[30] 大同市考古研究所《山西大同沙岭北魏壁画墓发掘简报》，《文物》2006年10期，4—24页，图四，9。
[31] 大同市考古研究所《山西大同迎宾大道北魏墓群》，《文物》2006年10期，50—71页，图一三-2。
[32] 山西大学历史文化学院、山西省考古研究所、大同市博物馆《大同南郊北魏墓群》，科学出版社，2006年，226页，图一〇五C-2。
[33] 大同市考古研究所《大同雁北师院北魏墓群》，文物出版社，2008年，20页，图一四-3。
[34] 山西大学历史文化学院、山西省考古研究所、大同市博物馆《大同南郊北魏墓群》，科学出版社，2006年，21页，图一三B-2。
[35] 大同市考古研究所《大同雁北师院北魏墓群》，文物出版社，2008年，15页，图一〇-1。
[36] 山西大学历史文化学院、山西省考古研究所、大同市博物馆《大同南郊北魏墓群》，科学出版社，2006年，23页，图一六B-1。
[37] 山西大学历史文化学院、山西省考古研究所、大同市博物馆《大同南郊北魏墓群》，科学出版社，2006年，57页，图三〇B-1。
[38] 大同市考古研究所《山西大同七里村北魏墓群发掘简报》，《文物》2006年10期，25—49页，图二九。
[39] 山西大学历史文化学院、山西省考古研究所、大同市博物馆《大同南郊北魏墓群》，科学出版社，2006年，136页，图六九B-5。
[40] 山西大学历史文化学院、山西省考古研究所、大同市博物馆《大同南郊北魏墓群》，科学出版社，2006年，281页，图一二二B-1。
[41] 大同市考古研究所《山西大同迎宾大道北魏墓群》，《文物》2006年10期，50—71页，图二六。
[42] 安家瑶、刘俊喜《大同地区的北魏玻璃器》，张庆捷、李书吉、李钢主编《4～6世纪的北中国与欧亚大陆》，科学出版社，2006年，37—46页。
[43] 大同市考古研究所《山西大同迎宾大道北魏墓群》，《文物》2006年10期，50—71页，图二〇。
[44] 大同市考古研究所《山西大同迎宾大道北魏墓群》，《文物》2006年10期，50—71页，图一四。
[45] 山西大学历史文化学院、山西省考古研究所、大同市博物馆《大同南郊北魏墓群》，科学出版社，2006年，159页，图版五四-3。
[46] 辽宁省文物考古研究所、朝阳市博物馆《朝阳十二台乡砖厂88M1发掘简报》，《文物》1997年11期，19—32页，图三二。
[47] 山西大学历史文化学院、山西省考古研究所、大同市博物馆《大同南郊北魏墓群》，科学出版社，2006年，327—328页，图一三八B-1。
[48] 大同市考古研究所《山西大同迎宾大道北魏墓群》，《文物》2006年10期，50—71页，图二二-右。
[49] 王增新《辽阳三道壕发现的晋代墓葬》，《文物参考资料》1955年11期，37—46页，图八。

[50] 辽宁省文物考古研究所《三燕文物精粹》，辽宁人民出版社，2002年，112页，图146。

[51] 辽宁省文物考古研究所《三燕文物精粹》，辽宁人民出版社，2002年，112页，图146。

[52] 大同市考古研究所《山西大同迎宾大道北魏墓群》，《文物》2006年10期，50—71页，图二二-左。

[53] 彭善国《3～6世纪中国东北地区出土的釉陶》，《边疆考古研究》（第7辑），科学出版社，2008年，235—248页。

[54] 谢明良《中国早期铅釉陶器》，颜娟英主编《中国史新论——美术考古分册》，联经出版公司，2010年，55—110页。

[55] 山西大学历史文化学院、山西省考古研究所、大同市博物馆《大同南郊北魏墓群》，科学出版社，2006年，329页，一〇二-1。

[56] 山西大学历史文化学院、山西省考古研究所、大同市博物馆《大同南郊北魏墓群》，科学出版社，2006年，28页，图一八B-1。

[57] 谢明良《中国早期铅釉陶器》，颜娟英主编《中国史新论——美术考古分册》，联经出版公司，2010年，55—110页。

[58] 浙江省文物管理委员会《黄岩秀岭水库古墓发掘报告》，《考古学报》1958年1期，111—129页，图八-2。

[59] 南京市博物馆《南京吕家山东晋李氏家族墓》，《文物》2000年7期，21—35页，图九-2、图一二-1。

[60] 河南省文物考古研究院、河南省文物局南水北调文物保护办公室、武汉大学历史学院考古学系《河南淅川下寨遗址东晋至南朝墓发掘简报》，《文物》2016年1期，53—63页，图一五-6。

[61] 北京大学中国考古学研究中心、江西省文物考古研究院、江西省丰城市博物馆《丰城洪州窑址》，文物出版社，2018年，125页，图七七-1、图版三一-3。

[62] 金柏东《温州出土东晋、南朝褐彩青瓷》，《文物》1988年6期，76—79页，图版柒-1。

[63] 南京市博物馆、雨花区文化局《南京南郊六朝谢珫墓》，《文物》1998年5期，4—14页，图一二、一三。

[64] 南京市博物馆、雨花区文化局《南京南郊六朝谢温墓》，《文物》1998年5期，15—18页，封二-2。

[65] 南京市博物馆、雨花区文化局《南京南郊六朝谢珫墓》，《文物》1998年5期，4—14页，图一四。

[66] 韩生存、曹承明、胡平《大同城南金属镁厂北魏墓群》，孙进已、苏天钧、孙海主编《中国考古集成：华北卷魏晋至隋唐（一）》，哈尔滨出版社，1994年，888—895页，图六-1。

[67] 山西大学历史文化学院、山西省考古研究所、大同市博物馆《大同南郊北魏墓群》，科学出版社，2006年，39页，图二三B-2。

[68] 大同市考古研究所《山西大同七里村北魏墓群M29发掘简报》，《文物》2023年1期，33—57页。

[69] 大同市博物馆《平城文物精粹：大同市博物馆馆藏精品录》，江苏凤凰美术出版社，2016年，111页。

[70] 大同市考古研究所《大同雁北师院北魏墓群》，文物出版社，2008年，63页，彩版三五-6。

[71] 大同市考古研究所《山西大同南郊区田村北魏墓发掘简报》，《文物》2010年5期，4—18页，

[72] 大同市考古研究所《山西大同南郊区田村北魏墓发掘简报》,《文物》2010年5期, 4—18页, 图二五。
[73] 大同市考古研究所《大同雁北师院北魏墓群》, 文物出版社, 2008年, 彩版三六-2。
[74] 孙机《汉代物质文化资料图说》(增订本), 上海古籍出版社, 2011年, 406—408页。
[75] 李雯雯《荥阳西晋墓出土的多枝灯探讨》,《华夏考古》2018年3期, 79—84页。
[76] 陕西省文物管理委员会《西安南郊草厂坡村北朝墓的发掘》,《考古》1959年6期, 285—287页, 图版肆-6, 墓葬年代在十六国早中期, 对墓葬年代的详细讨论见苏哲《西安草厂坡1号墓的结构、仪卫俑组合及年代》, 编辑委员会编《宿白先生八秩华诞纪念文集》, 文物出版社, 2002年, 188—191页。事实上简报的断代相当明确, 只是采用的"北朝"一词含义与通常用法不同而造成相当的混乱, 详细讨论见韦正《关中十六国墓研究的几个问题》,《考古》2007年10期, 74—83页, 注释⑤。
[77] 大同市考古研究所《山西大同迎宾大道北魏墓群》,《文物》2006年10期, 50—71页, 图一六。
[78] 蒋娟《魏晋北朝时期的出土灯具》, 内蒙古大学硕士学位论文, 2018年, 35页; 张海蛟《北魏平城灯具的考古学研究》,《云冈研究》2023年3卷1期, 59—65页。
[79] 王音《北朝晚期两类随葬品性质试探》,《西部考古》(第14辑), 科学出版社, 2017年, 136—142页。
[80] 宋馨《司马金龙墓葬的重新评估》, 殷宪主编《北朝史研究：中国魏晋南北朝史国际学术研讨会论文集》, 商务印书馆, 2005年, 561—583页; 谢明良《中国早期铅釉陶器》, 颜娟英主编《中国史新论——美术考古分册》, 联经出版公司, 2010年, 55—110页。
[81] 谢明良《中国早期铅釉陶器》, 颜娟英主编《中国史新论——美术考古分册》, 联经出版公司, 2010年, 55—110页。
[82] 李凭《北魏平城时代》(第三版), 上海古籍出版社, 2014年, 270—272、276页。
[83] 李凭《北魏平城时代》(第三版), 上海古籍出版社, 2014年, 341页。
[84] 谢明良《中国早期铅釉陶器》, 颜娟英主编《中国史新论——美术考古分册》, 联经出版公司, 2010年, 55—110页。

The Stylistic Origins of Lead-glazed Pottery in the Pingcheng Period of the Northern Wei Dynasty

Li Xin

(Institute of Archaeology, Chinese Academy of Social Science)

Abstract: This paper traces the stylistic origins through typological research and comparative analysis, and reveals the influence on the lead-glazed pottery style of multiple cultural traditions that flowed into the Pingcheng area with the migration of the people in the Pingcheng period of the Northern Wei Dynasty (A.D. 398-494). Meanwhile, through the statistical analysis of different stylistic origins, it is concluded that the kiln artisans in Pingcheng who inherited their own cultural traditions and absorbed multiple other cultural factors, recreated the unique appearance of the lead-glazed pottery wares.

Key Words: Pingcheng Period of Northern Wei Dynasty, Lead-glazed Pottery, Ware Style, Cultural Traditions, Migration

试述隋唐时期的陶瓷辟雍砚*

彭善国[1]　刘锡甜[2]

（1. 吉林大学边疆考古研究中心　2. 吉林大学考古学院）

摘要：纪年墓葬材料表明，陶瓷辟雍砚六朝早期出现，流行至隋到盛唐，8世纪初之后基本不见。多足辟雍砚数量最多，南方北方均有发现，足底附加圆环者主要流行于北方，圈足砚数量较少，主要见于南方地区。烧造辟雍砚的窑址在河南、河北、山东、江西、湖南、广西、广东均有分布。隋唐辟雍砚有一部分流布到朝鲜半岛和日本，并对当地的砚台形制产生了重要影响。

关键词：辟雍砚，隋唐，类型

一

陶瓷用于专门的文具，砚台似乎是最早的一类。陶胎自不必说，不施釉的涩瓷胎砚面也完全适合磨墨的要求，较之玉石、金属，陶瓷砚具有加工容易、材质低廉的比较优势，因此成为自汉代以来，尤其是六朝隋唐时期流行的砚类。拉坯成型既符合陶瓷工匠的制器习惯，又有利于批量生产，圆形砚自然也成了这一时期的主流形制，初唐宰相杨师道《咏砚》诗中说"圆池类璧水，轻翰染烟华"[1]，是对此型砚台的生动描述。辟雍砚一名，始见于北宋初。苏易简（958—996年）《文房四谱》记："上圆下方，如圭如璧者，圆如盘而中隆起、水环之者谓之辟雍砚，亦谓分题砚。"[2] 米芾（1051—1107年）《砚史》记载："今杭州龙华寺收梁传大夫瓷砚台一枚，甚大，瓷褐色，心如鏊，环水如辟雍之制，下作浪花攫环近足处，而磨墨处无瓷釉，然殊著墨。"[3] 把砚台的形制，与行礼乐、宣教化的辟雍[4]联系在一起，是很符合推崇古礼的宋人做法的。

现代考古学上首次发现陶瓷辟雍砚，是在1937年发掘的河南安阳小屯隋墓，发掘者就其是用来碾茶还是研墨展开了争论[5]。1952年中国科学院考古研究所发掘河南禹县白沙水库唐墓，于172号唐墓中出土多足淡黄釉器一件，简报最初称其为"瓷器座"[6]，后来发掘者陈公柔先生重新定名为瓷砚[7]。不过对陶瓷辟雍砚认知的隔膜，并非始于

---

* 本论文获得教育部人文社会科学重点研究基地重大项目"中国东北及邻境地区古代陶瓷的流通与消费研究"（批准号：22JJD780007）资助。

现代考古学家，与米芾同时代的王得臣（1036—1116年）对其就很陌生。他的《麈史》记载过这样一件事情："予友郭惟济君泽，居孝昌之青林。暑雨后，斜日射溪碛，焰有光。牧童掊取之，得一陶器。体圆、色白、中虚，径六七寸。一端隆起，下生轮郭。一端绕边列以齿，齿仍缺十六。以为枕也，不可用。忽得所安齿，距地酌水，于轮郭间隆起处可磨墨，甚良。方知古研容有陶者。君泽尝谓予曰'柳公权云某州磁研为最佳'。予时年少，不能尽记，今追忆书之。"这件"绕边列以齿"的陶器，无疑就是六朝隋唐时期流行的陶瓷辟雍砚。

二

为便于展开讨论，兹将具有编年意义的隋唐墓葬出土的陶瓷辟雍砚列入表一。

表一 隋唐墓葬出土陶瓷辟雍砚一览表

序号	年代	出土单位	品种	尺寸（直径+高，单位：厘米）	砚足数量	插图
1	587	河南安阳活水村韩邕墓[8]	青瓷	10.5+5.0	15	图版一六，1
2	590	江西清江樟树镇黄金坑M8[9]	青瓷	13.0+3.8	5	
3	595	山西太原隋斛律彻墓[10]	青釉	7.2+3.5		图版一八，8
4	600	安徽亳县王干墓[11]	白瓷	高2.7	不详	
5	600	江西吉水房后山M2[12]	青瓷	15.3+4.8	5	
6	600	江西吉水房后山M11[13]	青瓷	17.2+6.5	8	图版一六，8
7	605	陕西西安南郊李裕墓[14]	白瓷	5.1+2.6	11	图版一七，1
8	607	陕西西安长安张綝墓[15]	灰陶	15.0+6.0	5	图版一六，2
9	608	陕西西安南郊苏统师墓[16]	白瓷	13.6+5.8	16	图版一七，2
10	610	河南郑州西郊郑仲明墓[17]	青瓷	20.7+7.5	8	图版一六，3
11	610	湖南湘阴城关镇郊外墓[18]	青褐釉	18.3+4.8	10	图版一六，9
12	611	江西清江岭西李法珍墓[19]	青瓷	9.0+3.0	5	
13	611	江西清江洋湖中学熊谏墓[20]	青瓷	9.5+3.3	不详	
14	隋	河南安阳小屯1937YM386	青瓷		27	图版一六，5
15	隋	河南安阳桥村隋墓[21]	青瓷	11.4+10.1	17	图版一六，4
16	隋	山东章丘城角头M465[22]	青瓷	26+9.0	24	图版一六，7
17	隋	山东兖州城郊乡旧关村墓[23]	青瓷	28+9.0	29	图版一六，6
18	隋	湖南长沙石马铺M1[24]	青瓷	12.2+4.3	5	
19	隋	湖南长沙隋墓M4[25]	青褐釉	14.7+4.2	5	图版一六，10
20	隋	湖北武汉M17[26]	青瓷	13+5.2	10	
21	638	广西全州凤凰乡赵司仓墓[27]	青瓷	15.3+5.0	圈足	图版一八，4
22	641	广西兴安红卫村M1[28]	青瓷	17.0+8.0	8	图版一六，11

续表

序号	年代	出土单位	品种	尺寸（直径＋高，单位：厘米）	砚足数量	插图
23	643	陕西礼泉长乐公主墓[29]	白瓷	31.5+9.4		图版一七，3
24	643	辽宁朝阳蔡须达墓[30]	绿釉陶	5.8+2.4	13	图版一七，4
25	647	江苏扬州隋炀帝萧后陵[31]	青瓷、三彩	青瓷25.6+7.3	19	图版一六，12
26	651	福建永春城关镇金峰山M1[32]	青瓷	10.5+4.0	圈足	图版一八，2
27	655	辽宁朝阳孙则墓[33]	绿釉陶	5.8+2.7	13	图版一七，6
28	664	宁夏固原史索岩墓[34]	绿釉陶	6.0+2.6	9	图版一七，5
29	668	陕西西安羊头镇李爽墓[35]	青瓷	11.5+3.5	16	
30	671	福建泉州河市公社墓[36]	青瓷	不详	3	
31	684	湖北郧县李徽墓[37]	白瓷	12.6+5.6	15	图版一七，8
32	705	陕西乾县懿德太子墓[38]	绿釉、三彩	绿釉5.2+3.3		图版一七，7
33	706	河南郑州唐郑仲淹夫妇合葬墓[39]	酱绿釉	20.0+5.4	22	
34	初唐—盛唐	陕西西安郭杜镇紫薇田园都市M309[40]	白瓷	6.0+2.4	11	图版一七，15
35	初唐—盛唐	陕西西安陕西师大新校区工地M45[41]	白瓷	7.0+2.8	13	图版一七，13
36	初唐—盛唐	陕西西安东郊唐墓[42]	白瓷	5.8+2.4	13	
37	初唐—盛唐	河南郑州西陈庄唐墓[43]	青釉	17.0+10.4	11	图版一七，9
38	初唐—盛唐	河南郑州中原制药厂唐墓[44]	灰陶	12.2+4.0	12	
39	初唐—盛唐	河南巩义市二电厂88HGZM13[45]	绿釉	5.6+1.6	12	
40	初唐—盛唐	河南巩义市食品厂92HGSM1[46]	三彩	5.2+2.5		图版一七，10
41	初唐—盛唐	河南偃师古城砖厂唐墓[47]	三彩	?+4.0		图版一七，11
42	初唐—盛唐	河南禹州白沙172号唐墓[48]	淡黄釉	不详	17	图版一七，16
43	初唐—盛唐	河南陕县刘家渠M34[49]	白瓷	不详	不详	
44	初唐—盛唐	辽宁朝阳纤维厂M8[50]	绿釉陶	5.5+2.6	9	
45	初唐—盛唐	江苏南京后头山M11毛明府墓[51]	青釉陶	5.8+2.4		图版一七，12
46	初唐—盛唐	湖南长沙咸嘉湖M1[52]	脱釉	7.5+3.0	13	图版一六，13
47	初唐—盛唐	湖南长沙左家塘M36[53]	青瓷	20.2+6.5	不详	图版一六，14
48	初唐—盛唐	广东高州良德墓[54]	青瓷	22.5+11.5	圈足	图版一八，6
49	初唐—盛唐	广东梅县畲江M4[55]	青瓷	22.5+6.0	圈足	图版一八，3
50	初唐—盛唐	广东梅县畲江M1[56]	青瓷	35.5+10.5	8	

由表一可见，考古发现的隋唐时期辟雍砚，以釉陶和瓷质最多，陶器仅有少量发现。自辽宁朝阳至宁夏固原，从福建泉州到广西全州，均有辟雍砚的踪迹，流行的地

域可谓广大。至于出土集中的地点，北为河南、陕西，南则湖南、江西。至于辟雍砚的形制，可根据底足的形态，将其分为两类。

甲类：多足，数量占绝对优势。可分为足底无圆环和足底附加圆环两型。

A 型：足底无圆环（图版一六，1—14）。

出土本型最早的纪年隋墓为安阳活水村韩邕墓（587 年），最晚的为扬州隋炀帝萧后陵（647 年），隋代数量居多，足数量多寡不一，南方地区常见水滴足，北方主要是蹄状足。安阳置度村 M8 出土瓷侍女俑（图版一六，15）[57]，手中所捧砚可谓此型砚的生动写照。此型砚台是对南北朝时期砚台形制的沿袭。

B 型：足底附加圆环（图版一七）。

B 型砚最早见于西安南郊李裕墓（605 年），最晚者为乾县懿德太子墓（705 年），均为蹄状足[58]。作为 A 型砚的发展形态，其是 7 世纪初到 8 世纪初中原北方地区最为常见的辟雍砚型。B 型砚南方地区仅见于湖北郧县李徽墓、江苏南京后头山毛氏家族墓 M11（毛明府墓），前者为流放远地的李唐皇族成员，后者墓葬形制及随葬俑群具有鲜明的两京特征[59]，砚型体现中原北方风格并不奇怪。

乙类：圈足（图版一八）。

乙类砚数量不多，圈足高宽，南方隋唐墓出土过几例，如长沙隋墓 M7（图版一八，1）[60]、福建永春唐墓、广西全州赵司仓墓、广东梅县畲江 M4、广东广州华侨新村唐墓（图版一八，5）[61]、广东高州良德唐墓等，圈足上均有镂孔。江西瑞昌范镇北溪村也出土过类似的砚台（图版一八，7）[62]。广州、高州的 2 件，砚池边还附加高耸的笔插和水盂，极为独特。北方地区隋斛律彻墓（图版一八，8）、唐郑仲淹墓（图版一八，9）出土砚台，圈足外侧贴附力士或蹄足，应为甲类砚的变体，与南方地区圈足砚差别较大。

结合纪年墓葬材料，可将隋唐陶瓷辟雍砚的流行时段和地域总结如下。甲类 A 型砚南北均常见，流行的下限为 7 世纪中叶，B 型砚台流行于 7 世纪初至 8 世纪初的北方，乙类砚数量少，南方地区较为典型，流行的下限为 7 世纪中叶前后。两类砚在 8 世纪初之后均逐渐退出历史舞台。

表一所列隋唐墓葬出土辟雍砚，有不少砚面直径在 6 厘米左右，不排除是明器，但也不宜一概而论。如 2018 年发掘的扬州隋墓出土瓷砚台，直径 6、高 1.2 厘米，与墨锭 2 块共置于漆奁内[63]，还应该作为实用器看待。江西泰和南溪乡大禾坪唐墓墓室四角各放置一件瓷辟雍砚，大概是赋予砚台特殊的含义[64]。

三

墓葬是陶瓷器生产、流通、消费（使用）过程的终端，墓葬出土的陶瓷砚，多数产自周边窑场。安阳一带隋墓出土瓷砚，无疑来自附近的相州窑（图版一九，1），该窑调查时曾采集到青瓷砚足标本[65]。山东兖州城郊乡旧关村墓、章丘城角头 M465 两件砚足，分别作莲座蹲狮和象首形，在多足砚中极具特色，它们很可能是曲阜宋家村窑址（图版一九，2—4）、泗水尹家城窑址（图版一九，5）[66]或枣庄中陈郝窑址烧造（图版一九，6）[67]。河北邢窑发掘出土白瓷辟雍砚台多件（图版一九，7—9）[68]，以邢窑产品"天下无贵贱通用之"的影响力来看，陕西等地隋唐墓出土的白瓷砚台，应有多方来自邢窑，甚至湖北郧县李徽墓的白瓷砚台，也是邢窑产品。辽宁朝阳隋唐墓几例三彩砚台，从胎釉特征上看，可能出自河南巩义黄冶窑。不过，巩义窑多部调查发掘报告，并未刊布釉陶和瓷砚资料，或许可归之于窑址发掘的局限性。

南方地区隋唐时期烧造陶瓷砚的窑址有浙江丽水吕步坑窑（图版二〇，1）[69]、福建浦城果子坞窑（图版二〇，9）[70]、江西丰城洪州窑（图版二〇，2）[71]、广东新会官冲窑（图版二〇，11—14）[72]、广西桂林桂州窑（图版二〇，3、10）[73]、四川邛崃十方堂窑（图版二〇，7、8）[74]、成都青羊宫窑（图版二〇，4—6）[75]，等等。隋至初唐时期浙江越窑中衰，长江中游窑场勃兴，洪州窑青瓷砚台，广泛见于江西本地的墓葬，扬州隋炀帝萧后陵墓出土的砚，也产自该窑。广西全州凤凰乡赵司仓墓、兴安县红卫村M1出土青瓷砚台，均为桂州窑产品。广州华侨新村、高州良德出土的砚池边附加高耸的笔插和水盂的砚，在新会官冲窑发现过极为近似的标本。十方堂窑、青羊宫窑瓷砚形制涵盖前述所有类型，体现了成都平原窑场兼容南北窑业的风格特点。

四

隋唐陶瓷辟雍砚，对这一时期东北地方民族政权高句丽、渤海，对朝鲜半岛的百济、新罗，对日本均有一定影响。吉林集安国内城遗址征集的泥质灰陶砚，底足残缺，推测为束腰喇叭状圈足[76]。渤海上京城遗址（图版二一，1、2）[77]、朝鲜咸镜北道锦城里渤海墓（图版二一，3）[78]出土的陶砚，均为带镂孔的束腰喇叭状足。这些陶砚，与前述南方地区的乙类圈足砚形制接近。甲类砚目前在高句丽、渤海遗址尚未发现。

陶瓷辟雍砚在朝鲜半岛的百济、新罗（统一新罗）遗址出土数量众多，既有来自隋唐南北方窑场的瓷器产品，也有当地模仿这些瓷砚的陶制品。百济泗沘时代（538—660年）的扶余扶苏山城出土了不少中国青瓷砚（图版二一，4、5）[79]。输入百济、新罗的瓷砚及当地的仿制砚（图版二一，6、7），涵盖了前述隋唐辟雍砚的所有形制[80]，可见这一类型的文具对于朝鲜半岛的广泛影响。

陶瓷辟雍砚在日本出土2件。1件出土于奈良县法隆寺御坊山3号墓（图版二一，8），白绿二彩，带盖，10足，直径6.5、高5.2厘米[81]。另一件发现于藤原京右京五条四坊侧沟（图版二一，9），釉色不明，14足，口径25.2、高8厘米[82]。值得注意的是，这两件砚台均为水滴足。前文已述，水滴足辟雍砚多见于南方地区，北方地区也有少量发现，如洛阳北魏大市遗址出土青瓷砚[83]，该遗址出土瓷器既往多被笼统地归入北魏，但从伴出的重圈纹釉陶器来看，应该有北朝晚期到隋代的产品。河南省博物院藏巩义出土的白瓷砚也是水滴足[84]，18足，直径25、高7厘米。日本出土的这两件砚台的窑口不明，推测是河南巩义黄冶窑产品，其时代约在7世纪中叶前后，是"遣唐使阶段"中日文化交流的实物证据[85]。

注　释

[1]（唐）徐坚《初学记》卷二十一《文部》，《钦定四库全书》子部十一类书类，中华书局，2004年，519页。

[2]（宋）苏易简《文房四谱》卷三，《生活与博物丛书》，上海古籍出版社，1993年，264—265页。

[3]（宋）米芾《砚史》，《百川学海》本。

[4]（汉）班固《白虎通义》（《关中丛书》本）卷四："天子立辟雍何？所以行礼乐宣德化也。辟者，璧也，象璧圆，又以法天，于雍水侧，象教化流行也。"（汉）蔡邕《明堂月令论》（《汉魏遗书钞》二集）："取其四面周水圆如璧，则曰辟雍。"

[5] 石璋如《中国考古报告集之二·小屯》第一本《遗址的发现与发掘·丙编　附录一　隋唐墓葬》，"中央"研究院历史语言研究所，2005年，396页；申文喜《隋瓷拾珍——安阳小屯隋墓出土瓷器精品》，《大众考古》2021年5期，44—54页。

[6] 陈公柔《白沙唐墓简报》，《考古通讯》1955年1期，22—27页。

[7] 陈公柔《白沙唐墓中出土的瓷砚》，《考古通讯》1955年6期，63—64页。

[8] 安阳市博物馆《安阳活水村隋墓清理简报》，《中原文物》1986年3期，42—43页。

[9] 江西省文物管理委员会《江西清江隋墓发掘简报》，《考古》1960年1期，26—29页。

[10] 山西省考古研究所、太原市文物管理委员会《太原隋斛律彻墓清理简报》，《文物》1992年10期，1—14页。

[11] 亳县博物馆《安徽亳县隋墓》，《考古》1977年1期，65—68页。

[12] 江西省文物考古研究所、吉水县博物馆《江西吉水房后山隋代墓葬发掘简报》，《文物》2014年2期，41—61页。

[13] 江西省文物考古研究所、吉水县博物馆《江西吉水房后山隋代墓葬发掘简报》，《文物》2014年2期，41—61页。

[14] 陕西省考古研究院《西安南郊隋李裕墓发掘简报》，《文物》2009年7期，4—20页。

[15] 西安市文物保护考古研究院《西安长安隋张綝夫妇合葬墓发掘简报》，《文物》2018年1期，26—46页。

[16] 陕西省考古研究院《西安南郊隋苏统师墓发掘简报》，《考古与文物》2010年3期，3—6页。

[17] 郑州市文物考古研究院、首都师范大学历史学院《隋代郑仲明墓发掘简报》，《中原文物》2015年6期，4—7页。

[18] 熊传新《湖南湘阴县隋大业六年墓》，《文物》1981年4期，39—43页。

[19] 清江博物馆《江西清江隋墓》，《考古》1977年2期，142—143页。

[20] 清江博物馆《江西清江隋墓》，《考古》1977年2期，142—143页。

[21] 安阳市文物工作队《河南安阳市两座隋墓发掘报告》，《考古》1992年1期，32—45，转79页。

[22] 张柏《中国出土瓷器全集·山东卷》，科学出版社，2008年，67页。

[23] 解华英、王登伦《山东兖州发现一件隋代瓷砚》，《考古》1995年9期，853页；张柏《中国出土瓷器全集·山东卷》，科学出版社，2008年，59页。

[24] 长沙市文物考古研究所《长沙石马铺隋代墓葬发掘简报》，《湖南省博物馆馆刊》（第16辑），

岳麓书社，2020 年，98—104 页。
[25] 湖南省博物馆《长沙两晋南朝隋墓发掘报告》，《考古学报》1959 年 3 期，75—95 页。
[26] 张柏《中国出土瓷器全集·湖北卷》，科学出版社，2008 年，61 页。
[27] 广西壮族自治区博物馆、全州县文物管理所《广西全州县发现纪年唐墓》，《考古》1987 年 3 期，220—222 页。
[28] 李珍、彭鹏程《广西兴安县红卫村发现纪年唐墓》，《考古》1996 年 8 期，93—94 页。
[29] 昭陵博物馆《唐昭陵长乐公主墓》，《文博》1988 年 3 期，10—30 页。
[30] 辽宁省文物考古研究所、朝阳市博物馆《辽宁朝阳北朝及唐代墓葬》，《文物》1998 年 3 期，4—26 页。
[31] 南京博物院、扬州市文物考古研究所、苏州市考古研究所《江苏扬州市曹庄隋炀帝墓》，《考古》2014 年 7 期，71—72 页；扬州市文物考古研究所《广陵遗珍——扬州出土文物选粹》，江苏凤凰美术出版社，2018 年，108 页。
[32] 林存琪《福建永春金峰山唐墓》，《福建文博》1983 年 1 期，87—94 页；张柏《中国出土瓷器全集·福建卷》，科学出版社，2008 年，47 页。
[33] 朝阳市博物馆《朝阳唐孙则墓发掘简报》，辽宁省文物考古研究所、日本奈良文化财研究所编著《朝阳隋唐墓葬发现与研究》，科学出版社，2012 年，7—18 页。
[34] 罗丰《固原南郊隋唐墓地》，文物出版社，1996 年，35 页。
[35] 陕西省文物管理委员会《西安羊头镇唐李爽墓的发掘》，《文物》1959 年 3 期，43—53 页。
[36] 黄炳元《泉州河市公社发现唐墓》，《考古》1984 年 12 期，1138—1139 页。
[37] 湖北省博物馆、郧县博物馆《湖北郧县唐李徽、阎婉墓发掘简报》，《文物》1987 年 8 期，30—42 页，转 51 页。
[38] 陕西省博物馆、乾县文教局唐墓发掘组《唐懿德太子墓发掘简报》，《文物》1972 年 7 期，26—32 页。
[39] 郑州市文物考古研究院、上海城建职业学院《河南郑州唐郑仲淹夫妇合葬墓发掘简报》，《文物》2021 年 8 期，19—30 页。
[40] 张柏《中国出土瓷器全集·陕西卷》，科学出版社，2008 年，43 页。
[41] 张柏《中国出土瓷器全集·陕西卷》，科学出版社，2008 年，76 页。
[42] 荆海燕、何颖《砚墨色光——馆藏唐代陶瓷砚台选介》，《文物天地》2016 年 6 期，82—85 页。
[43] 郑州市文物工作队《郑州地区发现的几座唐墓》，《文物》1995 年 5 期，23—39 页。
[44] 郑州市文物工作队《郑州地区发现的几座唐墓》，《文物》1995 年 5 期，23—39 页。
[45] 郑州市文物考古研究所《巩义芝田晋唐墓葬》，科学出版社，2003 年，206 页。
[46] 郑州市文物考古研究所《巩义芝田晋唐墓葬》，科学出版社，2003 年，206 页。
[47] 郑州市文物考古研究所《河南唐三彩与唐青花》，科学出版社，2006 年，193 页。
[48] 陈公柔《白沙唐墓简报》，《考古通讯》1955 年 1 期，22—27 页。
[49] 于文荣《浅析唐代北方陶瓷工艺成就》，《中国历史博物馆馆刊》2000 年 2 期，91—106 页。
[50] 高桥照彦《辽宁省唐墓出土文物的调查与朝阳出土三彩枕的研究》，辽宁省文物考古研究所、日本奈良文化财研究所编著《朝阳隋唐墓葬发现与研究》，科学出版社，2012 年，221—242 页。
[51] 南京市考古研究院《南京雨花台区后头山唐墓发掘简报》，《文物》2022 年 2 期，26—52 页。
[52] 湖南省博物馆《湖南长沙咸嘉湖唐墓发掘简报》，《考古》1980 年 6 期，506—511 页。

[53] 湖南省博物馆《湖南人——三湘历史文化陈列》，中华书局，2018年，277页。

[54] 湛江地区博物馆《广东高州良德唐墓》，文物编辑委员会编《文物资料丛刊》（第六辑），文物出版社，1982年，137—138页。

[55] 广东省博物馆《广东梅县古墓葬和古窑址调查发掘简报》，《考古》1987年3期，207—215页；北京艺术博物馆《中国潮州窑》，中国华侨出版社，2015年，25页。

[56] 广东省博物馆《广东梅县古墓葬和古窑址调查发掘简报》，《考古》1987年3期，207—215页；北京艺术博物馆《中国潮州窑》，中国华侨出版社，2015年，24页。

[57] 安阳市文物考古研究所《河南安阳市置度村八号隋墓发掘简报》，《考古》2010年4期，48—57页。

[58] 乾县永泰公主墓（706年）石椁线刻画上也有侍女捧持多足砚的形象。陕西省文物管理委员会《唐永泰公主墓发掘简报》，《文物》1964年1期，7—33页。

[59] 林泽洋、陈大海《南京后头山唐墓出土釉陶俑群初探——兼论毛氏家族墓的性质》，《文物》2022年2期，53—63页。

[60] 湖南省博物馆《长沙两晋南朝隋墓发掘报告》，《考古学报》1959年3期，75—105页。

[61] 麦英豪《广州华侨新村发现汉唐古墓十座》，《文物参考资料》1958年5期，74—75页。

[62] 吴智烽《介绍一件镂空圈足青瓷砚》，《南方文物》1996年4期，105页。

[63] 相关信息由发掘者扬州市文物考古研究所秦宗林提供。

[64] 泰和县地方志编纂委员会《泰和县志》卷十六，中共中央党校出版社，1993年，762页。

[65] 故宫博物院《故宫博物院藏中国古代窑址标本·河南卷（下）》，紫禁城出版社，2005年，309页。

[66] 宋百川、刘凤君《山东曲阜、泗水隋唐瓷窑址调查》，《考古》1985年1期，33—41页。

[67] 山东大学历史系考古专业、枣庄市博物馆《山东枣庄中陈郝瓷窑址》，《考古学报》1989年3期，363—387页。

[68] 内丘县文物保管所《河北省内丘县邢窑调查简报》（《文物》1987年9期，1—10页）收录邢窑出土青瓷砚及白瓷砚台，均为多足，但详情未刊。1991年内区县西关北出土邢窑白瓷辟雍砚，见北京艺术博物馆《中国邢窑》（中国华侨出版社，2012年，54页）、河北省文物研究所等《邢窑遗址调查、试掘报告》（《考古学集刊》第14集，文物出版社，2004年，191—237页）提到瓷砚2件，一件为粗瓷（内T1H1∶21），另一件精细白瓷砚台未见报道。河北省文物考古研究院、邢台市文物管理处、内丘县文物保护管理所、临城县文物保护管理所编著的《邢窑》（科学出版社，2021年，55页）报道此件瓷砚（内T1H1∶21）时器物编号改为88H1∶21，但另一件仍未提及。报告第192页提及内丘步行街出土化妆白瓷砚台1件（03H48∶1），第318页提及内丘服务楼出土白瓷多足砚台残片1件。

[69] 浙江省文物考古研究所等《浙江省丽水县吕步坑窑址发掘简报》，浙江省文物考古研究所编《浙江省文物考古研究所学刊》（第七辑），杭州出版社，2005年，538—558页。

[70] 华锋林《福建唐五代窑址考古研究》，海峡书局，2017年，93页。

[71] 北京大学中国考古学研究中心、江西省文物考古研究所、江西省丰城市博物馆《丰城洪州窑址》，文物出版社，2018年，198页。

[72] 广东省文物考古研究所、新会市博物馆《广东新会官冲古窑址》，《文物》2000年6期，25—43页。

[73] 韦剑华《桂州遗韵——桂州窑标本图录与研究文集》，广西师范大学出版社，2021年，84—87页。

[74] 陈显双、尚崇伟《邛窑古陶瓷简论——考古发掘简报》，耿宝昌主编《邛窑古陶瓷研究》，中国科学技术大学出版社，2002年，190页。

[75] 四川省文管会、成都市文管处会《成都青羊宫窑址发掘简报》，《四川古陶瓷研究》（第二辑），四川省社会科学院出版社，1984年，142页。

[76] 吉林省文物考古研究所、集安市博物馆、吉林省博物馆《集安出土高句丽文物集粹》，科学出版社，2010年，33页。

[77] 中国社会科学院考古研究所《六顶山与渤海镇——唐代渤海国的贵族墓地与都城遗址》，中国大百科全书出版社，1997年，95页。

[78] 权赫秀《朝鲜北部发现一座渤海时期壁画墓》，《东北史地》2005年3期。

[79]〔韩〕赵胤宰《略论韩国百济故地出土的中国陶瓷》，《故宫博物院院刊》2006年2期，88—113页。

[80]〔韩〕都拉吉《三国时代砚台研究》，高丽大学硕士学位论文，2017年。

[81] 李知宴《日本出土的绿釉滴足砚》，奈良县立橿原考古学研究所附属博物馆编著《奈良·平安の中国陶磁——西日本出土品を中心として》，奈良县立橿原考古学研究所附属博物馆，1984年，89—92页。

[82]〔日〕楢崎彰一《日本出土的唐三彩》，河南省巩义市文物保护管理所编著《黄冶唐三彩窑》，科学出版社，2000年，66页。

[83] 中国社会科学院考古研究所、洛阳汉魏城队《北魏洛阳城内出土的瓷器与釉陶器》，《考古》1991年12期，1090—1095页。

[84] 深圳博物馆、河南博物院《盛世侧影——河南博物院藏汉唐文物精品》，文物出版社，2016年，87页。

[85] 苃岚《7—14世纪中日文化交流的考古学研究》，中国社会科学出版社，2001年，14—71页。

A Study of the Ceramic "Biyong Yan" during the Sui and Tang Dynasties

Peng Shanguo[1]   Liu Xitian[2]

(1. Research Center for Chinese Frontier Archaeology, Jilin University

2. School of Archaeology, Jilin University)

Abstract: During the Sui and Tang dynasties, there was a popular type of ceramic inkstone called the "Biyong Yan" or "Pi Yong Yan". Historical records suggest that the ceramic inkstone first appeared in the early Six Dynasties period and remained popular until the height of the Tang dynasty. However, after the 8th century, this type of inkstone became rarely seen.

The most prevalent Biyong Yan design was the multi-footed variety, which was found in both northern and southern regions of China. The inkstone with circular ring at the bottom of the foot was mainly popular in the northern region, whereas the ring foot was less common and primarily found in the southern region.

The kilns for producing Biyong Yan were distributed in Henan, Hebei, Shandong, Jiangxi, Hunan, Guangxi, and Guangdong. Some of these inkstones were exported to Korea and Japan, where they had a significant influence on the local inkstone shape and design.

Key Words: Ceramic Inkstone "Biyong Yan", The Sui and Tang Dynasties, Type

婺州窑研究的回顾与反思

谢西营

（复旦大学文物与博物馆学系　浙江省文物考古研究所）

摘要：自唐代陆羽《茶经》中首提婺州瓷器以来，婺州窑便作为一代名窑传颂至今。本文全面梳理古代文献、近现代考古调查发掘和学界研究成果，对婺州窑的研究史进行回顾，并对其定名和文化内涵进行反思。研究认为，婺州窑应该是唐宋时期分布于唐宋婺州所辖范围内，利用当地资源和技术，以地方传统类型的青釉瓷、褐釉瓷、褐色点彩和乳浊釉瓷为典型产品的窑场。目前关于婺州窑还有许多未解的问题，需要今后的持续探索。

关键词：婺州窑，研究史，定义，文化内涵

婺州窑因婺州而得名。以窑址所在州作为窑业的命名，始于唐代，以越窑最为典型。晚唐诗人陆龟蒙在《秘色越器》一诗中写到"九秋风露越窑开，夺得千峰翠色来"[1]，其中的"越窑"便是"越州窑"的简称。结合唐代陆羽《茶经》中"碗，越州上，鼎州次，婺州次，岳州次，寿州、洪州次"[2]的记载，除越州窑之外，也可看到"鼎州窑""婺州窑""岳州窑""寿州窑""洪洲窑"等窑场。本文将全面梳理古代文献、近现代考古调查发掘和学术研究成果，对婺州窑相关问题进行回顾与反思，并对未来工作进行展望。

一、古文献记载

前已述，目前关于婺州窑最早的文献记载可追溯至唐代，即陆羽《茶经》中的"碗，越州上，鼎州次，婺州次，岳州次，寿州、洪州次。"[3]陆羽生于开元二十一年（733年），卒于贞元二十年（804年）前后。据《陆文学自传》，在上元二年（761年），《茶经》三卷已经完成，故而《茶经》一书应是上元初年（760—761年）陆羽隐居湖州时所作[4]。陆羽从饮茶所用茶碗出发，将婺州列为第三。

自唐代之后，一千多年来婺州窑便鲜见于古代文献中。这一情况一直持续到清代

---

* 本研究是教育部人文社会科学重点研究基地项目"变革与竞争：9—17世纪中国陶瓷外销研究"（项目批准号：22JJD780002）的成果之一。

中期。时景德镇人蓝浦及弟子郑廷桂所著《景德镇陶录》中提到"婺窑即唐时婺州所烧者，今之金华府是也。《茶经》又以为婺器次于鼎瓷，非寿、洪器所能及"[5]。从中可以看到，清代文人进行研究时，因袭陆羽的说法，将唐代婺州地域内的瓷窑业归为婺州窑。

二、近现代考古调查、发掘与研究

（一）考古调查与发掘

学术界对这一地区窑址的考古调查工作始于1936年，以陈万里对金华古方一带窑址进行调查为标志[6]。

新中国成立以来，随着各地文物普查工作的开展，金华地区的窑址考古调查与发掘工作也得以启动。

1955年，浙江省博物馆对古方附近窑址进行了调查，发现数处青瓷窑址。1963年，为全面了解上述窑址的面貌，张翔又对古方和厚大庄等地窑址进行了调查，共确认包括窑岗山、外山、大垅、瓦叶山一号、瓦叶山二号、窑瓶湾、叶马山、窑岗头、瓦塘山、古塘、厚大庄等11处窑址。调查显示，上述窑址产品均为实用器，器物制作分为精粗两路，但年代均为北宋时期[7]。

1963年，朱伯谦对东阳象塘村南侧和东侧的9处窑址进行复查，发现龙窑窑炉遗迹3座，并在骆夏山东南部发现了瓷土矿。该窑址始于唐代中晚期，延续到北宋[8]。

1978年，故宫博物院对武义县窑址进行调查，发现蜈蚣山、黄茅山和瓦灶山三处南宋、元代窑址[9]。

1980年，金华与东阳县文管会对歌山村窑址进行考古调查和发掘。考古发掘揭露出龙窑窑炉1处，且存在叠压关系，从唐代早期延续至北宋时期；清理出早唐、中晚唐、北宋三个时期的地层堆积，出土大量瓷片及窑具标本；揭露出瓷土洞坑遗迹1处。其中，唐代地层中出土一件带有"己未遂晨载陵鄉"铭文的瓷砚，宋代窑床底部出土一件带有"天圣六年造自使也"铭文的碾轮[10]。

1982年，开化县文物普查小组于苏庄乡龙坦村茶山上发现多处瓷片堆积。1985年开化县文管会对该窑址进行了复查，调查发现该窑址产品以青花瓷为主，时代判断为元末至清代[11]。1982年，开化县文管会还对下界首窑址进行了调查并作试掘，该窑址产品主要为韩瓶[12]。

1983年，金华文管会对武义泉溪乡水碓周村窑址进行了复查。该窑址存在两处窑业堆积，遗存丰富，产品和时代基本相同，均为青瓷产品，时代为五代至北宋时期[13]。此外，为全面了解乳浊釉瓷的窑口及产品面貌，金华文管会还对铁店窑进行了重点复查，发现铁店村共有窑址9处，其中青瓷窑址6处、乳浊釉瓷窑址3处。同年，季志耀、沈华龙在衢县大川乡调查时发现庭屋村管家塘窑址除了烧制黑釉、青釉等产品，还生产乳浊釉瓷器。此次调查另发现两处青花瓷窑址，即明代塘坞村碗窑窑址和清代前林村窑山窑址，其中，前者兼烧青白瓷[14]。

1984年，贡昌对衢州窑址进行复查，发现龙游方坦和衢州上叶窑址，这2处唐代窑址均以生产乳浊釉瓷器为主，兼烧少量褐釉瓷器[15]。同年，金华与衢州文管会对衢州全旺乡窑址进行多次调查，于尚轮岗村冬瓜潭窑址发现彩绘瓷产品，时代为北宋晚期到南宋[16]。同年，浙江省文物考古研究所和江山县文物管理委员会对江山窑址进行专题调查，于前窑山窑址做小规模试掘，发现龙窑1条，产品中有黑釉瓷器[17]。

1987年，金华和兰溪县文管会对嵩山窑址进行了调查。该窑址堆积丰富，产品均为青瓷，瓷器纹样丰富，以刻划花为主。年代为北宋时期[18]。

1988年春，浙江省文物考古研究所对衢州常山港、乌溪江和衢江诸水系的瓷业遗存做了复查，在全旺、岩头两乡发现了包括两弓塘、冬瓜潭、紫胡垅、太后堂等在内的十几处彩绘瓷窑址，其中两弓塘窑址群分布最为密集。同年，浙江省文物考古研究所与衢县文物管理委员会对两弓塘1号窑址进行发掘。发掘清理龙窑1座，堆积厚度约1米，可分为三个文化层。出土器物有单色釉瓷和彩绘瓷两大类，年代应为元代[19]。

1992年，浙江省文物考古研究所和江山市博物馆对碗窑桐籽山窑址进行了考古发掘。该窑址产品以青花瓷为主，可分为早晚两期，年代分别为明末清初和清代早中期[20]。同时，对窑区内的龙头山、坝头窑址进行了抢救性考古发掘。其中，龙头山窑址瓷器产品可分为青白釉、青灰釉、黑釉和酱釉瓷四类，年代为元代中晚期。坝头窑址仅作局部清理，产品类型与龙头山窑址相似，时代为北宋末到南宋晚期[21]。

2000—2001年，浙江省文物考古研究所与武义县博物馆联合对陈大塘坑窑址群进行了两次考古发掘，共发掘和试掘4处窑址，分别为蜈蚣形山窑址、乌石岗脚窑址、缸窑口窑址和叶李坑窑址。其中蜈蚣形山窑址年代为五代晚期至北宋中晚期，乌石岗脚窑址年代可能为元代早期，叶李坑窑址年代约在南宋晚期至元代早期，缸窑口窑址年代为北宋中晚期到南宋早期[22]。上述窑址产品以青瓷为主，但在缸窑口、乌石岗脚和叶李坑窑址中也发现了少量乳光釉产品。

2008年，浙江省文物考古研究所、东阳市文物办与东阳博物馆联合对伏虎山窑址进行发掘，揭露龙窑1座，出土大量瓷片和窑具标本。瓷器产品种类丰富，有青瓷碗、碟、壶、杯、盘、盏托、熏炉等，时代为北宋中期[23]。

2008年，浙江省文物考古研究所对东阳葛府茶园窑址进行了考古发掘，揭露龙窑1条，并出土大量瓷器及窑具标本，产品均为青瓷，年代为北宋中期[24]。

2015—2016年，浙江省文物考古研究所与浦江县文物保护管理所联合对前王山窑址进行了考古发掘。发掘揭露出龙窑窑炉1条、房址1处、匣钵挡墙9道及灰坑2处，并出土大量青瓷瓷器和窑具标本。产品分为精粗两路，年代为北宋中期[25]。

2017年，浙江省文物考古研究所与开化县文物管理所对龙坦窑址进行了考古发掘。该窑址产品种类丰富，生产青花瓷、白釉瓷、青釉瓷、紫金釉瓷四类产品，青花瓷占绝大比例。根据窑址地层中出土的"正德庚午年造"字款和产品面貌，推测龙坦窑址的时代为明代中期,是目前已探明的年代最早的青花瓷窑址[26]。

2018—2019年,浙江省文物考古研究所与武义县文物保护管理所联合对武义溪里窑址进行了抢救性考古发掘,对周边的抱弄口、柏树堂以及蜈蚣形窑址进行了调查。揭露出1座龙窑及多道匣钵挡墙、窑业生产工作面等遗迹。出土青瓷产品类型较为单一,以碗类为主,时代为元代中晚期[27]。

2021年,浙江省文物考古研究所与武义县文物保护管理所联合对履坦窑址进行了考古发掘。揭露灰坑、澄泥池、韩瓶挡墙、釉料缸等作坊遗迹,出土大量南宋时期的青瓷标本和窑具。时代为南宋晚期至元代早期[28]。

(二)研究概况

目前所见关于婺州窑的近代研究最早可追溯至1934年。叶麟趾在《古今中外陶磁汇编》中写到"婺州窑,在今浙江省金华县,胎釉似越窑而带黄色(茶经以为次于鼎窑)"[29]。

1936年,当陈万里得知金华古方一带有古代窑址,遂针对"唐代婺州窑究竟在哪里"的疑问展开调查。调查资料显示,该地所见瓷器碎片与绍兴情形完全不同,"釉亦青色,并有种种接近天目的变色";器皿均为日用用器,不能与越窑相提并论;年代应为唐代。对于该窑址是否就是史籍中的唐代婺州窑的问题,他提出尚不能仓促判断。但是结合永康等地的发现,他得出"尚有其他古代窑基,散在金华区域之内"的结论[30]。

新中国成立以来,随着金华各地考古调查和发掘资料的不断丰富,相关研究也不断走向深入。

1981年,朱伯谦结合以往武义县发掘的三国至南朝的墓葬材料,将婺州窑的开创年代从唐代提早至三国,并认为婺州窑在西晋时期率先使用化妆土技术,在南朝初期已经掌握以整条堆贴龙纹为装饰、分段拉坯制作大型器物的技术[31]。这是婺州窑概念在时间范围上的扩大。

1982年,中国硅酸盐学会主编《中国陶瓷史》出版,书中采用"婺州窑"的概念,将产品定性为一般民间用瓷,产品质量不高,多数比较粗糙;婺州窑在唐特别是五代到北宋时期生产规模有了迅速发展;产品种类和造型与瓯窑、越窑类似。婺州窑的烧造区域,将金华、兰溪、义乌、东阳、永康、武义、衢县、江山等县均包含进去[32]。这一观点将金华以外的衢县、江山等县窑场均归入婺州窑体系,使得婺州窑的分布地域范围扩大。

1984年,贡昌基于金华和衢州地区历年调查资料,对调查发现的444处窑址中,不同时期窑址产品的造型和装饰演变特征进行了归纳概括,并总结了婺州窑的工艺成就和兴衰过程[33]。此外,他还探讨了金衢地区五代北宋时期的420多处婺州窑,分析其兴盛原因和生产规模,以五代时期、北宋早期、北宋中期、北宋晚期作为阶段,探索婺州窑各个时期在造型、纹样上的时代演变与特征,并从胎质、釉色、器形、纹样等方面归纳婺州窑产品的特点[34]。

1985年,在中国古陶瓷研究会、中国古外销陶瓷研究会郑州年会上,朱伯谦对婺州窑乳浊釉瓷业的分布、各阶段的特点进行了梳理,认为婺州窑自东汉创建、一直延续到元末明初,是中国历史上生产历史最长的一个瓷窑体系[35]。这一观点大大扩展了婺州窑的生产年代上限和下限。

1986年,李家治等对唐宋元婺州窑系瓷片的化学成分和胎釉显微结构进行科技分析,认为早至唐代,婺州窑系某些窑口已能生产分相釉,并且延续至宋元时期;分相釉在婺州窑的存在历史悠久,自成一系;为韩国新安沉船发现的元代"类钧瓷"找到了产地[36]。

1988年,贡昌专著《婺州古瓷》出版,本书汇集其多年文物普查、考古发掘的收获,详细论述了婺州窑的历史沿革、生产状况和产品特色等。该书涉及了从商周至元代每个时段,婺州地区制瓷手工业的规模、发展脉络与特点,既有概述性阐述,又有专题性研究,从而勾勒出婺州地区各个时段的窑业生产面貌概况。他认为婺州窑是古代著名青瓷窑,从商代烧制原始瓷开始,一直延续至明清时期,婺州窑的瓷业生产没有间断。这一观点将婺州窑的生产年代上限提早至商周时期。

21世纪以来,随着武义、东阳、浦江等地窑址考古发掘工作的系统开展,在新资料的支持下,相关学者对婺州窑的时空特征、瓷业技术发展与渊源等问题进行探索。徐军对包括金华、衢州、杭州西部所在的浙西地区的瓷业窑址分布、发展过程、技术源流等方面进行论述。他认为,为了与越窑、龙泉窑区别,浙西地区窑业有必要统称为"婺州窑"。但婺州窑是一个由众多窑场、不同生产技术形成的集合体,按历史阶段可分为唐代越窑分支,五代至北宋的越窑吴越贡瓷分支、越窑分支、韩瓶窑分支、元代龙泉窑分支、建窑黑釉瓷分支、地方浊釉瓷和乳光釉瓷等,是博采众长的民间瓷业系统,体现了强烈的地方性因素[37]。这一观点将婺州窑的生产地域扩展到整个浙江西部地区,并尝试从文化因素分析方法入手,对浙西地区的窑业文化内涵做分类研究。此外,综合性研究图录和著作不断涌现,如《婺州窑韵》[38]《婺州窑精粹》[39]《衢州古陶瓷探秘》[40]《浙江古代青瓷》[41]。上述著作对金衢地区瓷窑业烧造历史、产品特征及瓷业技术进行了综合概述。

三、相关问题反思

伴随着考古调查、发掘资料的不断丰富,目前学界一般将浙江金华和衢州地区的瓷窑遗址划归为婺州窑的范畴,将其烧造年代上限提早至东汉乃至商周时期,下限扩展至明清时期。然而金华衢州境内的窑业遗存类型相当复杂,在青瓷之外,烧造褐釉瓷、乳浊釉瓷、彩绘瓷、青白瓷、黑釉瓷等多种类型,至明代还烧造青花瓷器。这与地处宁绍地区的越窑截然不同。后者的产品器类均为青瓷,少量有釉下褐彩装饰。研究显示,金衢地区的彩绘瓷、青白瓷、黑釉瓷及青花瓷均系外来技术,并不能归入传统婺州窑的窑业体系[42]。此外，金衢地区以前王山窑址为代表的浦江北宋窑址群和以溪里窑址为代表的武义元代窑址群，尽管其产品均为青瓷，但从其窑业面貌与技术渊源来看，可视为北宋中期越窑核心区和元代中晚期龙泉窑核心区技术对外传播的结果[43]。故而，若将金衢境内的青瓷、褐釉瓷、乳浊釉瓷、彩绘瓷、青白瓷、黑釉瓷、青花瓷均视为婺州窑产品，当然会引起诸多混乱。我们不免需要思考，到底什么才是婺州窑？

古代制瓷业，尤其是官窑之外的民窑制瓷业，是一种资源密集型产业，其生产需要丰富的原料、燃料和水源。基于地缘因素，在一定区域内窑业生产具备相同的资源条件，因而生产出胎釉风格较为一致的器物群。此外，临近地区在经济、文化、民俗及日常生活习惯方面具有一定的相似性，具备近距离窑业技术交流的便利条件。因此，在资源近似和窑业技术交流双重作用下，在同一时间、同一地域内会产生产品风格近似的窑业集群，或可称之为某一种窑业文化或地方类型[44]。

基于上述因素，浙江地区作为一个大的地理单元，其内部便形成了多个窑业集群。从地理区块来看，鉴于自然和人文资源等方面的相似因素，浙江地区可分为六区，即宁绍、杭嘉湖、金衢、温州、台州和丽水地区[45]。古代瓷业遗存分布，依其地理区划划分的诸瓷业遗存区块所呈现的序列形式，并不都始终一贯地表现为各自范围内的纵向连续，相反地显示为不同发展谱系在若干地域范围内的错综杂处和相互交叉的复杂联系；又在文化内涵和层次结构上展现出阶段特征变异的互动与协变现象[46]。以唐代为例，金衢地区的瓷业产品包括青釉瓷、褐釉瓷、褐色点彩瓷和乳浊釉瓷。以宋代为例，金衢地区在青釉瓷、褐釉瓷、褐色点彩瓷和乳浊釉瓷基础之上，还烧造青白瓷、黑釉瓷等。在早期研究中，多数学者将上述器物归为婺州窑产品，以致于产生"古婺州范围内的窑址都是婺州窑"的模糊概念。

瓷窑址作为一类考古遗址，对其性质及内涵的界定应该遵循考古学文化的命名原则，时间、地域及文化属性都是其考量的重要标准。在时间、地域条件一定的情况下，对其文化属性的判定，应按照文化因素分析的方法来进行。若按照文化因素分析法研究唐宋时期金衢地区制瓷业，这一地区可分为多个类型，如地方传统类型（青瓷、褐釉瓷）、地方创新类型（褐色点彩和乳浊釉）和外来窑业技术类型（越窑系青瓷、青白瓷和黑釉瓷）。

故而，根据古代文献和近现代考古调查、发掘资料，从考古学文化命名原则和文化因素分析的角度出发，最狭义的婺州窑概念，应该是"唐宋时期，分布于唐宋婺州所辖范围内，利用当地资源和技术以生产地方传统类型的青釉瓷、褐釉瓷、褐色点彩和乳浊釉瓷为典型产品的窑场"。如果借鉴越窑与早期越窑的概念，东汉中期至隋代，古婺州境内的窑址可以视为早期婺州窑。此外，受外来技术影响，古婺州地区生产的越窑系青瓷、龙泉窑系青瓷、青白瓷、黑釉瓷和青花瓷，不能纳入到婺州窑体系，但从某些方面反映出这一地区窑业技术交流的繁荣程度。

四、结　　语

　　以上我们从古代文献记载、近现代考古调查与发掘工作、学界研究等方面，对婺州窑相关问题进行了回顾，从考古学文化命名原则和文化因素分析角度出发，对婺州窑的概念及文化内涵做出了界定，并对相关问题进行了反思。

　　相较于宁绍和丽水地区较为系统的瓷窑址考古调查、发掘工作，金衢地区瓷窑址的考古工作较碎片化，且多为配合基建。历年的考古工作显示，金衢地区瓷窑业具备三方面特点。第一，烧造历史悠久，制瓷历史可上溯至东汉中期，以龙游白羊垄窑址[47]为代表；年代下限可至明清时期，以开化龙坦窑址和江山碗窑为代表。第二，文化内涵丰富，产品类型多样，是浙江省内窑业面貌最复杂、技术交流最频繁的区域。第三，工艺创新多样。金衢地区优质瓷土资源较为匮乏，窑工开发利用了粉砂岩黏土；为掩盖瓷土的劣势，早于西晋时期便发明化妆土工艺；早于唐代早期，创烧出乳浊釉瓷器；善于吸收外来技术，并结合地方资源进行创造。鉴于目前婺州窑面貌尚未完全清晰，未来金衢地区瓷窑址考古调查与系统性发掘工作还需要加强。首先，我们需要弄清金衢地区在唐代尤其是陆羽时代的窑业面貌，在此基础上，进一步完善这一地区的窑业时空框架和分期编年。此外，鉴于这一区域窑业技术丰富多样，未来可以构建起本地区的窑业技术交流史。

注　　释

[1] 中华书局编辑部点校《全唐诗（增订本）》卷六二九，中华书局，1999年，7264页。

[2] （唐）陆羽《茶经》卷中，《四之器》"碗"条，第1479册，《丛书集成》初编本，中华书局，1991年，9页。

[3] （唐）陆羽《茶经》卷中，《四之器》"碗"条，第1479册，《丛书集成》初编本，中华书局，1991年，9页。

[4] 厉祖浩《唐五代越窑文献资料考索》，浙江省博物馆编《东方博物》（第四十三辑），浙江大学出版社，2012年，89—100页。

[5] （清）蓝浦、郑廷桂著，欧阳琛、周秋生校点，卢家明、左行培注释《景德镇陶录校注》，江西人民出版社，1996年，81页。

[6] 陈万里《追记吴兴金华永嘉三处所发现之古代窑基》，紫禁城出版社编《陈万里陶瓷考古文集》，紫禁城出版社，1997年，32页。

[7] 张翔《浙江金华青瓷窑址调查》，《考古》1965年5期，236—242页。

[8] 朱伯谦《浙江东阳象塘窑址调查记》，《考古》1964年4期，188—190页。

[9] 李知宴《浙江武义发现三处古窑址》，文物编辑委员会编《中国古代窑址调查发掘报告集》，文物出版社，1984年，32—38页。

[10] 贡昌《记浙江东阳歌山唐宋窑址的发掘》，贡昌著《婺州古瓷》，紫禁城出版社，1988年，73—91页。

[11] 陆苏君《浙江开化龙坦窑址调查》,《考古》1995年8期,767—768,转701页。
[12] 开化县地方志编纂委员会《开化县志》,方志浙江人民出版社,1988年,494页。
[13] 贡昌《浙江武义水碓周五代北宋窑的调查》,贡昌著《婺州古瓷》,紫禁城出版社,1988年,107—114页;金华地区文管会《浙江武义县水碓周五代北宋窑址调查》,《考古》1987年5期,449—452页。
[14] 季志耀、沈华龙《浙江衢县元代窑址调查》,《考古》1989年11期,994—998页。
[15] 贡昌《唐代乳浊釉瓷窑——龙游、衢州两处古窑址的调查》,贡昌著《婺州古瓷》,紫禁城出版社,1988年,64—72页;贡昌《浙江龙游、衢县两处唐代古窑址调查》,《考古》1989年7期,607—610页;朱土生《浙江龙游方坦唐乳浊釉瓷窑址调查》,《考古》1995年5期,403—406页。
[16] 贡昌《浙江衢县尚轮岗彩绘瓷窑》,贡昌著《婺州古瓷》,紫禁城出版社,1988年,123—132页。
[17] 柴福友《衢州市古窑址出土陶瓷器情况简介》,柴福友著《衢州古陶瓷探秘》,浙江人民美术出版社,2012年,380—384页。
[18] 贡昌《记浙江兰溪嵩山北宋瓷窑》,贡昌著《婺州古瓷》,紫禁城出版社,1988年,115—122页;周菊青、吴建新《兰溪嵩山窑器物》,浙江省博物馆编《东方博物》(第五十三辑),中国书店,2015年,73—76页。
[19] 浙江省文物考古研究所、衢县文物管理委员会《衢县两弓塘绘彩瓷窑》,浙江省文物考古研究所编《浙江省文物考古研究所学刊:建所十周年纪念(1980—1990)》,科学出版社,1993年,275—286页。
[20] 浙江省文物考古研究所、江山市博物馆《江山碗窑窑址发掘报告》,浙江省文物考古研究所编《浙江省文物考古研究所学刊》(第三辑),长征出版社,1997年,178—218页。
[21] 浙江省文物考古研究所、江山市博物馆《江山碗窑窑址发掘报告》,浙江省文物考古研究所编《浙江省文物考古研究所学刊》(第三辑),长征出版社,1997年,178—218页。
[22] 浙江省文物考古研究所《武义陈大塘坑婺州窑址》,文物出版社,2014年。
[23] 卢淑珍《伏虎山窑发掘获重大成果》,东阳市人民政府地方志办公室编《东阳年鉴(2005—2008)》,方志出版社,2009年,419页。
[24] 郑嘉励《东阳市葛府茶园北宋青瓷窑址》,中国考古学会编《中国考古学年鉴2009》,文物出版社,2010年,210页。
[25] 谢西营、张智强《浙江浦江前王山窑址发掘获重要成果:获得一批北宋中期可与周边地区窑业进行对比的重要材料》,《中国文物报》2016年12月2日第8版;浙江省文物考古研究所、浦江县文物保护管理所《浙江浦江县前王山窑址考古发掘简报》,《华夏考古》2018年4期,25—41,转111页。
[26] 谢西营、沈岳明、陆苏军《浙江开化龙坦明代窑址发掘取得重要收获——系浙江地区目前发现烧造青花瓷年代最早的窑址》,《中国文物报》2018年6月15日第8版。
[27] 浙江省文物考古研究所、武义县文物保护管理所《武义县溪里元代窑址发掘简报》,浙江省文物考古研究所编《浙江省文物考古研究所学刊》(第十二辑),文物出版社,2022年,205—220页。
[28] 张馨月、邓粤富《武义县金温铁路外迁工程工地遗址考古发掘报告》,"浙江考古"微信公众

[29] 叶麟趾《古今中外陶磁汇编》，北平文奎堂书庄，1934年，5页。
[30] 陈万里《追记吴兴金华永嘉三处所发现之古代窑基》，紫禁城出版社编《陈万里陶瓷考古文集》，紫禁城出版社，1997年，32页。
[31] 武义县文物管理委员会《从浙江省武义县墓葬出土物谈婺州窑早期青瓷》，《文物》1981年2期，51—56页。
[32] 中国硅酸盐学会《中国陶瓷史》，文物出版社，1982年，197—198页。
[33] 金华地区文管会、贡昌《谈婺州窑》，文物编辑委员会编《中国古代窑址调查发掘报告集》，文物出版社，1984年，22—31页。
[34] 贡昌《五代北宋婺州窑的探讨》，贡昌著《婺州古瓷》，紫禁城出版社，1988年，92—104页。
[35] 朱伯谦《浙江瓷业的新发现与探索》，朱伯谦著《朱伯谦论文集》，紫禁城出版社，1990年，113—124页。原载河南省文物研究所编《河南钧瓷汝瓷与三彩：一九八五年郑州年会论文集》，紫禁城出版社，1987年。
[36] 李家治、陈显求、黄瑞福、陈士萍《唐、宋、元浙江婺州窑系分相釉的研究》，《无机材料学报》1986年3期，269—273页。
[37] 徐军《浙西地区古代瓷业技术的发历程与渊源》，沈琼华主编《中国古代瓷器生产技术对外传播研究论文集》，浙江人民美术出版社，2014年，82—90页。
[38] 雷国强、邵文礼、陈新华《婺州窑韵》，中国书店，2010年。
[39] 方竟成《婺州窑精粹》，文物出版社，2011年。
[40] 柴福有《衢州古陶瓷探秘》，浙江人民美术出版社，2012年。
[41] 郑建华、谢西营、张馨月《浙江古代青瓷》，浙江人民出版社，2022年。
[42] 谢西营《浙江地区东汉中晚期至清代瓷窑遗址考古概述》，浙江省文物考古研究所编《浙江省文物考古研究所学刊》（第十二辑），文物出版社，2022年，275—329页。
[43] 谢西营《北宋中期越窑瓷业技术传播及相关问题研究——兼论核心区越窑瓷业衰落原因》，《东南文化》2018年6期，92—97页；浙江省文物考古研究所、武义县文物保护管理所《武义县溪里元代窑址发掘简报》，《浙江省文物考古研究所学刊》（第十二辑），文物出版社，2022年，205—220页。
[44] 浙江省文物考古研究所、庆元县文物管理委员会办公室《浙江省庆元县唐代黄坛窑址发掘简报》，浙江省博物馆编《东方博物》（第六十辑），中国书店，2016年，61—72页。
[45] 施文博《浙江地区六朝时期制瓷手工业遗存初步研究》，北京大学硕士学位论文，2008年；谢西营、陈佳佳《浙江地区唐代制瓷业的区域性与阶段性研究》，《广元窑与川渝窑业》，科学出版社，2023年，458—470页。
[46] 任世龙《审其名实 慎其所谓——"越窑"考古学定位思考》，沈琼华主编《2007中国越窑高峰论坛论文集》，文物出版社，2008年，11页。
[47] 浙江省文物考古研究所《浙江龙游白羊垅东汉窑址发掘简报》，《东南文化》2014年3期，53—58页。

Review and Introspection on the Research of Wuzhou Kiln

Xie Xiying

(Department of Cultural Heritage and Museology, Fudan University
Zhejiang Institute of Cultural Relics and Archaeology)

Abstract: Wuzhou Kiln has been celebrated as a famous kiln of its time ever since Wuzhou porcelain was first mentioned in Lu Yu's *Tea Classic* in the Tang Dynasty. This paper comprehensively sorts out ancient documents, modern archaeological investigations and academic research results, reviews the research history of Wuzhou kiln, and reflects on its name and cultural connotation. It is considered that Wuzhou Kiln should be the kiln sites distributed in the jurisdiction of Wuzhou in Tang and Song dynasties. The kiln used local resources and techniques to produce local traditional types of celadon, brown-glazed porcelain, brown stippling and opaque glaze porcelain as core products. At present, there are many unsettled issues about Wuzhou kiln, which need continuous research and further discussion in the future.

Key Words: Wuzhou Kiln, History of Research, Definition, Cultural Connotation

福清东张窑黑釉瓷生产标准化研究*

徐文鹏　陈志涛　蔡　婵
（厦门大学历史与文化遗产学院）

摘要：标准化是手工业生产研究的重要内容，但针对历史时期商品化陶瓷生产的标准化却鲜见关注。本研究以宋元时期福清东张窑瓷器生产为例，探讨了黑釉盏的标准化程度，并思考利用窑业遗存来研究标准化可能存在的问题。通过对234件黑釉盏的各项尺寸参数进行量化分析，本研究发现，东张窑生产规模大，黑釉盏的生产具有一定标准化，暗示该区域的制瓷者可能共享一套生产技术和知识体系。研究还揭示了各生产地点产品的相似度与距离成正比：距离近的地点，产品的相似度更高。这可能体现了制瓷者之间更频繁的交流与互动。同时，本研究强调由于"累积模糊"因素的存在，应采用最小可分析单元进行窑业遗存研究，以更准确地揭示产品的标准化程度。

关键词：标准化，专业化生产，外销瓷，黑釉瓷，宋元时期

一、引　言

标准化是考古学中关于手工业专业化研究的重要内容，在古代陶器生产的研究中尤为常见。对于标准化的定义，普鲁登丝·赖斯（Prudence M. Rice）提出陶瓷器的标准化是指器物特性的相对均匀性或多样性的减少，或实现相对均匀性的过程；标准化不是存在与否的问题，而是程度的问题[1]。也有学者认为标准化是指"同一类产品在原料、制作工艺、程序、成品的形态等方面都达到事先订立的标准"[2]。

标准化程度往往与专业化程度密切相关，通常被认为是衡量手工业专业化生产程度的一个重要指标。关于生产专业化，虽然学者们看法并不一致，但总体而言，超出个人或家庭自身需要的生产一般被认为是专业化生产[3]。生产专业化有多种表现形式，比如产品的精致程度和多样性等，但标准化往往被认为是专业化生产的结果[4]。专业化生产程度越高，产品标准化程度越高[5]；专业生产者所生产的产品，其标准化程度往往高于非专业化生产者的产品[6]。因此，大量相同或标准化的物品往往被认为是衡量专业化的常用间接指标之一[7]。因为专业化生产通常意味着工匠在生产中具有以下

---

* 本研究是教育部人文社会科学重点研究基地重大项目"变革与竞争：9—17世纪中国陶瓷外销研究"（项目批准号：22JJD780002）的成果之一。

特征[8]：用统一的技术批量生产；频繁练习、流程固定；参与生产的人员较少，产品组合中表现出来的个体变异性（由无意识的运动习惯和技能、对形状和装饰的选择和/或使用了更广泛的原材料引起）也就相对较少；为使失误最小化而缺少变通，坚持使用已经验证过的原料、技术、工序等。

然而，这种标准化假设（standardization hypothesis）也存在一定的问题。有学者质疑将标准化作为专业化衡量标准的做法，例如依附于精英的工匠生产的奢华物品可能是独一无二的（标准化程度低）[9]，市场竞争也可能会导致产品的多样性[10]。标准化与专业化的关联也并不是必然的，民族学研究显示非轮制陶器的专业化与标准化之间的联系是不一致的[11]；制胎黏土的标准化并不直接意味着专业化，需要结合其自然变异性、采运、使用情况来分析，而精英控制资源也不等于控制生产、更高的原料标准化[12]；专业化生产的产品也并不一定在各方面属性中都表现出标准化的特征[13]。

对于标准化程度的界定以及人工极限，学者们也进行了一定的探讨。耶尔默·埃尔肯斯（Jelmer W. Eerkens）认为技能水平限制或记忆误差会使变异系数增加到视觉极限以上，并通过实验得出在个体水平上，2.5%至3.0%的变异系数接近人类可达到的最小误差水平。而3%的变异系数也是人类肉眼可以识别的下限，小于3%的差异可能无法区分[14]。对于大多数史前环境，考古学家往往研究的是多个个体产生的组合，因此，在这种情况下，可以将4%—5%范围内的变异系数视为接近人类标准化手动生产工件的能力极限[15]。此外，埃尔肯斯和罗伯特·贝廷格（Robert L. Bettinger）还用韦伯分数得出人类纯手工制品所能实现的最大标准化的产品的变异系数为1.7%；随机生产（即完全没有刻意标准化生产但也没有刻意增加变异的）产品对应的变异系数为57.5%[16]。

在陶瓷器的标准化研究中，以往研究多侧重于对史前陶器生产的研究，尤其侧重与社会复杂化关系的探讨。而对于历史时期，尤其是以外销为主的商品生产，学界关注甚少。因此，本研究将以宋元时期福建福清东张窑瓷器生产为例，通过深入探讨黑釉盏的标准化程度，探索对历史时期商品化生产的产品进行标准化研究的方法，并进一步思考其潜在的价值和可能遇到的问题。

二、福清东张窑地理位置及相关考古工作

东张窑位于福建省福清市西部的东张镇，罗汉山东麓，今东张水库西侧（图一）。窑址所在区域分布着低山丘陵。气候属南亚热带季风气候，其特点是海洋性季风明显，雨量充沛。最大河流为龙江，自西向东经东张镇的际山、岭下、芦岭、溪北、道桥、东门盆地、石坑后注入石竹湖（东张水库）[17]。

东张窑的发现始于20世纪50年代，至今已进行过多次的考古调查与发掘。1956年，因兴修福清县东门水库发现了东张窑址，福建省文物管理委员会随即前往实地调查，并采集部分标本[18]。1958年3月，福建省文物管理委员会为配合东门水库建设，

对东张窑进行考古发掘，并在水库淹没区及其周围作文物调查，先后在半岭和碗原乡附近发现窑址两处，根据出土遗物，认为窑址的年代为宋代[19]。1996年12月，福州市考古队对东张窑的岭下、石坑两处窑址进行调查，采集了黑釉、青釉、青灰釉等标本，并认为窑址年代为宋元时期，宋代之后两处窑址可能已废弃[20]。2009年，第三次全国文物普查期间再次对东张窑进行调查，发现窑址面积为2000平方米，以烧制青瓷和黑釉瓷为主，产品有碗、盏、碟、盘等，多素面、部分刻划花瓣纹等[21]。2018年，为明确窑址的保护范围，福州市文物考古工作队对东张石坑窑址进行实地考古调查。2022—2023年，福建省考古研究院对东张窑进行了系统的考古调查和勘探，以期更加全面深入地了解东张窑址的生产概况。

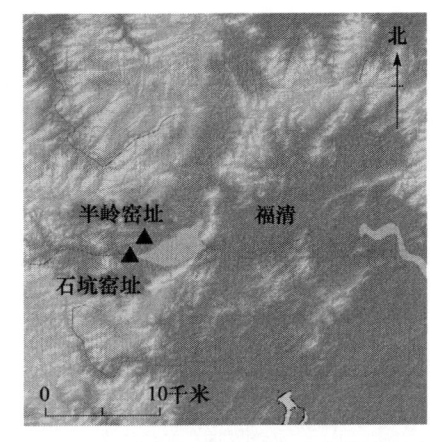

图一　福清东张窑（石坑和半岭窑址）位置图

历年的考古调查与发掘工作揭示出东张窑的分布范围很大，依据窑址分布的村落，可以进一步分为石坑窑址、半岭窑址、岭下窑址、碗窑山窑址，其中石坑窑的分布面积最为广泛，总面积超过20万平方米。下面重点对石坑和半岭窑址进行介绍。

1. 石坑窑址

石坑窑址规模大，自西向东可以细分为三星、产山、厝后山、宫后山和石码头五个区域（图二）。窑址所在的山坡表面大多被窑业废品堆积所覆盖，有的地方杂草灌木甚为茂密，因此准确的窑炉数量尚不明确，但可根据其分布大致将三星划分为1个点、产山划分为4个点、厝后山划分为10个点、宫后山划分为4个点、石码头划分为3个点。

图二　福清东张石坑窑址内部分区图

（1）三星窑址区

三星窑址区因位于三星村境内而得名，与产山隔溪对望，海拔75米，相对高度约20米。窑址所在山坡南侧种植枇杷园，山坡下部有环湖公路，窑址仅发现一处，面积约4000平方米。产品主要为黑釉盏和青瓷碗。

（2）产山窑址区

产山窑址区位于石坑村西南部，东张水库的西侧。产山被自北而来的龙江所环绕，在东侧流入东张水库。窑址主要分布在产山的北、西、南三侧的山坡，自南往北可将产山分为4个点。山坡下部及中部种有枇杷树，上部满布杂草、灌木。山坡随处可见大量的匣钵、瓷片堆积，产山南部地表发现露出一处窑炉遗迹，窑炉外有石砌护窑墙。产品主要为黑釉盏和青瓷碗。

（3）厝后山窑址区

厝后山窑址区位于石坑村北部，因其南部为石坑村居民住宅，故名。窑址主要分布在厝后山的东、西、南三侧的山坡。山坡下部及中部被村民开垦，种植龙眼、枇杷。山坡顶部长满稻草、灌木、松树，部分地区还有竹林。自东往西，可以将厝后山分为10个点。厝后山的山坡上满布匣钵、瓷片堆积，堆积厚度可达2—3米厚。采集的标本有黑釉盏、青瓷碗、青白瓷碗、青白瓷执壶等。

（4）宫后山窑址区

宫后山窑址区位于万安学社后，窑址主要分布于南部山坡，山坡下部种植枇杷，中部及上部长满杂草灌木，南部山坡肉眼可及之处均有大量的匣钵及瓷片堆积。自东往西，可以将宫后山分为4个点。采集的器物有黑釉盏和青瓷碗。

（5）石码头窑址区

石码头窑址区位于东张水库的北岸，根据村民口述，在东张水库修建之前，该处曾是码头所在位置，因此得名石码头。窑址区位于石码头西北面的山坡，山脚种有油菜花，山坡上长满杂草灌木，自西向东可以将石码头分为3个点。采集的器物有黑釉盏、青瓷碗和青白瓷盘。

2. 半岭窑址

半岭窑位于半岭村西面山坡，一条水泥村道从山脚经过，路边有一座现代地穴式砖瓦窑，山坡种植龙眼、竹林等。地表局部散落大量匣钵、瓷片等，部分堆积厚2—3米以上，一处被盗挖的坑里可见窑墙。采集标本有黑釉盏、青瓷碗、窑具等。

三、研究材料与研究方法

1. 研究材料

东张窑的产品主要包括黑釉瓷、青瓷以及青白瓷，其中，黑釉瓷品种占主导地位。

本研究将聚焦于黑釉盏的标准化程度，基于以下三点理由：①窑址考古所获标本多为残片，仅有少量可复原标本能满足标准化分析的尺寸测量需求；②尽管东张窑也生产青白瓷和青瓷，但其数量相对较少，而可复原标本数量就更少，因此从统计学角度看，其意义并不显著；③盏类产品是东张窑黑釉瓷中数量最多的产品，而且所获可复原标本较多。因此，本文选择以黑釉盏为研究对象，对其进行标准化分析。

本研究选取的样本共计234件可复原黑釉盏，均来自2022—2023年度石坑和半岭窑址的考古调查和勘探，其中石坑窑址的样品包括三星5件、产山26件、厝后山131件、宫后山42件、石码头24件以及半岭窑址的6件。根据器物造型，这些黑釉盏大致可以被分为两种类型，即敞口盏和束口盏（图三）。在本文所用样品中，敞口盏有29件，而束口盏205件。敞口盏的生产年代稍早，多出现在北宋晚期，而束口盏的生产虽然也出现在北宋晚期，但束口盏主要流行于南宋时期。

图三　东张窑黑釉盏示例（左侧为敞口盏，右侧为束口盏）

2. 研究方法

关于标准化程度的考察，赖斯最初提出为了检验工艺专业化，可以对陶瓷器组合各部分的多样性进行分析，概念化为对陶器特定技术或风格特征的观测分布的分析，以直方图或分布曲线表示[22]；可以进一步细化为四个属性：资源（种类、数量、粒度和形状）、技术（成型技术、烧制变量）、型式（主要和次要形状特征、尺寸）以及装饰或风格[23]。戴向明将量指标分为名称性变量（主要指陶质、陶色、纹饰、制法、器形的种类和构成情况）和数量性变量（主要指陶器各部位的大小尺寸等可量化的指标）两大类[24]。

在进行标准化程度的考察时，我们更注重衡量机械属性（mechanical attributes），即那些制作者在生产过程中无意引入的属性，如尺寸类别内的微小尺寸变化以及特定形状类别内的形态和比例变化，因为它们更直接地反映了生产信息；而有意属性（intentional attributes），如出于功能考虑的材料与形态选择（例如，碗与罐、大与小、高领与低领），以及大多数风格元素（例如，关于装饰图案和颜色的选择），因为主要满足特定的功能或社会需求，故不太可能反映关于生产的信息[25]。在考察标准化程度时，我们还应该注意"累积模糊（cumulative blurring）"现象的存在[26]。尤其是在研究陶瓷窑址产品时，我们应该注意到：窑址考古所获得的陶瓷器往往不是由单次烧制产生的，而是多次、长期烧制的累积产物；另外，对于规模较大的窑址，窑业堆积往往是多个窑炉长期持续烧造积累的结果。

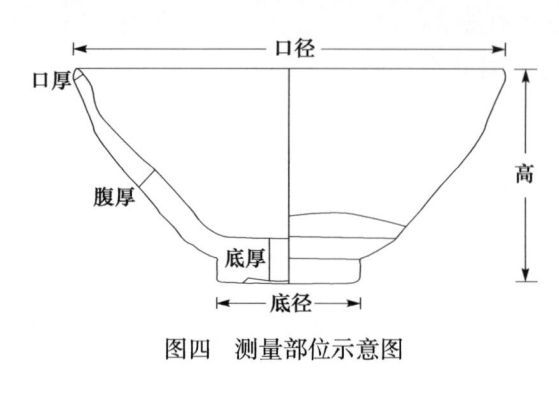

因此，本文对于东张窑黑釉盏的标准化研究，具体而言，是从器物尺寸方面进行分析。所测量的部位包括口径、底径、器高、口沿厚度、腹部厚度、器底厚度（图四），并进一步计算了口径与底径、口径与器高的比值。尽管某些参数，例如，口沿厚度和腹部厚度等均值较小的属性，其受测量误差影响可能较大，而口径与底径、口径与器高的比值等相对稳定的指标，常被认为是更有效的标准化分析参数，但本文并未进行取舍，而对各个参数进行分析，以期通过分析和对比不同参数，更深入地理解各个参数之间的关系。

图四　测量部位示意图

在此基础上，我们对234件黑釉盏的各种尺寸参数进行了量化分析，包括对收集的8个变量进行直方图展示、描述性统计和方差分析（ANOVA）。通过描述性统计分析，我们研究了这些变量的分布情况，并采用平均值、标准差和变异系数（coefficient of variation，下文简称CV）等常用的统计方法[27]。变异系数是用来衡量数据离散程度或相对变异性的指标，它常常以百分比的形式呈现。CV值越小，往往表示标准化程度越高，反之则标准化程度较低。在数据满足正态分布的前提下，通过方差分析（ANOVA）即方差齐性检验（F test），我们比较了不同地点的均值和变异系数，检查他们是否存在显著的差异，从而评估东张窑内部各个区域、各个地点产品的标准化程度。

四、东张窑出土黑釉瓷标准化的分析与讨论

我们首先绘制了全部234件黑釉盏的各个测量数据的密度直方图（图五）。如图五显示，东张窑的黑釉盏在所有参数上整体都符合正态分布，说明大多数测量值（在这种情况下，即黑釉盏的尺寸）接近平均值，而远离平均值的测量值较少。由于正态分布是许多统计检验的关键假设，该测量数据符合正态分布，具有统计学意义，说明可以使用方差分析等方法来比较不同组的平均值。更重要的是，黑釉盏尺寸整体符合正态分布，表明黑釉盏可能作为一种常见的标准尺寸或形状被生产出来，偏离这个标准的情况较少见。虽然东张窑的窑业规模大且分布范围广，但整个区域的制瓷者都能按照一致的标准生产。这表明整个区域的制瓷者可能接受了同样的训练，共享一套相似的生产技术和知识体系。这种情况也可能进一步表明东张窑范围内的制瓷者属于同一

个实践社群（Community of Practice）[28]，通过实践社群内部的相互学习和知识共享，从而整个区域的制瓷者都能按照一致的标准进行生产。

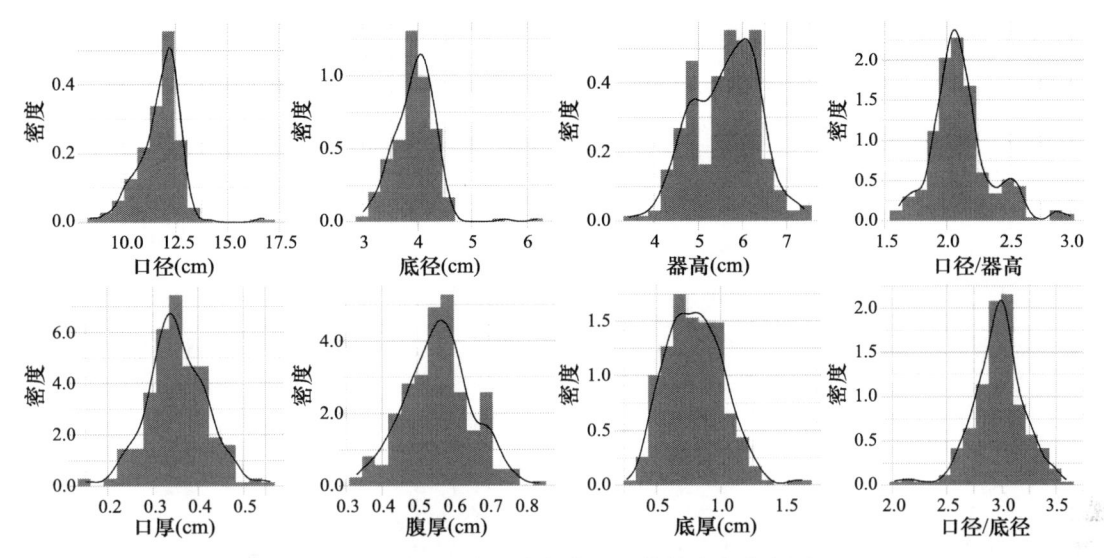

图五　东张窑黑釉盏各部位测量值的密度直方图

此外，仔细观察直方图，我们可以发现在器高、口径与器高之比，存在一个小的峰，这可能表明样本中存在两个不同的群组。为了更好地理解黑釉盏的标准化程度，本文接下来分几个部分进行分析，分别是不同器型黑釉盏（敞口盏和束口盏）、东张窑内部不同区域以及同一区域（厝后山）内不同地点。

1. 敞口盏与束口盏

为了更加准确地分析东张窑黑釉盏的标准化程度，我们将敞口盏和束口盏分别进行比较分析。在对敞口盏和束口盏的各项属性进行详细对比和分析后，我们发现两者在多个尺寸测量指标上存在显著差异（图六）。敞口盏的平均口径（12.32cm）略大于束口盏（11.66cm），其差异在t检验中表现为显著（t=2.47，p=0.0189）。束口盏的器高（均值为5.70cm）显著高于敞口盏（均值为4.97cm），这一结果在t检验中表现为显著（t=-5.50，p＜0.0001）。此外，口径与器高的比值在敞口盏（平均比例2.5）和束口盏（平均比例2.06）间存在明显差异，说明敞口盏的口径相对器高较大，t检验的结果也显示这一差异显著（t=8.72，p＜0.0001）。在厚度上，敞口盏与束口盏在口沿厚度、腹部厚度和器底厚度上均存在显著差异。敞口盏和束口盏只有在底径这一个指标上相似，均值分别为3.96cm和3.95cm，t检验的结果（t=0.079，p=0.938）证实这一差距并不显著。

在考察变异系数时，尽管束口盏来自更多的生产地点且统计数量大大超过敞口盏，但在多项测量指标上，如口径、底径、器高及口径与器高的比值，束口盏的变异系数却显著低于敞口盏（表一）。这表明束口盏的生产可能更为标准化和统一。由于束口盏整体年代晚于敞口盏碗，标准化程度的提高可能反映了技术的熟练和进步。虽然束口盏的厚度变异系数也低于敞口盏，其整体变异系数却相对较高，这可能表明制瓷者在制作过程中对厚度的控制可能并不严格。

图六　东张窑黑釉敞口盏与束口盏器物尺寸的子弹图

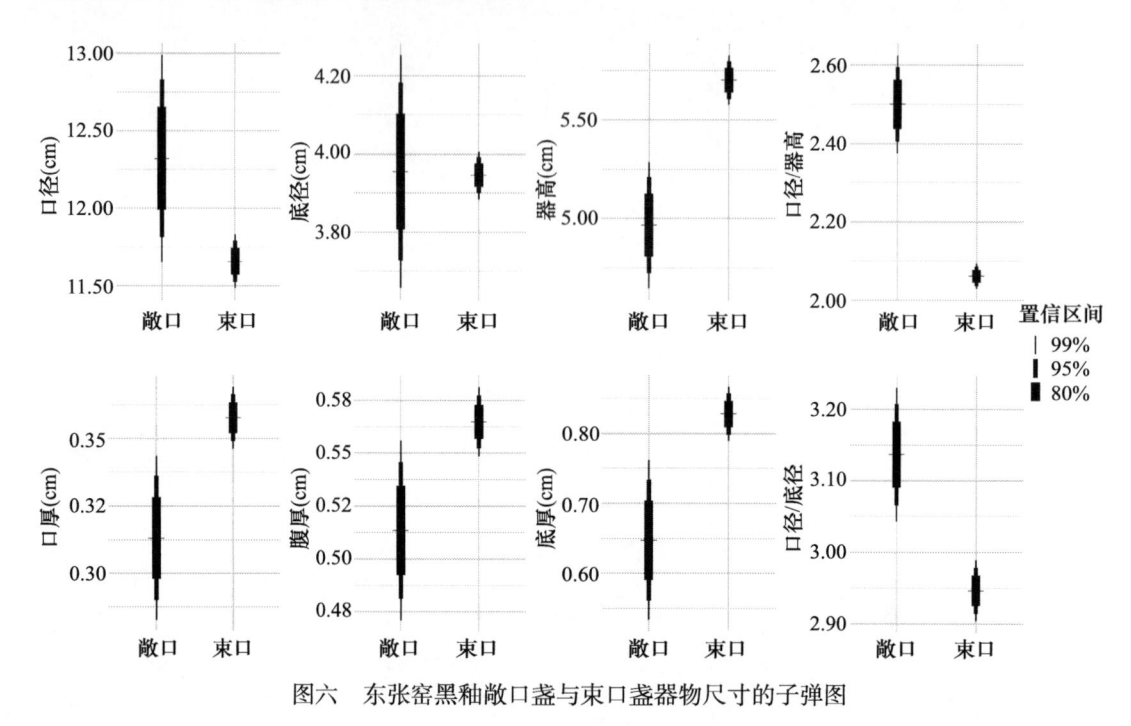

表一　东张窑黑釉敞口盏与束口盏器物尺寸变量的平均值（Mean）、标准偏差（SD）和变异系数（CV）

	敞口盏（n=29）			束口盏（n=205）		
	Mean（cm）	SD	CV（%）	Mean（cm）	SD	CV（%）
口径	12.32	1.40	11.36	11.66	0.97	8.30
底径	3.96	0.62	15.77	3.95	0.34	8.63
器高	4.97	0.67	13.47	5.70	0.70	12.29
口厚	0.31	0.06	20.29	0.36	0.06	17.88
腹厚	0.51	0.09	17.32	0.56	0.09	16.11
底厚	0.65	0.24	36.81	0.83	0.21	25.95
口径/器高	2.50	0.26	10.46	2.06	0.18	8.83
口径/底径	3.14	0.19	6.22	2.95	0.24	8.07

2. 东张窑内部不同区域的束口盏

束口盏的生产范围很大，在本文所分析的六个小的区域（三星、产山、厝后山、宫后山、石码头和半岭）都有生产，因此有必要对不同区域生产的黑釉盏展开进一步分析和比较。通过对比表一和表二，可以明显看出，各个小区域所测量的器物尺寸的CV值相较于整个大区域，显著降低。特别是在三星、产山、宫后山、半岭这几个区域，口径的CV值接近甚至低于5%。考虑到"累积模糊"的存在，这些较低的CV值暗示着黑釉盏的生产具有很高的标准化程度。另一方面，厝后山区域的CV值总体较高，这可能与其分布范围较大，导致的"累积模糊"现象较为显著有关。

表二　东张窑黑釉束口盏器物尺寸变量的平均值（Mean）、标准偏差（SD）和变异系数（CV）

窑址	统计	口径	底径	器高	口厚	腹厚	底厚	口径/器高	口径/底径
三星 （n=5）	Mean（cm）	12.02	4.30	5.56	0.35	0.64	0.92	2.16	2.16
	SD	0.59	0.14	0.18	0.05	0.05	0.13	0.12	0.12
	CV（%）	4.90	3.29	3.27	13.34	7.50	14.04	5.51	5.51
产山 （n=25）	Mean（cm）	11.49	3.91	5.52	0.35	0.59	0.72	2.10	2.96
	SD	0.64	0.38	0.52	0.06	0.08	0.16	0.17	0.22
	CV（%）	5.58	9.69	9.40	18.32	13.68	22.69	8.35	7.51
厝后山 （n=103）	Mean（cm）	11.60	3.91	5.70	0.36	0.56	0.83	2.06	2.97
	SD	1.07	0.32	0.82	0.06	0.09	0.23	0.21	0.20
	CV（%）	9.21	8.21	14.40	18.01	15.61	28.07	10.06	6.79
宫后山 （n=42）	Mean（cm）	11.90	4.03	5.91	0.35	0.56	0.85	2.02	2.96
	SD	0.71	0.32	0.55	0.06	0.10	0.20	0.16	0.18
	CV（%）	5.99	8.04	9.25	16.99	18.10	23.60	7.78	6.22
石码头 （n=24）	Mean（cm）	11.34	3.93	5.49	0.39	0.55	0.84	2.07	2.89
	SD	1.12	0.41	0.54	0.07	0.10	0.20	0.11	0.19
	CV（%）	9.90	10.38	9.91	18.09	17.98	23.22	5.13	6.51
半岭 （n=6）	Mean（cm）	12.57	3.83	5.88	0.36	0.61	0.88	2.15	3.28
	SD	0.63	0.27	0.59	0.04	0.09	0.19	0.17	0.10
	CV（%）	5.02	6.93	9.99	12.57	14.42	21.30	7.71	3.09

通过比较不同区域各个参数的器物尺寸，我们发现大部分指标在各个区域间并无显著差异，这一点在子弹图中清晰可见（图七）。通过进行ANOVA分析，我们发现在所有被考察的指标中，口径以及口径与底径的比值在各个群组间存在显著差异，其他指标在不同区域间的差异并不具有显著性。在口径上，半岭窑址的均值最大（12.57cm），其次是三星窑址（12.02cm），其他窑址的口径均值均小于12cm。在口径与底径的比值上，三星的比值（均值为2.16）明显较低，而半岭（均值为3.28）的显

著偏高；子弹图也清晰地显示，在远超过99%置信区间下，三星和半岭在口径与底径的比值与其他区域存在显著差异。考虑到三星窑区位于龙江的对岸，与石坑的其他区域有一定间隔（图二），半岭窑区与石坑窑区也并非紧邻（直线距离约2.2km），这可能表明，位置相对较远的窑区与其他窑区的交流、互动相对较弱，以致所生产的黑釉盏，在部分尺寸参数上与其他区域存在着统计学意义上的显著差异。

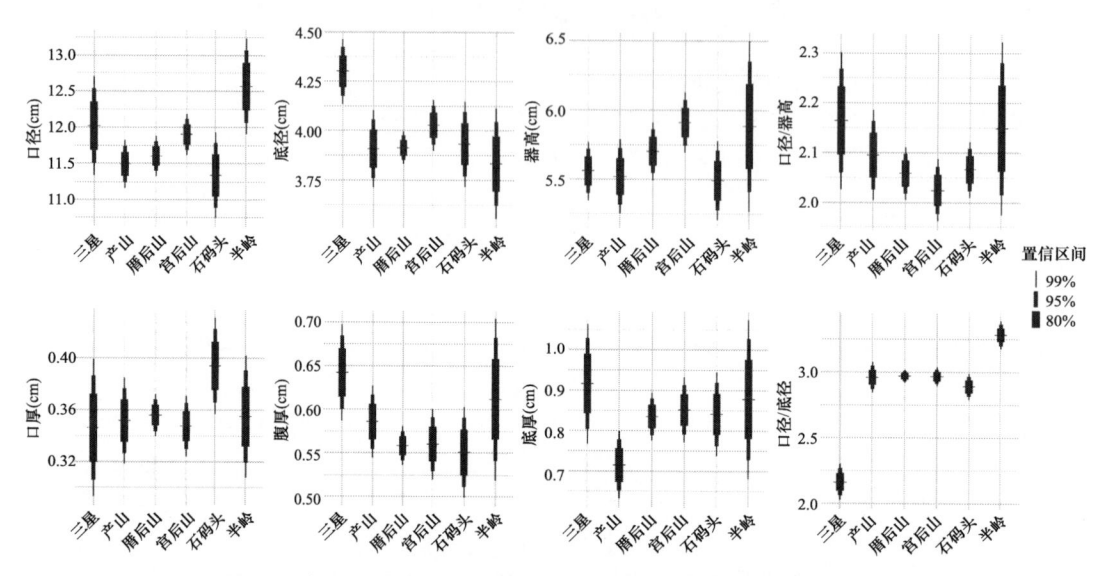

图七　东张窑不同区域黑釉束口盏器物尺寸变量比较的子弹图

3. 厝后山区域内部不同地点的束口盏

厝后山区域窑业遗存分布面积较大，内部存在多个生产地点。尽管当前我们无法将这些地点与具体的窑炉一一对应，但它们仍然代表着我们能从考古调查中识别出的最小生产单位。这些地点也是本研究中使用的最小分析单位。相对于对整个厝后山区域进行的分析，如果按照这些最小单位进行分析，我们发现各测量值的变异系数（CV值）相对于整个厝后山区域的CV值有所降低（表三）。有数个地点（1、5、8、10号点）的口径CV值接近甚至低于5%。考虑到每个地点的样本量较小，不同地点之间的CV值差异不应过度解读。此外，子弹图显示，各个小地点之间的黑釉盏在各项尺寸上差异较小，整体相似度较高（图八）。这反映了厝后山区域内各生产地点，在生产黑釉束口盏时的过程相当一致，呈现出较高的标准化特征。

表三　东张窑厝后山黑釉束口盏器物尺寸变量的平均值（Mean）、标准偏差（SD）和变异系数（CV）

窑址点	统计	口径	底径	器高	口厚	腹厚	底厚	口径/器高	口径/底径
1号点 （n=7）	Mean（cm）	12.42	4.07	6.13	0.35	0.56	0.9	2.03	3.06
	SD	0.4	0.19	0.29	0.08	0.07	0.17	0.09	0.16
	CV（%）	3.21	4.64	4.68	23.68	11.69	19.31	4.29	5.19

续表

窑址点	统计	口径	底径	器高	口厚	腹厚	底厚	口径/器高	口径/底径
2号点 (n=13)	Mean（cm）	11.45	3.88	5.65	0.37	0.54	0.95	2.03	2.96
	SD	1.23	0.47	0.64	0.06	0.08	0.27	0.11	0.2
	CV（%）	10.73	12.01	11.33	16.62	14.4	28.26	5.61	6.83
4号点 (n=13)	Mean（cm）	10.65	3.77	5.47	0.39	0.58	0.95	1.97	2.84
	SD	0.98	0.32	0.97	0.05	0.07	0.22	0.2	0.26
	CV（%）	9.18	8.49	17.7	11.97	12.83	23.46	10.21	9.06
5号点 (n=10)	Mean（cm）	12.31	3.99	5.7	0.33	0.6	0.74	2.18	3.1
	SD	0.75	0.28	0.65	0.03	0.07	0.18	0.17	0.18
	CV（%）	6.12	7.01	11.32	9.28	12.31	24.13	7.67	5.87
6号点 (n=7)	Mean（cm）	10.97	3.57	6.03	0.41	0.56	1.01	1.83	3.07
	SD	1.04	0.15	0.81	0.04	0.11	0.09	0.09	0.2
	CV（%）	9.49	4.28	13.4	8.64	19.71	8.96	4.94	6.54
7号点 (n=30)	Mean（cm）	11.48	3.89	5.51	0.36	0.56	0.8	2.13	2.95
	SD	1.16	0.32	1.04	0.07	0.11	0.25	0.26	0.21
	CV（%）	10.13	8.23	18.95	18.51	19.35	31.44	12.08	7.27
8号点 (n=8)	Mean（cm）	11.91	4.06	5.56	0.35	0.57	0.68	2.17	2.94
	SD	0.64	0.22	0.72	0.03	0.07	0.23	0.23	0.11
	CV（%）	5.34	5.41	13	9.82	12.78	34.32	10.66	3.87
9号点 (n=12)	Mean（cm）	11.74	3.92	5.78	0.33	0.51	0.74	2.05	2.99
	SD	1.05	0.32	0.74	0.06	0.07	0.18	0.16	0.16
	CV（%）	8.97	8.07	12.79	19.73	14.14	24.66	7.92	5.32
10号点 (n=7)	Mean（cm）	11.2	3.87	6.06	0.33	0.57	0.85	1.87	2.9
	SD	0.66	0.29	0.8	0.08	0.09	0.22	0.16	0.22
	CV（%）	5.88	7.41	13.2	23.99	15.92	25.99	8.73	7.6

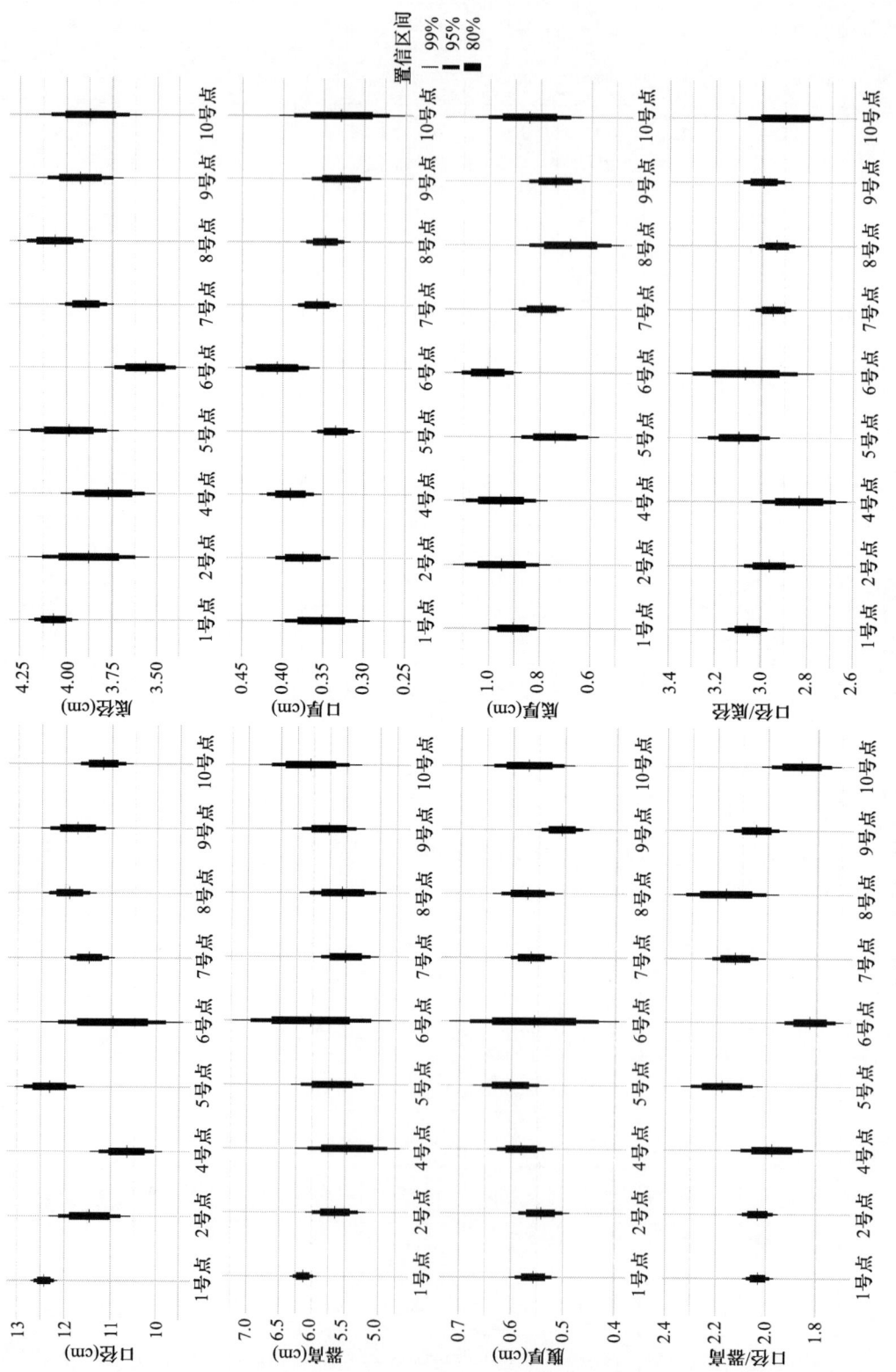

图八　东张窑窑瞿后山不同地点黑釉束口器器物尺寸变量的子弹图

五、结 论

　　本文是对东张窑黑釉盏标准化程度进行的初步探索。分析结果显示,尽管东张窑生产规模大,但黑釉盏可能作为一种标准尺寸被生产出来,这表明整个区域的制瓷者可能接受了同样的训练,共享一套相似的生产技术和知识体系。敞口盏与束口盏不仅在尺寸方面存在着显著差异,而且束口盏的 CV 值显著低于敞口盏,这表明东张窑黑釉盏生产的标准化程度在不断提高。尽管存在多种"累积模糊"的因素,但东张窑黑釉盏部分尺寸的 CV 值仍然较低(达到或低于 5%),显示出东张窑黑釉盏的生产应具有较高的标准化水平。此外,我们还发现东张窑内部产品尺寸的相似度与生产地点的物理距离有关:距离越近,产品相似度越高。间隔相对较远的区域(如半岭和三星),其产品在部分尺寸参数上存在显著差异;而同一区域的不同地点(如厝后山内部的地点),各部位尺寸并无显著差异。这表明东张窑的制瓷者之间的交流受距离影响:距离越近,制瓷者之间的交流与互动更为频繁,技术习惯相对较为一致,所以产品更加趋同。然而,由于样本量有限,这种趋势是否在增加样本量后依然存在,还有待进一步验证。

　　本研究仅对东张窑黑釉盏的尺寸进行了分析,因此获得的信息相对有限。标准化研究的价值不仅在于单个指标(如 CV 值)的绝对数值,更重要的是,将其置于比较研究的视角中进行考察,因此下一步的研究可以从两个方面扩展:① 引入其他方面的考察,如胎釉成分、原料选择等,以进一步揭示东张窑在各项技术特征上的标准化程度。② 与其他窑址(如建窑和遇林亭窑)的黑釉盏进行比较研究,寻找不同窑址之间的产品和技术异同。

　　本研究的目的不仅在于探讨福清东张窑的标准化程度,还试图考察用窑业堆积来研究历史时期瓷器生产标准化时可能存在的问题。通过以上分析可以发现:① 窑址划分得越细,其产品的 CV 值越低,这提示我们在分析大规模窑址时,应更加关注最小可识别单元,从而更有效地揭示产品的标准化程度。② 不同部位的 CV 值差异显著,口径、底径和器高的 CV 值显著低于口沿厚度、腹部厚度和底部厚度,这反映出制瓷者对厚度的控制可能不够严格;另一方面也说明厚度作为标准化程度的指标,其敏感度较差,可能并非理想的评估指标。最后,通过对东张窑标准化的初步研究,我们认为标准化分析可以纳入窑址考察的重要组成部分,这有助于在更长的时间尺度或更广的空间范围内进行分析和比较,从而更好地理解古代瓷器的技术交流和生产模式等问题。

注　释

[1] Prudence M. Rice, "Specialization, Standardization, and Diversity: A Retrospective." In: Ronald L. Bishop, Frederick W. Lange, (eds.), *The Ceramic Legacy of Anna O. Shepard*, Niwot: University Press of

Colorado, 1991, pp. 257-279.

[2] 吕烈丹《浅谈运用统计学分析考古学器物的"标准化"和"规范化"问题》,《考古一生——安志敏先生纪念文集》,文物出版社,2011年,103页。

[3] Cathy Lynne Costin, "Craft Specialization: Issues in Defining, Documenting, and Explaining the Organization of Production." *Archaeological Method and Theory*, Vol. 3, 1991, pp. 1-56.

[4] Carla M. Sinopoli, "The Organization of Craft Production at Vijayanagara, South India." *American Anthropologist*, Vol. 90, No. 3, 1988, pp. 580-597.

[5] Cathy Lynne Costin, "Craft Production Systems." In: Gary M. Feinman, T. Douglas Price, (eds.), *Archaeology at the Millennium: A Sourcebook*, New York: Springer, 2001, pp. 273-327.

[6] Hélène Balfet, "Ethnographical Observations in North Africa and Archaeological Interpretation: The Pottery of the Maghreb." In: F. R. Matson, (ed.), *Ceramics and Man*, Chicago: Aldine, 1965, pp. 161-177; Sander E. van der Leeuw, "Towards a Study of the Economics of Pottery Making." In: B. L. van Beek, R. W. Brandt, W. Groenman-van Waateringe, (eds.), *ExHorreo: IPP 1951-1976*, Amsterdam: University of Amsterdam, 1977, pp. 68-76; Prudence M. Rice, "Evolution of Specialized Pottery Production: A Trial Model." *Current Anthropology*, Vol. 22, No. 3, 1981, pp. 219; William A. Longacre, Kenneth L. Kvamme, Masashi Kobayashi, "Southwestern Pottery Standardization: An Ethnoarchaeological View from the Philippines." *KIVA*, Vol. 53, No. 2, 1988, pp. 101-112.

[7] Cathy Lynne. Costin, "Craft Specialization: Issues in Defining, Documenting, and Explaining the Organization of Production." *Archaeological Method and Theory*, Vol. 3, 1991, pp. 1-56.

[8] Carla M. Sinopoli, "The Organization of Craft Production at Vijayanagara, South India." *American Anthropologist*, Vol. 90, No. 3, 1988, pp. 580-597; William A. Longacre, "Standardization and Specialization: What's the Link?" In: James M. Skibo, Gary M. Feinman, (eds.), *Pottery and People: A Dynamic Interaction*, Salt Lake City: University of Utah Press, 1999, pp. 44-58; Cathy Lynne Costin, "Craft Production Systems." In: Gary M. Feinman, T. Douglas Price, (eds.), *Archaeology at the Millennium: A Sourcebook*, New York: Springer, 2001, pp. 273-327.

[9] Cathy Lynne. Costin, "Craft Production Systems." In: Gary M. Feinman, T. Douglas Price, (eds.), *Archaeology at the Millennium: A Sourcebook*, New York: Springer, 2001, pp. 273-327.

[10] George M. Foster, "The Sociology of Pottery: Questions and Hypotheses Arising from Contemporary Mexican Work." In: F. R. Matson, (ed.), *Ceramics and Man*, Chicago: Aldine, 1965, pp. 43-61; Judy Birmingham, "Traditional Potters of the Kathmandu Valley: An Ethnoarchaeological Study." *Man*, Vol. 10, No. 3, 1975, pp. 370-386.

[11] Barbara L. Stark, "Problems in Analysis of Standardization and Specialization in Pottery." In: Barbara J. Mills, Patricia L. Crown, (eds.), *Ceramic Production in the American Southwest*, Tucson: University of Arizona Press, 1995, pp. 231-267.

[12] Dean E. Arnold, "Does the Standardization of Ceramic Pastes Really Mean Specialization?" *Journal of Archaeological Method and Theory*, Vol. 7, No. 4, 2000, pp. 333-375.

[13] Anke Hein, Ye Wa, Yang Liping, "Soil, Hands, and Heads: An Ethnoarchaeological Study on Local Preconditions of Pottery Production in the Wei River Valley (Northern China)." *Advances in Archaeomaterials*, Vol. 1, No. 1, 2020, pp. 51-104.

[14] Jelmer W. Eerkens, Robert L. Bettinger, "Techniques for Assessing Standardization in Artifact Assemblages: Can We Scale Material Variability?" *American Antiquity*, Vol. 66, No. 3, 2001, pp. 493-504; Jelmer W. Eerkens, Carl P. Lipo, "Cultural Transmission, Copying Errors, and the Generation of Variation in Material Culture and the Archaeological Record." *Journal of Anthropological Archaeology*, Vol. 24, No. 4, 2005, pp. 316-334.

[15] Jelmer W. Eerkens, "Practice Makes within 5% of Perfect: Visual Perception, Motor Skills, and Memory in Artifact Variation." *Current Anthropology*, Vol. 41, No. 4, 2000, pp. 663-668.

[16] Jelmer W. Eerkens, Robert L. Bettinger, "Techniques for Assessing Standardization in Artifact Assemblages: Can We Scale Material Variability?" *American Antiquity*, Vol. 66, No. 3, 2001, pp. 493-504.

[17] 中华人民共和国民政部等《中华人民共和国政区大典·福建省卷》，中国社会出版社，2016年，282页。

[18] 福建省文物管理委员会《福清县东门水库古窑调查简况》，《文物参考资料》1958年2期，34—35页。

[19] 福建省文物管理委员会《福建省最近发现的古代窑址》，《文物》1959年6期，67—69页。

[20] 福州市博物馆、福州市考古队《福清东张两处窑址调查》，《福建文博》1998年2期，66—68页。

[21] 第三次全国文物普查资料。

[22] Prudence M. Rice, "Evolution of Specialized Pottery Production: A Trial Model." *Current Anthropology*, Vol. 22, No. 3, 1981, pp. 219-240.

[23] Prudence M. Rice, "Specialization, Standardization, and Diversity: A Retrospective." In: Ronald L. Bishop, Frederick W. Lange, (eds.), *The Ceramic Legacy of Anna O. Shepard*, Niwot: University Press of Colorado, 1991, pp. 257-279.

[24] 戴向明《陶器生产、聚落形态与社会变迁：新石器至早期青铜时代的垣曲盆地》，文物出版社，2010年，77页。

[25] Cathy Lynne Costin, Melissa B. Hagstrum, "Standardization, Labor Investment, Skill, and the Organization of Ceramic Production in Late Prehispanic Highland Peru." *American Antiquity*, Vol. 60, No. 4, 1995, pp. 619-639.

[26] Blackman M. James, Gil J. Stein, Pamela B. Vandiver, "The Standardization Hypothesis and Ceramic Mass Production: Technological, Compositional, and Metric Indexes of Craft Specialization at Tell Leilan, Syria." *American Antiquity*, Vol. 58, No. 1, 1993, pp. 60-80; Valentine. Roux, "Ceramic Standardization and Intensity of Production: Quantifying Degrees of Specialization." *American Antiquity*, Vol. 68, No. 4, 2003, pp. 768-782.

[27] Prudence M. Rice, "Specialization, Standardization, and Diversity: A Retrospective." In: Ronald L. Bishop, Frederick W. Lange, (eds.), *The Ceramic Legacy of Anna O. Shepard*, Niwot: University Press of Colorado, 1991, pp. 257-279.

[28] Jean Lave, Etienne Wenger, *Situated Learning: Legitimate Peripheral Participation*. Cambridge: Cambridge University Press, 1991; Etienne Wenger, *Communities of Practice: Learning, Meaning, and Identity*. Cambridge: Cambridge University Press, 1998.

Research on the Standardization of Black-glazed Porcelain Production in the Dongzhang Kiln, Fuqing

Xu Wenpeng　Chen Zhitao　Cai Chan

(School of History and Cultural Heritage, Xiamen University)

Abstract: Although standardization is an important aspect of craft production research in the field of archaeology, it has received limited attention with regard to the standardization of commercial ceramic production during historical periods. This study takes the porcelain production of the Dongzhang kiln in Fuqing during the Song and Yuan periods as a case study, examining the degree of standardization of black-glazed bowls and contemplating potential issues arising from the use of kiln remains for standardization studies. Through the quantitative analysis of various size parameters of 234 black-glazed bowls, it was found that despite the large-scale production at the Dongzhang kiln, the production of black-glazed bowls exhibits a certain degree of standardization. This suggests that the potters in this region may share a common set of production techniques and knowledge systems. Furthermore, the research unveiled a positive correlation between product similarity and proximity: closer locations yield higher product similarity, possibly indicating more frequent interactions and exchanges among the potters. In addition, this study underscores that due to the existence of the "cumulative blurring" factor, the smallest analyzable units should be used in kiln remains studies to more accurately ascertain the degree of product standardization.

Key Words: Standardization, Specialized Production, Export-oriented Porcelain, Black-glazed Porcelain, Song-Yuan Period

9—12世纪广东陶瓷外销情况初探

艾沁哲

（杜伦大学考古系）

摘要：晚唐五代时期是我国海上贸易的第一个高峰期，广东地区陶瓷生产在这一时期逐渐发展，至宋代更加繁荣，并且通过海上航路远销东亚、东南亚以及西印度洋沿岸地区。通过收集和整理上述区域陆上和沉船遗址中的9—12世纪的广东外销瓷资料，本文对其产品组合的特点进行归纳，并且结合相关数据对陶瓷贸易的规模进行分析。基于以上能够反映广东陶瓷外销特点的定性和定量标准，综合各区域内上述标准的阶段性特点，以及各阶段内各区域之间的横向对比，便可初步勾勒广东陶瓷外销大致的面貌和模式。而相关结果也使得进一步讨论这一时期海上贸易网络的组织和各区域间经济互动的特点成为可能。

关键词：9—12世纪，广东外销瓷，日本，东南亚，西印度洋，海上贸易

由于季风和海域的限制，自7世纪开始，印度洋这一广袤的区间开始形成多个相对独立又互相关联的海上贸易圈，促进了东亚至西亚、东非诸多地区的商业、人员和文化的往来[1]。各贸易圈内部和之间均存在着复杂的贸易网络和各异的交往模式，共同构建了东西向的长距离海上贸易。作为9世纪以来最主要的海上贸易商品，中国外销瓷对于海上贸易研究是十分珍贵的资料。而依托广州港这一至关重要的贸易窗口，广东地区窑场生产的陶瓷器产品自唐代便远销海外市场，与越窑、长沙窑以及北方白瓷共同构成了早期外销瓷的组合。此后，经过晚唐五代（9—10世纪中期）的发展，广东陶瓷生产和外销在北宋（10世纪晚期—12世纪上半叶）达到了新的繁荣，行销范围和规模也形成了新的高峰，但在12世纪中期之后迅速衰落[2]。本文对日本、东南亚和西印度洋地区陆上和沉船遗址中9—12世纪广东外销瓷进行搜集，通过梳理产品组合的特点，进而讨论广东外销瓷分布的范围和时空特点。同时，广东外销瓷的数量信息，也为贸易规模的分析提供了较为客观的量化证据。以上述信息为线索，本文综合梳理广东陶瓷贸易模式的阶段性和区域性特点，也为进一步讨论这一时期海上贸易的诸多问题提供更多可能。

一、东亚地区

五代至北宋前期（10—11世纪上半叶）鸿胪馆是日本接待宋代商人的主要地点，曾在一段时期作为宋日贸易中心，但在此期间并未出土广东地区产品。结合各地遗址情况，此时期日本以越窑青瓷、长沙窑瓷器和北方白瓷为主要的外销瓷组合[3]。因此，基本可以判断11世纪中期，仍鲜有广东产陶瓷器进入东亚市场。11世纪中期前后鸿胪馆已经失去作为贸易据点的功能，贸易据点转移到了其东北2.5千米处的福冈县博多[4]，博多在11世纪后半期成为日本对宋贸易的主要窗口并且持续至南宋。此外，今福冈东南太宰府市的大宰府在这一时期也发挥着对外接待和贸易的特殊作用。据博多遗址群和大宰府遗址群历年考古工作成果可知，11世纪中期前后，包括广东产品在内的大量南方地区青白釉和白釉瓷器成为贸易陶瓷主流，归入"白磁"或"陶器"类别。据新里亮人统计，作为当时贸易中心的福冈县境内的箱崎遗迹、那珂遗迹、吉塚遗迹等均有大量11世纪中期至12世纪中期"白磁"出土。福冈县周边的佐贺县、长崎县、熊本县、大分县、宫崎县、鹿儿岛、萨南诸岛、奄美诸岛、冲绳诸岛、先岛诸岛亦有此时期"白磁"出土[5]。因此，11世纪中期至12世纪中期是广东产品大量出现于日本市场的关键阶段，本文选取此期间资料丰富且公布详实的遗址，结合产品种类和规模讨论广东陶瓷对日外销的面貌。

作为这一时期日本贸易中心的博多遗址群和大宰府遗址群自20世纪70年代以来，经过大量调查和发掘工作，出土数量众多唐宋时期的中国贸易陶瓷，远非其他遗址能及[6]。结合数次调查发掘报告以及两遗址群陶瓷分类编中的信息[7]，11世纪下半叶至12世纪上半叶广东产外销瓷中青白釉或白釉碗、碟为主要产品类型。碗的造型十分多样，有唇口、敞口和束口之分，多素面，少数外壁刻划折扇纹或蕉叶纹，内壁刻划花草或蕉叶纹（图版二二，1—5）。碟亦为大宗产品，造型多变。依据足部、口部和腹部形态，主要包括敞口圈足碟和敞口平底碟，部分产品内壁有刻划花卉或蕉叶纹（图版二二，7、8）。此外还有少量盘（图版二二，9）、杯、盂、盒、钵、执壶、直领壶、罐、褐彩盆、彩绘盆、瓶、炉、玩具、瓷塑以及酱褐釉罐等（图版二三）。除上述日用器物外，田中克子认为一些特殊的精制品，如潮州笔架山窑青白釉人形水注数量很少，且出土于宋代商人居住的"唐房"范围内，因此可能是商人自用的器物[8]。总体来说这一时期广东外销瓷的组合较为单一且质量不高。田中克子判断11世纪后半叶至12世纪早期输入日本的广东产品几乎皆属于潮州窑[9]，但不排除其中部分为西村窑的产品，还有少量为奇石窑、南海文头岭窑生产。值得注意的是，虽然11世纪下半叶后的日本遗址出现大量广东产外销瓷，但是11世纪上半叶大宰府出土的XI类碗（图版二二，6）似乎与西村窑的工艺和造型特点一致，应属于广东的产品，虽然仅发现个别案例，但不排除自11世纪上半叶开始就有零星产品进入日本市场的可能，或是商人自己使用的非贸易品的情况。

从贸易规模来看，新里亮人曾对九州和琉球诸岛出土的中国陶瓷进行过统计，11—12世纪遗址中几乎均可以见到"白磁"产品（福建和广东），虽然没有区分其中的福建和广东产品，但是可以看出"白磁"产品总体在中国输入贸易瓷中占据压倒性优势[10]。以博多遗址群为例，田中克子曾对其中出土潮州窑产品进行过较为系统的统计，尤其关注一些港口附近的、更能保存当时贸易产品特点的"大量陶瓷器一次性废弃灰坑"。结合田中克子的研究结果和笔者对于两处集中出土中国外销瓷遗迹的梳理，表一列出博多遗址群出土广东陶瓷的相关数据。

表一　博多遗址群统计

地点	时间	广东窑址产品	潮州窑产品	"白磁"	比例
博多第56次发掘 SK0281[11]	12世纪前期		105	460	23%
博多第56次发掘[12]	11世纪后期—12世纪前期	42（完整）		223（完整）	19%
博多第79次调查 SK1827[13]	12世纪前期	98（碗底）		446（碗底）	22%

依据表中数据，广东产品在"白磁"中占据20%左右的比例，可以推测其在此时期所有中国外销瓷中所占比例也不会低太多。由于统计对象的有限性，此数据仅提供大致参考，仍需更多的、不同性质的遗址的验证。但值得注意的是，广东产品中碟的数量非常多，这一现象与其他地区以碗为主的产品构成有所差异。田中克子以博多遗址群某一发掘点出土器物数据为例，该发掘点出土福建窑碗3890件、碟104件，而潮州窑碗1219件，碟高达1493件[14]。据笔者统计，第56次发掘报告公布223件较为完整的"白磁"器物，其中广东地区有42件，占比约19%。而在公布的所有（包括非完整器）"白磁"中，碟的数量占到64%[15]。

不同于用作普通消费的碗、盘类组合，11世纪末至12世纪初的平泉柳之御所遗址出土的198件"白磁"中，精制的四系罐足有118件，碗皿类仅72件，平安京址内的出土情况也与之相似。这两处遗址似乎显示出高档消费的倾向[16]。

总体来看，11世纪下半叶—12世纪广东外销瓷分布范围广且已经占有相当的市场份额。虽然可以说广东产品在这一时期进入了销往东亚地区的高峰期，但是规模上并不占据主流，反而大部分市场为福建、浙江地区的产品所占据。广东产品多以碗、碟为主，质量整体不算高。碟的数量有时超越碗甚至过半数，这一现象在博多遗址群中更为明显。单一的产品组合以及较低的质量或许反映出日本市场对于广东产品的独特选择或是海商应对市场特点调整商品构成的商业策略。

由于资料欠缺，朝鲜半岛广东贸易瓷的特点和规模难以整体统计评估，仅以韩国国立博物馆收藏的一批1908—1912年于开城收购的当地古墓中盗掘的古代陶瓷为例，列举一二。这批收藏包括耀州窑、定窑、越窑、景德镇窑、建窑、吉州窑以及广东、福建等地产品。其中青白瓷人形水注、青白瓷刻花卉纹四系罐、青白瓷水注、浮雕莲瓣纹炉、青白瓷瓜腹瓶、青白瓷刻缠枝花卉纹葫芦形水注等产品应为宋代笔架山潮州窑，质量相当高[17]。

二、东南亚地区

自 9 世纪始,中国陶瓷外销达到第一个高峰期[18],入宋以后海上贸易进一步繁荣。东南亚不仅是我国外销瓷的主要销售地之一,更是贸易商品进一步远销南亚、中东及东非的重要枢纽。东南亚诸国的各大港口、居址、宗教遗迹、墓葬中均发现大量中国外销瓷,广东外销瓷亦占有不小的比例。黄慧怡对海外陆上遗址出土的广东瓷器资料进行过较为全面的收集,并且将相关遗址的性质、年代、出土广东瓷器的类别汇总成表[19]。本文选取几处材料公布较为充分的陆上遗址,并结合沉船出水资料,对东南亚发现的 9—12 世纪的广东陶瓷产品的组合、分布特点以及规模进行讨论[20]。

9—10 世纪广东产品主要集中分布在泰国南部、苏门答腊岛南部和爪哇岛,而加里曼丹岛和菲律宾却鲜有发现。由于陶瓷器分类的传统以及发掘者对于广东瓷器认识的不充分,很多印度洋地区的考古报告和研究仅将广东产品按釉色归入"青釉"大类中,并未进行准确的产地判断,对于其规模的统计更是寥寥无几,现仅选取两处陆上遗址对广东外销瓷的特点略加说明。克拉地峡在 9 世纪起着连接中国和西印度洋的重要作用,分别位于其东西岸的阁孔扣(Ko Kho Khao)和林门波(Laem Pho)是这一时期活跃的贸易中转港。1988—1990 年两地发掘出土包括广东陶瓷在内的丰富的中国贸易瓷,且两处的材料面貌相近。何翠媚(Ho Chuimei)认为其中 9 世纪广东产品数量不少,如梅县窑精制青釉碗;广东沿海地区窑址,如雷州半岛的廉江、遂溪、海康和珠江流域的南海、鹤山、官冲窑烧制的胎质粗糙的青釉罐[21]、碗和盘[22];遂溪杨柑窑内底有五处"星形"无釉部分的青釉碗;鹤山古劳凤岗窑青灰釉盆和封开窑酱釉带系罐[23]。

作为这一时期东南亚地区最强盛的贸易国家——室利佛逝的首府,位于今苏门答腊岛东部的巨港(Palembang)是连接中国与东南亚、西印度洋的贸易节点,其出土产品也颇具代表性。20 世纪 70—80 年代,巨港及其周边地区的遗址经历数次调查和发掘,出土大量中国贸易瓷器。Pierre-Yves Manguin 对 1979—1987 年间巨港西部诸多遗址地表采集的 1312 片贸易瓷进行统计和分析,其中约 64% 的中国瓷器为 8—10 世纪,其中大部分产品为广东粗制的青釉罐[24]。穆西河(Musi River)是沟通南苏门答腊岛腹地与巨港的必要贸易通道,Heny Kustiarsih 和 Darrell Kitchener 首次公布了采集自穆西河的瓷器收藏。在 1783 件器物中共有 48 件广东产品,包括 6 件内底有星形无釉部分的青釉碗(图版二四,1)、2 件盘、6 件青釉军持以及 34 件青灰釉或青黄釉带系罐[25](图版二四,5)。

除陆上遗址之外,沉船中保存的共时性较强的船货资料能够为我们理解这一时期广东陶瓷贸易的产品组合以及在同时期贸易瓷中的比重提供很好的例证。印尼勿里洞海域的一处唐宝历二年(826 年)前后的黑石号沉船(Belitung Shipwreck)经过

1998—1999 年为期一年的打捞，共出水约 67000 余件瓷器，其中 5.6 万余件为长沙窑产品[26]。据谢明良判断，广东产品包括梅县窑精制产品，如百余件底部有三处支烧痕迹的青釉碗（图版二四，2）、盘及少量双系带流壶（图版二四，6）。黄慧怡认为其中部分可能为潮州北关窑烧制[27]。珠江流域其他窑址，例如新会官冲窑、高明大岗山窑、鹤山古劳凤岗窑等的产品均为粗制，包括内底有六处支烧痕迹的青黄釉碗、褐釉盆、青釉盂、青釉壶、青釉坛及造型大小各异的青釉或黄褐釉带系罐（图版二四，7）[28]。据 Michael Flecker 称，其中通高近 70~100 厘米的大型青釉罐用来装载长沙窑瓷碗等小型陶瓷产品，或者其他金属原料等。部分中、小型罐则用以盛装香料等货物或者是航行所需的物品[29]。据黄慧怡统计，黑石号沉船中共出水 700 件广东陶瓷，大多数为青釉罐[30]。据此统计，广东产品在中国陶瓷中占比仅约 1%。

此外，爪哇海西北部海域、雅加达以北 150 千米处发现年代约为 10 世纪中叶的印坦沉船（Intan Shipwreck），其主要货物为中国瓷器和东南亚的金属制品。沉船出水瓷器 7309 件，其中超过半数均为广东烧制的中小型青釉和褐釉罐。据秦大树统计，这类青黄釉小罐（图版二四，3）数量达 4855 件，占比 66.4%[31]。这类产品可能用于盛装香料等有机物，或者可能本身作为货物运输[32]。此外还有极少量广东青釉碗、壶、瓶、盆、盖盒和器型较大的储物罐[33]。井里汶沉船发现于印尼爪哇岛北部井里汶外海，其年代在印坦沉船之后不远，应为 10 世纪中后期。该沉船出水 30 余万件瓷片，绝大部分是越窑器物和河北、河南中西部及安徽等地生产的少量白瓷，较少见到广东窑场的产品，仅有个别青灰釉或褐釉四系罐（图版二四，4）和盆。Horst Hubertus Liebner 依据其极有限的数量和在沉船遗址中的分布情况认为这些广东产品并不是船货的一部分，可能用于盛装一些与海上航行相关的用品[34]。

北宋时期，即 10 世纪晚期至 12 世纪早期，广东陶瓷生产进一步繁荣且生产中心发生转移，海外遗址发现的广东外销瓷的组合和特点也体现出显著变化。其分布范围更广，多集中于苏门答腊岛、爪哇岛北岸、加里曼丹岛北岸和苏拉威西西海岸，菲律宾也有相当数量发现。结合苏门答腊岛的巨港、Kota Cina[35]、婆律（Barus）[36]、雕门岛（Pulau Tioman）[37]以及菲律宾棉兰老岛（Mindanao）布端（Butuan）、巴朗牙（Balangay）遗址[38]出土的 11—12 世纪的材料，可以看出广东外销瓷品种异常丰富，包括青釉、白釉及青白釉各类产品，常见唇口碗、刻莲瓣纹碗（图版二五，5）、刻划花卉纹碟、刻划花卉纹盘、瓜棱腹瓶、弦纹盘口瓶（图版二五，2、3）、褐彩瓶（图版二五，4）、粉盒（图版二五，6）、褐彩盆（图版二五，1）、直领壶（图版二五，7、8）、凤首壶（图版二五，10）、青釉铁斑钵、瓜棱腹小罐（图版二五，11）、刻划莲瓣纹罐、军持（图版二五，9）、刻划纹四系罐（图版二五，12）等，潮州笔架山窑和广州西村窑多生产上述器物。同时还有部分奇石窑酱褐釉印纹四系罐（图版二五，13）；南海文头岭窑青釉褐彩盆。其中弦纹盘口瓶、军持、鲤鱼壶以及凤首壶这类产品往往多见于东南亚等地的海外市场，于国内并不多见，应当是专为外销供应的。

披露出土广东陶瓷数据的陆上遗址非常有限。苏门答腊岛东北部的 Kota Cina，炻器类（Stoneware）数量占所有出土瓷器总数的比重为 22.55%，而酱褐釉广东罐占绝大多数，意味着广东罐数量占陶瓷器总数的比重接近四分之一[39]。雕门岛位于马来西亚半岛东海岸外约 30 千米处，坐落在中国与东南亚海上贸易的西部航线上。1984 年的调查和发掘发现大量 11—12 世纪广东产品，器型丰富。Kampung Juara 地点采集 12—14 世纪的 1167 件中国瓷，超过 800 片为广东 11—12 世纪产品，占比 60%—70%[40]。据发掘者判断，出土瓷器中 47.1% 都是罐身刻划波浪曲线的广东酱褐釉罐[41]。Kampung Nipah 地点发掘出土的 2315 件陶瓷器中，有 817 件为广东烧制[42]，占比约 35%。

除陆上遗址外，中国南海及东南亚海域的沉船考古工作也为我们考察广东陶瓷的外销提供了更加系统的资料。位于印度尼西亚 Riau 群岛 Karimun 岛以北的西村廖内沉船（Xicun Riau Shipwreck）出水广东产品包括西村窑褐釉印纹盆和青灰釉褐彩盆（图版二六，3）。西村勿里洞沉船（Xicun Belitung Shipwreck）发现于印尼 Banda 海峡 Belitung 岛附近，出水器物中西村窑的青釉刻划纹盘（图版二六，4）占有较大比例[43]。刘未认为这两处沉船的年代大约为北宋晚期，约 1060—1100 年[44]。此外，三处年代在北宋晚期，即 12 世纪早期的沉船同样值得注意。鳄鱼岛沉船（Pulau Buaya Wreck）[45]发现于苏门答腊东南方廖内（Riou）群岛 Buaya 岛东北部。该沉船出水种类丰富的广东、福建和江西陶瓷产品，广东瓷包括西村窑或潮州窑青白釉侈口碗（图版二六，2）、青白釉弦纹盘口瓶、褐釉直领壶（图版二六，11）、青釉印纹四系罐（图版二六，7）、青白釉执壶、褐釉印纹盆及水盂。林加沉船（Lingga Wreck）[46]发现于 Buaya 岛西南约 8 海里处。船货主体为广东产陶瓷器，包括西村窑或潮州窑青白釉唇口碗（图版二六，1）、西村窑青釉褐彩盆、青白釉弦纹盘口瓶、褐釉直领壶、青釉刻划纹四系罐（图版二六，5）、青釉印纹四系罐（图版二六，6）、青白釉执壶、褐釉印纹盆（图版二六，12）、青釉盖盒及军持（图版二六，9）。飞鱼沉船（Flying Fish Wreck）发现于加里曼丹岛上马来西亚沙巴州（Sabah）首府哥打基纳巴卢（Kota Kinabalu）西南 35.4 千米的海域。瓷器船货的主体来自于福建窑址，此外还有来自景德镇、耀州窑和龙泉窑的产品。该船中广东产品较少，仅见青白釉弦纹盘口瓶（图版二六，8）和瓜棱腹执壶（图版二六，10）。

综上所述，10 世纪中期之前，东南亚发现的广东外销瓷主要包括梅县窑、潮州窑的精制青釉碗、罐，新会官冲窑、高明大岗山窑、潮州窑以及可能是近年来新发现的广州曾边窑的粗制青釉碗、罐、盆、壶、盂等产品[47]，此外还有少量鹤山窑、封开窑和遂溪窑的产品。总体上以储物器为主，但大多质量较差。广东产品这一时期在东南亚的发现形成一定规模，有学者总结越窑青瓷、长沙窑瓷器、北方白瓷和广东青瓷是此时期主要外销瓷类别，构成"四组合"[48]。10 世纪晚期—12 世纪，广东外销瓷的器类更丰富，也形成全新的产品组合，主要以韩江流域的潮州窑，以及珠江流域的西村窑、奇石窑、南海官窑等窑场的产品为主，产品规模仍然可观。但由于其中占比最多的罐类产品的特殊性质，在对广东外销瓷规模的讨论中值得特别注意，后文将具体阐述。

三、西印度洋地区

西印度洋出土中国陶瓷的遗址中大多都有广东产瓷器的发现，分布范围覆盖印度东西海岸、波斯湾沿岸、亚丁湾沿岸、红海沿岸以及非洲东海岸。本文选取数个资料公布较为详细的遗址讨论广东外销瓷在西印度洋的时空分布特点。

10世纪中期之前，广东外销瓷主要集中于斯里兰卡的曼泰（Mantai）遗址和伊朗的尸罗夫（Siraf）遗址。曼泰位于斯里兰卡西北岸，是连接中国、印度与西印度洋地区长距离贸易的重要港口。1980—1984年，John Carswell与斯里兰卡考古部门共同组织的联合考古队对该遗址进行正式的调查与发掘，发现包括中国和西亚陶瓷器在内的丰富的贸易商品[49]。所发现的中国贸易瓷主要为晚唐五代时期的越窑瓷器、长沙窑瓷器、绿釉器、粗制青灰釉带系罐（图版二七，6）和盆。据Martha Prickett-Fernando统计，在2200余件这一时期的中国贸易瓷中，可能产自广东的粗制青灰釉和酱褐釉器共1164件，占比极大[50]，但并不排除其由中国南方其他窑址烧制的可能。

尸罗夫遗址位于今伊朗南部波斯湾北岸，是9—11世纪波斯湾沿岸最重要的贸易节点。1966—1973年，英国和伊朗联合考古队在David Whitehouse主持下对尸罗夫遗址多个不同功能区域进行发掘，清理清真寺等建筑遗迹，发掘出土大量陶瓷器、玻璃器、金属、石器和纺织物等[51]。报告中并未公布有关中国陶瓷器的详细资料和数量，但是其中部分遗物交予大英博物馆，之后的尸罗夫项目（Siraf Project）对这批发掘资料进行系统化整理并将其信息和图片电子化[52]。通过对大英博物馆网站公布的信息的统计[53]，在10000余件陶瓷器中，中国陶瓷器共计748件，其中有192件为8—11世纪广东烧制的青釉或灰釉带系罐（图版二七，5）和盆；30件为9世纪的青釉产品，如内底有星形无釉部分或外底有"品"字形无釉部分的碗（图版二七，7）。广东外销瓷比例接近中国瓷器的三分之一。但由于这并非全部材料，因此统计数据缺乏代表性。

此外，位于也门哈德拉毛（Hadhramaut）省沿海的舍尔迈（Sharma）遗址分别于2001—2002和2003—2004年度由法国考古队进行两次正式发掘，揭露了10—12世纪用于贸易的大型仓储遗迹[54]。Axelle Rougelle等学者编辑公布了调查和发掘出土资料的研究结果，赵冰对其中的中国贸易陶瓷器进行系统分类和数据统计[55]。9—10世纪中期，广东陶瓷包括青釉罐（图版二七，12）和梅县窑生产的青釉碗。六个类型的所有罐类产品数量为251件，考虑到同一个器物可能产生十几件碎片，因此这一时期罐类产品的数量并不多。广东青釉碗的数量同样较少，仅有7件，但需要考虑此时期中国贸易瓷本就极为有限的情况。位于非洲东海岸肯尼亚拉穆群岛的上加（Shanga）遗址是这一时期沟通非洲与中东、印度的重要港口，1980—1988年Mark Horton曾带队对该遗址进行过数次考古发掘，发掘出土的广东产品仅有8世纪晚期—10世纪早期的青釉带系罐，其和越窑器共同构成这一时期中国贸易瓷的主要产品，但较后者比例低，不高于中国瓷器的5%[56]。

至迟在11世纪早期，西印度洋出土的广东外销瓷种类和产地皆发生显著转变。位于斯里兰卡北部凯茨岛（Kayts）的阿莱皮蒂（Allaippidy）遗址于1977年进行过小范围的发掘。出土11—12世纪瓷片共4000—5000件，复原500件较完整器物，其中绝大多数是广州西村窑烧制青白釉瓷[57]。2018年，上海博物馆与斯里兰卡中央文化基金会组成联合考古队，再次对该遗址进行了调查与发掘。发掘出土中国瓷器超600件，以广东西村窑、潮州窑等窑场生产的白釉或青白釉碗（图版二七，1、2）、盘、碟、壶等，另有部分青釉罐、盆以及酱釉壶（图版二七，3）和褐釉盆（图版二七，4）[58]。

大英博物馆藏有尸罗夫遗址11—12世纪的广东陶瓷产品有11件白釉刻莲瓣纹碗（图版二七，8），据笔者判断应为西村窑或潮州窑产品。位于阿联酋北部拉斯海马的库什（Kush）遗址同样是这一时期波斯湾阿拉伯半岛沿岸的重要遗址。1994年Derek Kennet曾对其进行正式发掘。据张然对其检视和统计的结果，出土的63件中国陶瓷中有18件中国南方生产的青釉和（青）白釉器物，可能包括唇口碗和刻莲瓣纹碗，其年代为12—14世纪。因此，其中广东产品的数量至多不超过18件。此外，还有6件12世纪广东烧制的酱褐釉罐。

舍尔迈遗址出土11—12世纪的广东陶瓷产品包括潮州窑和西村窑烧制的青白釉唇口碗、外壁刻莲瓣纹碗、外壁刻划折扇纹碗和花口碗，石湾窑双"S"纹青白釉盘，潮州窑和西村窑生产的青白釉盒（图版二七，15），潮州窑生产的青白釉瓶以及潮州窑和惠州窑生产的青釉折扇纹碗。值得注意的是，舍尔迈遗址出土西村窑青釉褐彩盆44件（片）（图版二七，11），此类产品在西印度洋地区的遗址中较为少见。此外，还发现西村窑的褐釉印纹盆（图版二七，16）、潮州窑的酱褐釉罐（图版二七，13）以及奇石窑的褐釉盆和印纹四系罐（图版二七，14）。据赵冰统计，10世纪后期—12世纪前期，舍尔迈遗址仓储遗迹中能够体现时代变化的中国贸易瓷共711件[59]，其中广东产品69件，占比9.7%[60]。值得注意的是，该遗址中广东产品器类和造型较为丰富，甚至发现一些西印度洋其他遗址少见的产品。

非洲东海岸自11世纪起与波斯湾、红海以及印度西海岸有着更为密切的贸易往来，构成了环西印度洋贸易的重要组成部分[61]。坦桑尼亚基尔瓦（Kilwa）经过多次考古工作，发掘了Kilwa-Kisiwani[62]，Songo Mnara和Sanje ya Kati[63]等遗址。赵冰对Sanje ya Kati遗址出土的中国瓷器进行分类和产地鉴别。11—12世纪是该遗址贸易瓷输入的高峰期，中国产品共计228件。其中54件青白瓷碗盘主要来自于广东或江西窑场，5件广东产的青釉碗，3件西村窑的白釉褐彩盆（图版二七，9），126件广东或福建生产的青釉或酱釉罐，但广东陶瓷产品的具体数量已无法判断。2010—2013年，北京大学考古队将肯尼亚沿海地区以往考古调查发掘出土的资料进行整理，认为12世纪中期之后东非沿海的广东外销瓷极为有限。格迪（Gedi）古城共识别12—16世纪中国瓷器1257件，仅有一件酱釉双系长颈瓶为广东生产，年代可能在南宋至元代，即12—13世纪[64]。曼布鲁伊（Mambrui）遗址发掘出土2件12—13世纪广东青釉罐[65]。马林迪（Malindi）古城发掘出土1件广东青白釉褐彩盆（图版二七，10），为西村窑烧制[66]。

10世纪中期以前，广东外销产品主要是珠江流域诸窑址或潮州窑生产的粗制青灰釉储物罐或盆，以及少量青釉碗。据赵冰统计，这一时期青灰釉罐的分布覆盖西印度洋沿岸的大多遗址[67]，但集中分布于斯里兰卡和波斯湾沿岸的港口遗址中，在亚丁湾和东非海岸的遗址中则较为少见。据张然分析，青灰釉储物罐占8—10世纪西印度洋出土中国瓷器数量的52.6%，其比例甚至是越窑瓷器的近三倍[68]。可见以储物器为主的广东瓷器构成了这一时期西印度洋遗址出土的中国陶瓷的重要部分。11—12世纪中期，潮州窑或西村窑烧制的白釉或青白釉碗、青釉碗、褐彩盆以及酱褐釉罐是广东产品的主要构成，此外还有少量的青白釉盒、执壶等。除斯里兰卡阿莱皮蒂遗址和也门的舍尔迈遗址外，波斯湾和东非沿岸遗址发现的广东产品在此阶段中国外销瓷中的比重十分有限，青灰釉和酱褐釉储物罐占比更是下降至0.3%[69]。

四、广东陶瓷外销区域与时空特点

前文对东亚、东南亚及西印度洋遗址出土广东贸易瓷的产品组合进行梳理，并且对数处重要遗址出土广东瓷的碎片数量进行统计。结合广东外销瓷的产品组合和规模方面的特点，本文对此类商品随时间变化的趋势以及在空间上的分布特点进行初步分析，综合比较以讨论广东陶瓷贸易体现的显著一致性或差异性。

东南亚和西印度洋地区在9—10世纪中期广东陶瓷外销的产品组合和规模上体现出很强的一致性。这一时期，上述两区域出土的广东陶瓷均以粗制的青釉或青灰釉器为主，例如碗、罐、盆、壶、钵、坛等，仅有梅县窑生产的少量精制品。尤其是其中占比最大的青釉罐在东南亚和西印度洋地区均有广泛的分布，主要集中在重要的贸易港口以及东南亚的城址中。然而，与东南亚和西印度洋地区产地和品种多样的广东产品相比，这一时期东亚地区，如日本却几乎没有广东陶瓷的输入，而是以越窑青瓷、长沙窑瓷器和北方白瓷为主要的外销瓷组合。

此外，对于广东外销瓷数量的统计和分析能够直观地认识贸易的规模，进而使得对地区间贸易往来的频率和程度等特点的分析成为可能。9—10世纪中期，广东陶瓷产品，尤其是粗制的罐、盆等在东南亚、南亚和波斯湾的主要港口均占据较大比例，而日本却几乎没有输入。可见这一时期，或许以广东港为依托，广东产品主要供应印度洋贸易，日本和东南亚及西印度洋之间的差异更大程度受到贸易港的地理位置对于贸易商品选择的影响。

青釉罐作为占据这一时期广东外销瓷绝大比例的产品在海上贸易中的性质值得关注。前文所述，东南亚地区青釉罐在贸易集散地或城市遗址中大量发现而不见于宗教遗迹。同样，据赵冰统计，8—10世纪青灰釉罐虽然在西印度洋地区的分布非常广，但与同时期的越窑等窑口的日用器物相比，其集中分布于主要的港口城市，而在内陆遗址或航运的支线港口几乎没有分布[70]。这一现象与10世纪中叶以前广东产的大、中型罐在贸易航行过程中的作用有关，很多学者对此进行过讨论。以黑石号沉船为例，大型的粗制罐在海上贸易中被发现用于包装小型的陶瓷产品；而中小型罐则盛易腐坏香料以及金属原料等，或者盛装与航行相关的淡水和其他物品。因此，这一时期大部分粗制罐类产品的使用应该仅限于航行贸易过程，鲜少进入贸易交换的环节和消费地的日常生活中，大量罐碎片的发现或许与其使用过程终止在港口有关。因此，广东陶瓷在这一时期虽然参与海上贸易，但大部分或许并非作为商品，这是广东陶瓷开始进入海上贸易的独特方式及其在外销初期阶段的特点。此外，这类储物器数量统计也必定受到较大器型产生更多的碎片数量的影响。因而在一定时间内，广东罐类产品的规模与其他产品的差异并非似现有统计数据所反映般悬殊。这一时期广东产品的规模或许需要以新的统计方法进行评估，进而对广东产品的时空分布的变化趋势获得更为客观的认识。

北宋时期至两宋之交，即10世纪后期—12世纪中期，日本、东南亚和西印度洋的广东陶瓷外销均呈现出新面貌。外销产品种类以青白釉瓷、白釉瓷为主，也有青釉和酱釉产品，且器类器型十分丰富。此外，广东贸易瓷在输入不同市场的过程中，在组合和规模方面产生了更为显著的地区分化现象，与上一阶段东南亚和西印度洋地区相对均质化的分布状态不同。自10世纪后期开始，东南亚地区开始输入具有新组合特点的广东陶瓷，产品类型更加丰富，除日用器外还有少量瓷塑、玩具等，且分布范围比上一阶段更广。相比之下，西印度洋遗址中出现新的广东产品组合的年代或许稍晚，但不晚于11世纪前期，且其丰富程度明显逊于东南亚地区。与前一期集中于斯里兰卡和波斯湾沿岸港口的分布特点不同，这一时期广东产品在阿拉伯半岛南部也有集中分布。值得注意的是，日本和朝鲜地区也在11世纪中期以后开始大量输入广东的青白瓷、白瓷和酱褐釉产品，但是产品种类略为单一，以日用餐具为主。

从规模方面考察，东南亚这一时期的几处贸易港口，如雕门岛、巨港、Kota Cina出土的广东产品在中国贸易瓷总量中的比重依旧不低，在部分遗址中甚至接近半数，储物器仍有发现。东亚市场11世纪中期至12世纪中期广东产品的输入规模同样不小，但集中在碗、碟等个别器类。与前两者相比，西印度洋遗址中广东瓷制品尤其是储物器在中国输入陶瓷中的比例十分有限。而通过对比广东与中国其他地区产品的比重，更可以直观体现不同市场对于不同产地或质量的产品的选择，以及不同贸易网络中商业策略的差异。以青白瓷为例，中国南方窑场生产的青白瓷是11—12世纪中期在海外遗址中发现的最主要的中国外销瓷类型，据前文对日本博多遗址群几个遗迹单位的数据统计，可以看出日本市场的青白瓷产品大多数由福建生产，广东产品占据20%上下的比例。而依据东南亚沉船资料，11—12世纪早期广东青白瓷在沉船中是十分常见的，12世纪早中期或许发生了青白瓷的主要产地由广东窑场到福建窑场的转变[71]。有学者认为西亚地区出土的 12 世纪上半叶青白瓷产品中景德镇的高质量产品最多,而并非是广东和福建的"仿制品"[72]。可见,随着海上贸易的发展,11 世纪前后作为长距离贸易最远端市场的西亚、中东等地对于质量更低的广东和福建产品产生了较上一阶段更为严格的选择机制,而偏好质量更高的景德镇的陶瓷产品,因此广东产品不论是丰富度还是规模都更为有限。与 10 世纪相比,此阶段各地区在输入商品的类别、规模和质量方面的差异或许说明海外消费市场对中国陶瓷器产品这类外来商品的质量和价值有了进一步的认知能力,也是贸易网络发展更为成熟的一种反映。

本文以 9—12 世纪广东外销瓷为例,对其在日本、东南亚和西印度洋市场的产品组合和规模进行分析,大致勾勒广东陶瓷贸易的阶段性和区域性特点以及广东陶瓷贸易在初期和发展时期的不同模式。相关结果所反映的贸易图景或许可以从一定角度揭示在不同贸易网络中商人团体所采取的不同商业策略,各地区在海上贸易中的参与程度,以及不同的地域文化和消费地对外来商品认知和需求。由于本文对于广东产品认识的局限和材料公布程度的有限,部分广东产品仍然被归入其他类型而有待辨认。同时,也期待更多遗址的相关数据统计工作的开展和公布能够为多维度的贸易研究提供清晰和客观的信息。

注　释

[1] Kirti N. Chaudhuri, *Trade and Civilisation in the Indian Ocean: An Economic History from the Rise of Islam to 1750*, Cambridge: Cambridge University Press, 1985, p.126; Janet L. Abu-Lughod, *Before European Hegemony: The World System A. D. 1250-1350*, New York: Oxford University Press, 1989, pp. 34-39.

[2] 黄慧怡《唐宋广东生产瓷器的外销》,《海交史研究》2004 年 1 期,105—118 页。

[3] 〔日〕龟井明德《貿易陶磁史研究の課題》,《日本貿易陶磁史の研究》,同朋舍,1986 年,4 页。

[4] 〔日〕田中克子《日本出土的宋代潮州窑产品与相关问题——以福冈市博多遗址群出土为主》,《海洋史研究》2017 年 2 期,20—31 页；赵莹波《宋日贸易再考——海上丝绸之路东亚贸易圈的形成》,《河南社会科学》2009 年 1 期,156—158 页。

[5] 〔日〕新里亮人《九州·琉球列島出土の中国陶磁一覽》,《13～14 世紀の琉球と福建》,熊本大学,2009 年,269—270 页。

[6] 〔日〕田上勇一郎《中世国際貿易都市「博多」の調査成果》,専修大学社会知性開発研究センター古代東ユーラシア研究センター年報,2017 年 3 号,145—149 页。

[7] 博多遗址群和大宰府遗址群分别对数次考古工作出土的大宗陶瓷器进行统一的类型学研究,制定分类标准,基本涵盖各类陶瓷器产品且为其他遗址沿用。笔者对其中产地可能是广东的类型进行辨认和整理。福冈市教育委员会《博多出土貿易陶磁分類表——福冈市高速鉄道関係埋蔵文化財調查報告Ⅳ》；太宰府市教育委员会《太宰府市の文化財 49：大宰府条坊跡 XV》,2000 年。

[8] 〔日〕田中克子《日本福冈市博多遗址群出土的潮州窑产品与外销》,北京艺术博物馆编《中国潮州窑》,中国华侨出版社,2015 年,368—373 页。

[9] 〔日〕田中克子《日本出土的宋代潮州窑产品与相关问题——以福冈市博多遗址群出土为主》,

《海洋史研究》2017年2期，20—31页。

[10] 〔日〕新里亮人《九州·琉球列島出土の中国陶磁一覽》，《13～14世紀の琉球と福建》，熊本大学，2009年，269—270页。

[11] 〔日〕田中克子《日本福冈市博多遗址群出土的潮州窑产品与外销》，北京艺术博物馆编《中国潮州窑》，中国华侨出版社，2015年，368—373页。

[12] 福冈市教育委员会《博多34——博多遺跡群第56次発掘調査報告》，《福岡市埋蔵文化財調査報告書（第326集）》，1993年。笔者对报告中公布的"白磁"进行辨认统计。

[13] 福冈市教育委员会《博多50——博多遺跡群第79次調査の概要》，《福岡市埋蔵文化財調査報告書（第447集）》，1996年。笔者对报告中公布的"白磁"进行辨认统计。

[14] 〔日〕田中克子《日本福冈市博多遗址群出土的潮州窑产品与外销》，北京艺术博物馆编《中国潮州窑》，中国华侨出版社，2015年，368—373页。

[15] 福冈市教育委员会《博多34——博多遺跡群第56次発掘調査報告》，《福岡市埋蔵文化財調査報告書（第326集）》，1993年。笔者对报告中公布的"白磁"进行辨认统计。

[16] 芣岚《7-14世纪中日文化交流的考古学研究》，中国社会科学院出版社，2001年，77—78页。

[17] 郭学雷《宋代潮州笔架山窑相关问题研究》，黄挺、李炳炎主编《南国瓷珍——潮州窑学术研讨会论文集》，香港中文大学文物馆，2012年，37—50页；郭学雷《宋代潮州笔架山窑研究三题——兴衰史、外销开城的产品及"麻姑进酒壶"之正名》，北京艺术博物馆编《中国潮州窑》，374—387页。

[18] 秦大树《中国古代陶瓷外销的第一个高峰——9～10世纪陶瓷外销的规模和特点》，《故宫博物院院刊》2013年5期，32—49，转162页。

[19] 黄慧怡《海外发现广东唐宋时期生产瓷器统计表》，《海交史研究》2004年1期，109—118，转83页；黄慧怡《九至十二世纪潮州窑产品在东南亚的发现》，北京艺术博物馆编《中国潮州窑》，中国华侨出版社，2015年，340—347页。

[20] 黄慧怡《海外发现广东唐宋时期生产瓷器统计表》，《海交史研究》2004年1期，109—118，转83页；〔日〕三上次男著，杨琮译《晚唐—五代时期的陶瓷贸易》，《文博》1988年2期，57—61页；John N. Miksic, (ed.), *Southeast Asian ceramics: New light on old pottery Singapore*: *Southeast Asian Ceramic Society*, Singapore: Southeast Asian Ceramic Society, 2009; Michael Flecker, *The archaeological excavation of the Tenth century: Intan shipwreck*, Oxford: Archaeopress, 2002, p.1; Roberto Gardellin, "Shipwrecks around Indonesia." *The Oriental Ceramic Society Newsletter*, No. 21, 2013, pp. 15-19; Michael Flecker, "A 9th-century Arab or Indian shipwreck in Indonesian Waters." *The International Journal of Nautical Archaeology*, Vol. 29, No. 2, 2000, pp. 199-217; Michael Flecker, "Sister ships: three early 12th century CE shipwrecks in Southeast Asia." *Current Science*(*Bangalore*), Vol. 117, No. 10, 2019, pp. 1654-1663; https://epress.nus.edu.sg/sitereports/dieng.

[21] 这类质量较低的青/灰釉罐在海外遗址和沉船中十分常见。胎质疏松，胎色灰白。釉层很薄，斑驳不均匀，施釉一般不及底。釉色变化范围大，从灰青到深色的橄榄绿皆有。其造型多样，大小不一，范围从20—30厘米至90厘米上下。造型一般为短颈或直颈，肩部带有2—6个横系。报告或研究中经常称之为"Dusun Ware"或"Storage Jar"，为统一简便，后文称之为"青釉罐"。

[22] 近年来新发现的广州番禺区曾边窑也可能是这一时期生产外销瓷的窑址。

[23] Ho Chuimei, Pisit Charoenwongsa, Bennet Bronson, Amara Srisuchat, Tharapong Srisuchat, "Newly Identified Chinese Ceramic Wares from Ninth Century Trading Ports in Southern Thailand." *SPAFA Digest* (1980-1990), Vol. 11, No. 3, 1990, pp. 12-17.

[24] Pierre-Yves Manguin, "Palembang et Sriwijaya: anciennes hypothèses et recherches nouvelles (Palembang Ouest)." *Bulletin de l'École française d'Extrême-Orient*, Vol. 76, No. 1, 1987, pp. 337-402.

[25] Darrell J. Kitchener, Henry Kustiarsih, *Ceramics from the Musi River, Palembang, Indonesia: Based on a Private Collection*, Fremantle: Australian National Centre of Excellence for Maritime Archaeology, 2019. 笔者据其中数据统计。

[26] John Guy, "Rare and Strange Goods: International Trade in Ninth-Century Asia." In: Regina Krahl, John Guy, J. Keith Wilson, Julian Raby, (eds.), *Shipwrecked: Tang Treasures and Monsoon Winds*, pp. 19-27.

[27] 黄慧怡《九至十二世纪潮州窑产品在东南亚的发现》，北京艺术博物馆编《中国潮州窑》，中国华侨出版社，2015年，340—347页。

[28] 谢明良《记"黑石号"（Batu Hitam）沉船中的广东青瓷》，国家文物局水下文化遗产保护中心编《水下考古学研究（第2卷）》，科学出版社，2016年，1—20页。

[29] Dashu Qin, JungJung Chang, Yu Shan, "Early results of an investigation into ancient kiln sites producing ceramic storage jars and some related issues." *Bulletin de l'École française d'Extrême-Orient*, Vol.103, No.1, 2017, pp. 359-384; Michael Flecker, "A ninth-century Arab shipwreck in Indonesia: the first archaeological evidence of direct trade with China." Regina Krahl, John Guy, J. Keith Wilson, Julian Raby, (eds.), *Shipwrecked: Tang Treasures and Monsoon Winds*, Washington, DC: Smithsonian Books, 2010, pp. 101-119.

[30] 黄慧怡《九至十二世纪潮州窑产品在东南亚的发现》，北京艺术博物馆编《中国潮州窑》，中国华侨出版社，2015年，340—346页。

[31] 秦大树《拾遗南海 补阙中土——谈井里汶沉船的出水瓷器》，《故宫博物院院刊》2007年6期，91—101页。

[32] Dashu Qin, JungJung Chang, Yu Shan, "Early results of an investigation into ancient kiln sites producing ceramic storage jars and some related issues." *Bulletin de l'École française d'Extrême-Orient*, Vol.103, No.1, 2017, pp. 359-384.

[33] Michael Flecker, *The archaeological excavation of the Tenth century: Intan shipwreck*, Oxford: Archaeopress, 2002, pp. 199-217; John Guy, "The Intan shipwreck: a 10th century cargo in South-east Asian waters." In: Stacey Pierson, (ed.), *Song Ceramics: Art History, Archaeology and Technology*, London: University of London, Percival David Foundation of Chinese Art, School of Oriental and African Studies, 2004, pp. 171-191.

[34] 秦大树《拾遗南海 补阙中土——谈井里汶沉船的出水瓷器》，《故宫博物院院刊》2007年6期，91—101页；Horst Hubertus Liebner, *The Siren of Cirebon: A Tenth-Century Trading Vessel Lost in the Java Sea*, Doctoral thesis, The University of Leeds, 2014, p. 124.

[35] Edwards McKinnon, *Kota Cina: its context and meaning in the trade of Southeast Asia in the twelfth*

[36] John N. Miksic, "Research on ceramic trade, within Southeast Asia and between Southeast Asia and China." *Southeast Asian ceramics: New light on old pottery*, Singapore: Southeast Asian Ceramic Society, 2009, pp. 71-99.

[37] K. K. Kwan, Jean Martin, "Introduction to the finds from Pulau Tioman." Southeast Asian Ceramic Society (West Malaysia Chapter), (ed.), *A ceramic legacy of Asia's Maritime trade-Song Dynasty Guangdong Wares and other 11th to 19th century Trade Ceramic found on Tioman Island, Malaysia*, Kuala Lumpur: Southeast Asian Ceramic Society, 1985, pp. 69-82.

[38] Margarita R. Cembrano, "Guangdong Song-dynasty sherds discovered in the Balangay area, Butuan, Northeastern Mindanao", Roxanna M. Brown, (ed.), *Guangdong ceramics from Butuan and other Philippine sites*, Singapore: Oxford University Press, 1989, pp. 71-79.

[39] John N. Miksic, *Archaeology, trade and society in Northeast Sumatra*, Doctoral thesis, Cornell University, 1979, pp. 163-180.

[40] 黄慧怡《海外发现广东唐宋时期生产瓷器统计表》,《海交史研究》2004年1期, 109—118, 转83页。

[41] Adi Bin Haji Taha, "Recent archaeological discoveries in Peninsular Malaysia (1983-1985)." *Journal of the Malaysian Branch of the Royal Asiatic Society*, Vol. 60, No. 1(252), 1987, pp. 27-44; K. K. Kwan, Jean Martin, "Introduction to the finds from Pulau Tioman." Southeast Asian Ceramic Society (West Malaysia Chapter), (ed.), *A ceramic legacy of Asia's Maritime trade-Song Dynasty Guangdong Wares and other 11th to 19th century Trade Ceramic found on Tioman Island, Malaysia*, Kuala Lumpur: Southeast Asian Ceramic Society, 1985, pp. 69-82.

[42] 黄慧怡《海外发现广东唐宋时期生产瓷器统计表》,《海交史研究》2004年1期, 109—118, 转83页。

[43] Roberto Gardellin, "Shipwrecks around Indonesia." *The Oriental Ceramic Society Newsletter*, No. 21, 2013, pp. 15-19.

[44] 刘未《中国东南沿海及东南亚地区沉船所见宋元贸易陶瓷》,《考古与文物》2016年6期, 65—75页。

[45] 胡舒扬《宋代中国与东南亚的陶瓷贸易——以鳄鱼岛资料为中心》, 中国航海博物馆等编《人海相依: 中国人的海洋世界》, 上海古籍出版社, 2014年, 48—67页; Michael Flecker, "The Flying Fish Wreck: an Early 12th Century Southeast Asian Ship with a Chinese Cargo." *Sabah Museum Journal*, Vol. 3, 2020, pp. 1-42.

[46] Michael Flecker, "Sister ships: three early 12th century CE shipwrecks in Southeast Asia." *Current Science (Bangalore)*, Vol. 117, No.10, 2019, pp. 1654-1663; http://epress.nus.edu.sg/sitereports/lingga/text/investigation.

[47] Sharon Wai-Yee, "Rethinking Storage Jars Found in the 9th to 20th Centuries Archaeological Sites in Guangdong, Hong Kong, and Macau", *Bulletin de l'École française d'Extrême-Orient*, Vol. 103, No. 1, 2017, pp. 333-358.

[48] 马文宽《长沙窑瓷装饰艺术中的某些伊斯兰风格》,《文物》1993年5期, 87—94页; 秦大树《中国古代陶瓷外销的第一个高峰——9～10世纪陶瓷外销的规模和特点》,《故宫博物院院刊》

2013 年 5 期，32—49，转 162 页。

[49] John Carswell, Siran Deraniyagala, Alan Graham, *Mantai: City by the Sea*, Aichwald: Linden Soft Verlag, 2013.

[50] Martha Prickett-Fernando, "Middlemen and end users: the finds of Yue and Longquan celadons in Sri Lanka." In: Chuimei Ho, (ed.), *New Light On Chinese Yue and Longquan Wares-Archaeological Ceramics Found in Eastern and Southern Asia, A. D. 800-1400*, Hong Kong: The University of Hong Kong, 1994, pp. 299-321.

[51] David J. Whitehouse, "Excavations at Sīrāf: first interim report", *Iran*, Vol. 6, No. 1, 1968, pp.1-22.

[52] Seth M. N. Priestman, *A Quantitative Archaeological Analysis of Ceramic Exchange in the Persian Gulf and Western Indian Ocean, AD c.*400-1275, Doctoral thesis, University of Southampton, 2013, p. 62.

[53] https://www.britishmuseum.org/collection/search?keyword=siraf&keyword=guangdong&view=grid&sort=object_name__asc&page=1，2023 年 7 月 31 日。

[54] Axelle Rougeulle, "Coastal settlements in southern Yemen: the 1996-1997 survey expeditions on the Ḥaḍramawt and Mahra coasts." *Proceedings of the Seminar for Arabian Studies*, Vol. 29, 1999, pp. 123-136; Axelle Rougeulle, "Excavations at Sharmah, Ḥaḍramawt: the 2001 and 2002 seasons." *Proceedings of the Seminar for Arabian Studies*, Vol. 33, 2003, pp. 287-307.

[55] Axelle Rougeulle, *Un entrepôt de commerce medieval sur la côte du Ḥaḍramawt (Yémen, ca.* 980-1180), Oxford: Archaeopress, 2015, pp. 277-321.

[56] Mark Horton, *Shanga: the archaeology of a Muslim trading community on the coast of East Africa*, London: British Institute in Eastern Africa, 1996, pp. 303-310.

[57] John Carswell, "Sri Lanka and China." In: A. R. B. Amerasinghe, (ed.), *Festschrift 1985: James Thevathasan Rutnam*, Colombo: Unesco National Commission, 1985, pp. 57-60; Martha Prickett-Fernando, "Middlemen and end users: the finds of Yue and Longquan celadons in Sri Lanka." In: Chuimei Ho, (ed.), *New Light On Chinese Yue and Longquan Wares-Archaeological Ceramics Found in Eastern and Southern Asia, A. D. 800-1400*, Hong Kong: The University of Hong Kong, 1994, pp. 299-321.

[58] 王建文《斯里兰卡贾纳夫阿莱皮蒂遗址 2018 年发掘简报》，《考古学集刊》（第 23 集），社会科学文献出版社，2020 年，297—313 页。

[59] 不包括长期持续存续且形制单一、变化较小的产品，例如广东产罐和盆用于运输和储藏的器类。

[60] 笔者据 Axelle Rougeulle, *Un entrepôt de commerce medieval sur la côte du Ḥaḍramawt (Yémen, ca.* 980-1180) 中公布的分类情况进行统计。不排除其他中国南方产品分组中部分为广东烧制，但无法确定具体产地。所以广东产品的比例应该略高于此数据。

[61] Philippe Beaujard, "East Africa: The Rise of the Swahili Culture and the Expansion of Islam." *The Worlds of the Indian Ocean: Volume* 1, *From the Fourth Millennium BCE to the Sixth Century CE: A Global History*, Cambridge: Cambridge University Press, 2019, pp. 582-594; Michael Pearson, "Muslims in the Indian Ocean." *The Indian Ocean*, London: Routledge, 2003, pp. 62-112.

[62] Neville Chittick, *Kilwa: an Islamic trading city on the East African coast*, Nairobi: the British Institute

in Eastern Africa, 1974.

[63] Bing Zhao, "Global trade and Swahili cosmopolitan material culture: Chinese-style ceramic shards from Sanje ya Kati and Songo Mnara (Kilwa, Tanzania)." *Journal of World History*, Vol. 23, No.1, 2012, pp. 41-85.

[64] 刘岩、秦大树、齐里亚马·赫曼《肯尼亚滨海省格迪古城遗址出土中国瓷器》,《文物》2012年11期, 37—60, 转1页。

[65] 丁雨《肯尼亚曼布鲁伊遗址及马林迪遗址的考古学研究》, 北京大学博士学位论文, 2015年, 55、63页。

[66] 丁雨《肯尼亚曼布鲁伊遗址及马林迪遗址的考古学研究》, 北京大学博士学位论文, 2015年, 244页; 丁雨《肯尼亚滨海省马林迪老城遗址的初步研究》,《南方文物》2014年4期, 130—138页。

[67] Axelle Rougeulle, *Un entrepôt de commerce medieval sur la côte du Ḥaḍramawt (Yémen, ca. 980-1180)*, Oxford: Archaeopress, 2015, p. 320 Fig. 223.

[68] Ran Zhang, *An exploratory quantitative archaeological analysis and a classification system of Chinese ceramics trade in the western Indian Ocean, AD c. 800-1500*, Doctoral Thesis, Durham University, 2016, p.134.

[69] Ran Zhang, *An exploratory quantitative archaeological analysis and a classification system of Chinese ceramics trade in the western Indian Ocean, AD c. 800-1500*, Doctoral Thesis, Durham University, 2016, p.137。

[70] Axelle Rougeulle, *Un entrepôt de commerce medieval sur la côte du Ḥaḍramawt (Yémen, ca. 980-1180)*, Oxford: Archaeopress, 2015, p. 320 Fig. 223, 224.

[71] 刘未《中国东南沿海及东南亚地区沉船所见宋元贸易陶瓷》,《考古与文物》2016年6期, 65—75页。

[72] 丁雨《南宋至元代中国青白瓷外销情况管窥》, 北京大学中国考古学研究中心等编《古代文明》（第15卷）, 上海古籍出版社, 2021年, 299—319页。

A Preliminary Study on Guangdong Trade Wares, from the 9th to the 12th Century

Ai Qinzhe

(Department of Archaeology, Durham University)

Abstract: The late Tang and Five Dynasties period was the first peak of maritime trade in China. Ceramic production in Guangdong gradually developed during this period and thrived in the Song Dynasty, with its products being exported through maritime routes to East Asia, Southeast Asia, and the coastal areas of the Western Indian Ocean. This paper collects and organizes trade wares manufactured in Guangdong from the 9th to the mid-12th centuries, both from land sites and shipwrecks, and summarizes the characteristics of product composition. It also conducts analysis on the scale and volume of Guangdong trade wares with available data. Based on the qualitative and quantitative criteria that can reflect the characteristics of Guangdong ceramic exports mentioned above, as well as the phased characteristics of these criteria over time within different regions and the horizontal comparison between regions within each phase, a preliminary outline of the general appearance and pattern of Guangdong ceramic exports can be drawn. The related results also make it possible to further discuss the organization of maritime trade networks during this period and the features of economic interactions between different regions.

Key Words: The 9th to 12th Century, Guangdong Trade Wares, Japan, Southeast Asia, The Western Indian Ocean, Maritime Trade

11—12世纪中国陶瓷外销低潮现象简析[*]

丁 雨

（北京大学中国考古学研究中心　北京大学考古文博学院）

摘要：11—12世纪中国陶瓷外销相关的考古材料给人以"低潮"的印象。本文以曼达、上加遗址为例，讨论了东非沿海地区中国陶瓷外销在整体和个案上呈现的差别；针对11—12世纪初沉船缺乏的现象，利用西印度洋沿海遗址数量和斯里兰卡两遗址材料分析了此期段中国陶瓷外销的状态。进而讨论了11—12世纪中国陶瓷外销呈现低潮现象可能的原因。在此基础上，探讨了陶瓷外销规模参考指标的使用方法、适用范围与优劣。

关键词：11—12世纪，中国陶瓷，外销，低潮现象

11—12世纪中国陶瓷外销的相关材料显现出两个现象：一是在肯尼亚沿海等局部市场，中国外销瓷资料不多，在数量上似乎呈现出低潮状态[1]；二是11世纪—12世纪初中国东南沿海及东南亚沉船材料几乎空白[2]。这两个现象给研究者造成了11—12世纪中国陶瓷外销低潮的印象。而以这两个现象与前后时段9—10世纪[3]、13—15世纪[4]外销高峰的对比，又会使这一印象被强化。"低潮"是基于"数量少"这一情形的判断，它代表了一种视角。那么是否存在其他分析数据的视角呢？其他的视角是否同样也指向"低潮"这一判断呢？在沉船材料匮乏的情况下，是否还有可能探究陶瓷外销的发展变化情况呢？相较于高峰，"低潮"可以带来哪些启发？本文即尝试讨论这些问题。

一、再析11—12世纪肯尼亚沿海地区陶瓷外销的低潮

由近年的研究成果可知，不止肯尼亚，东非沿海地区出土11—12世纪中国外销瓷的数量整体上似不甚丰富。但综合各方面情况来看，这一情况并非是外销瓷供给侧造成的，更有可能与作为市场地的东非沿海地区局势动荡相关。

东非沿海主要遗址的考古情况表明，10—11世纪是东非沿海地区动荡转型期。桑

---

[*] 本研究是教育部人文社会科学重点研究基地重大项目"变革与竞争：9—17世纪中国陶瓷外销研究"（项目批准号：22JJD780002）的成果之一。

给巴尔岛上的安古贾·乌库（Unguja Ukuu）[5]、奔巴岛上的图姆比（Tumbe）[6]等地先后在10—11世纪发生废弃或人群迁徙，马林迪老城出现了11—12世纪考古材料上的断裂空白[7]，乌瓜纳（Ungwana）[8]、基尔瓦（Kilwa）[9]、蒙巴萨[10]等大型聚落大体在这一时期出现，但尚未崭露头角。聚落初兴或自身发生剧烈变动，对其进口外来商品的动力和能力有强烈的负面影响。换句话说，即便中国陶瓷有丰沛的货源、有很强的出口动力、有通畅的流通路径，但是如果市场本身没有消费动力和消费能力，那么商品最终也不会流向这些市场，无法产生交易。

东非沿海地区的情形提示研究者，陶瓷贸易的达成，包含供给与需求的两面；在一方衰落、衰退时，无法很好地证实或证伪另一方的活力。这促使研究者思考：假如东非沿海地区未发生动荡，11—12世纪的中国陶瓷贸易能否延续9—10世纪的高峰？在动荡转型期的东非沿海，是否还有可能观察到中国陶瓷的外销活力？假如在东非，存在有消费能力和动力的市场，中国陶瓷的外销状态相较于前代是升是降？上加和曼达的情况或有可能回应这些问题[11]。

上加遗址位于肯尼亚拉穆群岛中帕泰岛的西南角。1980—1988年剑桥大学的马克·霍顿主持了对上加遗址的发掘，并于1996年发表了详尽的报告。根据发掘者研究，上加遗址的存续时间被定为760—1425年，被分为11期。从包括重要建筑兴废、本地手工业生产、外来商品进口等在内的综合指标来看，除了第六期（1050—1075年）的石质建筑毁弃期以外，上加处于较连贯的快速发展状态，在15世纪前夕达到鼎盛，此后突然废弃，原因不明[12]。

发掘者的分期精确到年，且分期相对细化。如排除掉产地未有定论的马达班罐（Martabani）[13]，纳入上加报告的中国陶瓷片数总计389片。列表一如下。

表一　上加分期与各期出土中国瓷片数量

期数	对应年份	中国陶瓷片数	年均片数	中国陶瓷在各期占外来陶瓷比例（%）[14]
第一期	760—780	3	0.15	5.56
第二期	780—850	5	0.07	2.13
第三期	850—920	15	0.21	2.80
第四期	920—1000	7	0.08	1.78
第五期	1000—1050	10	0.2	1.80
第六期	1050—1075	14	0.56	1.40
第七期	1075—1250	44	0.25	1.55
第八期	1250—1325	15	0.2	1.41
第九期	1325—1375	60	1.2	6.28
第十期	1375—1400	147	5.88	14.47
第十一期	1400—1425	69	2.76	13.80
平均	—	—	0.58	4.25
总数	—	389	—	—

利用这套遗址数据，可较为精准地计算出土中国瓷片在各期段的年均数和中国陶瓷在各期占外来陶瓷的比例。前者大体反映了期段内中国陶瓷输入的绝对值，后者反映了中国陶瓷在东非进口陶瓷商品中的比重。从表格中可以明显看出，14—15 世纪早期这一时段中国陶瓷绝对值和比重双双提升，明确无疑地表明了上加输入中国陶瓷的高潮；而比较 9—10 世纪、11—12 世纪这两个时段，年均数和比例并不一致。如以年均数论，则 11—12 世纪较前期的进口数量可能还有一定发展；如以比例论，则上加遗址至 11—12 世纪似更愿意进口其他来源的陶瓷制品。值得注意的是，上加与 11 世纪[15]相关的两期瓷片年均数几乎都超过了前一期段。

曼达遗址位于拉穆群岛中曼达岛的东北海岬西侧。考古发掘资料显示，曼达遗址存在于 9—17 世纪，此后仍有人类活动，存续时间长达 900 多年。其于 9—10 世纪处于鼎盛，此后持续发展；后因其他聚落的崛起而地位有所下降[16]，是东非沿海地区延续性较好的聚落。英国东非研究所所长奇蒂克主持了对曼达遗址的三次发掘，出土中国陶瓷 1018 片，占出土外来陶瓷总数的 8%，估计占出土总体陶瓷数量的 1.2%[17]。此前我们曾据考古报告对曼达遗址的分期和中国瓷器发现情况进行摘引归纳[18]，现增补分期年份约数后，引用如下（表二、表三）。

表二 曼达遗址分期表

	分期	为便于计算，推测分期年份约数（此部分为笔者添加）
1	9 世纪中期—11 世纪早期	约 850—1050
2a	11 世纪中期—12 世纪晚期	约 1050—1175
2b	12 世纪晚期—13 世纪晚期	约 1175—1275
3	13 世纪晚期—14 世纪	约 1275—1400
4	15—16 世纪早期	约 1400—1550
5	16 世纪中期—17 世纪	约 1550—1675
6	17 世纪晚期	约 1675—1700

表三 中国外销瓷情况

序号	器类	数量（片）	据图推测器类翻译
1	"Dusun" stoneware（第 1 期）	288	疑为广东地区窑口
2	Painted stoneware（第 1 期）	20	长沙窑
3	Yueh Stoneware bowls（第 1 期）	57	越窑
4	White porcelain /porcellaneous（第 1 期 2.5%，第 2 期 1.5%[19]）	215	不明，疑为繁昌窑等
5	Ching Pai（第 2 期）	51	青白瓷
6	Te Hua（第 2 期）	9	德化瓷器
7	Later Soneware Jar（第 2—4 期）	94	晚期罐类
8	Celadon（第 2—4 期）	244	龙泉窑
9	Blue and White（第 3、4 期，主要出现于第 5 期）	40	青花瓷

分析上加遗址的思路亦可应用于曼达。由表格可看出，由于曼达遗址考古报告刊布较早，刊布数据情况不如上加报告清晰，故有必要对曼达遗址的各项数据进行一定的整合处理，方可展开推测。以某种处理方案[20]对数据进行处理后，可列出曼达的年均数和外来陶瓷比例表格（表四）。

表四　曼达分期

分期[21]	分期对应年份约数	瓷片年均数	中国陶瓷占外来陶瓷百分比
第一期	约850—1050	2.5	10.7%
第二期	约1050—1275	[1.23, 1.6]	18.7%
第三期	约1275—1400	[0.82, 3]	[16.1%, 24.3%]

据此计算结果可以发现，在瓷片年均数这一指标上，曼达处于持续下滑的情形；在中国陶瓷占外来陶瓷比例这一指标上，曼达遗址大体处于上升的情形。与前一时段（9—10世纪）相比，11—12世纪曼达的陶瓷进口数量可能有所下降，但其在外来陶瓷中的比例却有明显上升。

在进一步讨论数据之前，需先明确以上数据的局限。一方面，有关上加、曼达遗址的种种数据计算，受到了一些条件限制：发掘面积、发掘不同区域不同时段遗存的丰富程度等因素均未纳入考虑；报告所刊陶瓷照片、图片均较为稀少，无法复核信息等。因此数据处理较为简化，不甚完美。另一方面，如前所述，曼达、上加在9—12世纪的聚落发展状况并不一样，这本身也会影响对一些数据的理解和阐发。曼达在9—10世纪是东非沿海地区最繁荣的聚落，其本身具有对外来商品的吸引力和消费能力。此后，其虽然长期存续，但难以复制第一期段的辉煌。上加则是不断成长的聚落案例。曼达和上加兴衰趋势，一定程度上是判断供给销售一侧活力动态变化难以排除的干扰变量。在理想情况下，聚落前后时段维持不变，或仅处于缓慢的发展中，我们可将其视为不变的常量，判断供给销售一方的活力。但这种理想情况几乎是不存在的。因此，如何批判性地理解、阐释这种具有假设性的计算，尚可讨论。但因为计算目标较为明确，标准也相对统一，我们或许仍能从这一计算框架中获得一些启发。

从两个遗址的情况可以看出，判断陶瓷贸易兴衰的标准并不单一，尽管在11—12世纪，东非沿海局势相对动荡，不少聚落衰落、毁弃，无法继续进口中国陶瓷，但在有消费可能性的市场地，相较于9—10世纪、11—12世纪似未发生强烈的衰退。具体到曼达和上加，比较两地中国陶瓷在外来陶瓷中的比例可知，曼达似乎一直都是更有吸引力的中国外销瓷市场地，其对中国陶瓷的消费力可能更强。多角度的观察，显露出东非沿海地区个案之间、个案与整体的差别。这些差别提示了贸易情形中供给与需求的两个面向。当供需双方（以及更多因素）无法形成合力时，都会造成"低潮"的表象。但或许并不能因为这一表象而否定某一方可能仍然存续的活力。在对差别的比较中，更有可能观察到贸易变化的丰富层次与向度。

二、沉船之外：重估11—12世纪初的陶瓷外销

在东非地区以外，11—12世纪中比较值得讨论的时段是11—12世纪初。12世纪20年代—12世纪末因有鳄鱼岛沉船[22]、林加沉船[23]、飞鱼沉船[24]、华光礁一号沉船[25]、爪哇海沉船[26]、南海一号[27]等沉船，其规模受到的质疑已经不多。在11—12世纪初，沉船材料表现相对缺失，目前相对明确的材料仅有西村廖内沉船和西村勿里洞沉船[28]，规模不甚明朗。戴柔星[29]、刘未[30]先后指出北宋中期（11世纪）是沉船的间隔期、空白期。尽管沉船材料缺失的原因相当复杂，未必完全是因为彼时贸易的衰落，但这使得11—12世纪初外销瓷的发现缺少具有冲击力的量化数字。

此前，研究者整体性地收集了11—12世纪初海外出土中国陶瓷材料，结果显示[31]，中国陶瓷的分布范围仍然相当广泛，这表明了此时段中国陶瓷外销的活力；且涉及朝鲜半岛[32]、日本[33]、东南亚[34]等多个大区域的个案研究和整体性观察都表明，尽管沉船材料匮乏，但海外遗址并不缺少此时段中国陶瓷的发现。这暗示着，海外遗址及其出土的中国陶瓷是探讨11—12世纪初陶瓷外销的关键。在前人基础之上，以海外遗址为中心，我们还可进一步展开以下两方面的观察。

首先是出土中国陶瓷海外遗址的数量对比。远端市场西印度洋的地区的情况或许更能说明问题。据秦大树、李凯、刘未分别对9—10世纪、11世纪—12世纪初（北宋）两个期段西印度洋地区典型遗址的统计或列举，9—10世纪出土长沙窑瓷器的遗址数约为30处，出土越瓷的遗址数为37处[35]；刘未并未刻意统计数量，但其提及的11世纪—12世纪初（北宋）出土中国陶瓷的遗址数计有19处[36]，除此之外，根据发掘者的描述，基尔瓦（Kilwa）[37]、帕泰（Pate）[38]、比剌德·卡蒂姆（Bilad al-Qadim）、西拉夫（Siraf）[39]也应有此期产品，则遗址数可达23处。由于长沙窑瓷器、越窑瓷器的流行也存在一定的先后次序[40]，故根据以上统计结果，或可认为在西印度洋地区，出土中国陶瓷遗址的数量确实出现了一定的波动，但如果考虑各自的流行时间的年数（假定长沙窑瓷器为800—900年，越窑瓷器为850—1050年，北宋中晚期器物组合为1000—1127年），则以遗址数除以年数，可得结果分别为0.3、0.185、0.181。流行时间长，是产品生命力长短的某种体现；出土产品的遗址数量多、范围广，是产品行销密度和市场活跃程度的某种体现；以遗址数除以年数获得的结果，则一定程度上可能代表了单位时间内的流行强度。综合这些指标来看，在西印度洋地区，从遗址数量这个维度来看，即便在材料相对较少的11—12世纪初，其波动程度或许并不如之前所想象的剧烈。作为远端市场，西印度洋沿岸地区输入中国陶瓷经历的环节多、运输线长，贸易成功的难度最大。这一市场区域的相对平稳，暗示了11世纪—12世纪初中国陶瓷外销的良好状态。

其次是海外遗址出土中国陶瓷数量的比较。由于考古材料披露的不平衡性，整体性的比较几乎是不可能实现的，只能选取不同时段的典型个案予以比较。斯里兰卡的

曼泰、阿莱皮蒂相距不远，刚好分别兴盛于9—10世纪和11世纪，适于对比。四川大学等单位2019年在曼泰遗址进行了试掘，发掘面积100平方米，出土9—10世纪中国陶瓷共计420片[41]。上海博物馆等单位2018年在阿莱皮蒂遗址进行发掘，发掘面积92.4平方米，出土中国陶瓷600余片，大体为11世纪后半叶的产品[42]。结合遗物年代期段年数、发掘面积数，可知在斯里兰卡这一案例中，对外贸易港口转移之后，中国陶瓷的输入规模在绝对数量上并未下滑，而是处于平稳发展阶段，从某些维度来看，可能还超过了9—10世纪这一高峰阶段。这一情形和东非两案例显示的一些情况颇为类似。

沉船材料的缺乏，不得不说是11—12世纪初陶瓷外销研究中的一个重要缺憾。除此之外，综合近年来最新的研究成果可知，国内学界对11—12世纪初存在的"低潮印象"，或尚至少与其他三个材料情况有关。

一是越窑系青瓷在北宋中晚期的生产问题。以往认为北宋早期之后，越窑核心区上林湖即开始逐渐衰退，因此海外发现的越窑瓷器的年代多被判定为北宋早期（11世纪20年代）之前。近年来，宁波东钱湖区域[43]和台州黄岩区域[44]的陶瓷考古工作，揭示出了北宋中晚期越窑系青瓷生产兴盛、产品精致的情况。这一研究成果或将带动海外出土越窑瓷器的重新定年。

二是广东产品的问题。陈高华等学者早已指出，广州是北宋至南宋中期我国最重要的对外贸易口岸[45]，这本身提示研究者关注11—12世纪的广州产品。深耕海外遗址的诸多海外研究者，很早就关注到了11—12世纪广东产品的盛行，并出版有多种专题著作进行介绍[46]。但国内考古研究者对广东产品的关注反而不多。这与此前相关海外遗址资料在国内刊布匮乏有关。近两年广东罐产地问题的突破性进展[47]，或可为我国学界重新检视海外发现的广东产品提供契机[48]。

三是注辇与蒲甘的崛起。在11世纪，印度的注辇王国[49]和缅甸的蒲甘王朝[50]崛起，苏门答腊北岸、马来半岛西侧、缅甸及印度东海岸和斯里兰卡等一些地区成为了重要的贸易地点。斯里兰卡阿莱皮蒂遗址[51]和马来西亚吉打遗址[52]便处于这些区域，其出土中国陶瓷的情况一定程度上证明这一历史情形。但是当前这其中大部分地区或难以展开工作，或相关考古工作难以为国内学界充分了解。换句话说，倘若某时段的重点贸易区域缺少材料或考古发现，自然会在很大程度上削弱对这一时段的认识。这些地区相关信息的收集和考古工作的开展，或能为探讨11—12世纪中国陶瓷外销的情形补充更多重要材料。与印度东海岸、缅甸地区类似，舍尔迈[53]与西拉夫A地点[54]在11—12世纪的不同趋势，则可能暗示了区域内贸易中心变化、转移对考古发现和研究造成的影响。

总体而言，基于之前研究者的分析，从整体来看，此时段海外并不缺少中国陶瓷的发现；通过对一些材料较为充分的个案展开不同时段的对比，也能够提供不少数据增长的例子。这些情况说明，"低潮"这一印象的适用范围和实质内涵，存在着比较大的探讨空间。检视材料的不同视角，可以丰富观察11—12世纪中国陶瓷外销状态的维度。

三、余论：外销规模的参考指标

当我们讨论陶瓷外销的高峰或低谷时，本质上探讨的是规模。尽管以往研究中，少见对规模的明确探讨，但研究者在探讨某时段或某区域的外销瓷情况时，常会自觉或不自觉地对外销规模做出某种定性的描述。这些描述及支撑这些描述的证据，暗含了研究者的判断指标。这些判断指标通常包括沉船数量、沉船出水陶瓷数量、港口遗址出土陶瓷数量、出土中国陶瓷海外遗址的数量、海外遗址出土陶瓷数量和比例等。在外销的高峰时段，这些指标往往能呈现出较为一致的高峰数据；而从11—12世纪这一时段的情形可以看出，在所谓"低潮"时期，不同类型的指标则呈现出不同的数据状态，这一情形更能提示我们深思诸指标的使用方法、适用范围与优劣。

沉船是探讨陶瓷外销问题的重要材料，因此，沉船数量和沉船出水陶瓷数量常被作为探讨规模大小的重要依据。某时段沉船数量多，或某沉船出水陶瓷数量大，往往会诱使人们联想到外销繁盛、规模宏大的情形。而像11—12世纪初这种缺少沉船的时段，则很容易让人联想到对外贸易的低潮。但无论沉船数量还是出水陶瓷数量，其与外销规模之间的关联都是间接关联，都需要进一步的推演和论证。已有不少研究者观察到沉船数量和沉船出水陶瓷数量作为评估规模标准的间接性和局限性。

以沉船数量推测不同时代外销规模变化，至少要考虑历代事故率是否变化、考古发现是否充分这两个限定条件。航海事故的数量，决定了考古发现的上限。而除彼此关联外，这两点各自也牵涉甚广。

记录或论证古代航海事故率变化的可靠材料很不充分，因此，审视航行事故发生的影响因素是必要的。航行事故的发生受到船舶质量、航海技术、航海水平、航线等多种因素制约。前三者均可归于技术层次，其对古代航海事故率的实际影响，目前尚难以有准确评估。当前的处理方式一般是默认其为不变的常量，或暂时遵循进化论的假设，认为其在某个重要技术变革节点（如蒸汽轮船出现）之前处于缓慢上升的情形。航线变化对事故的影响，则存在一些探讨的空间。比如，我们有时会发现某时段的沉船在某片海域相当集中，这种现象的形成包含了几种既可能相互独立也可能互相关联的原因：某时段对外贸易繁盛；此片海域水下环境恶劣，事故率较高；这片海域附近港口在此时段较为重要，船舶吞吐量较大等。航线变化导致航行事故在不同区域、不同时代的不平衡，在展开比较研究时，会干扰对规模的判断。故而此类情况，在通过沉船数量分析外销规模时，应被纳入考虑。

无论陆上还是水下考古工作，均存在不平衡性，但相较于陆上考古，水下考古工作更多地受到专业人员数量、经费、技术的制约，故我国水下考古的不平衡性相较于陆上考古更为强烈。仅就技术方面的制约而言，我国水下考古如近期深海考古的新进展和新发现，从侧面印证了此前其实有相当部分的水下遗存囿于各方面条件无法被充分揭示的情况[55]。即便在未来考古技术提升、工作趋于充分，不同遗址本身的受破坏程度、能够展开深度工作的可能性，也会影响我们对沉船等水下遗存的认识程度。

沉船是一种巨大的堆积单位。在保存相对完好的案例，出水陶瓷数量会和陆上遗址形成鲜明对比，在数据上对研究者形成很强的冲击力，如黑石号沉船、井里汶沉船、新安沉船、南海一号沉船等出水陶瓷数量巨大，为研究者所乐道。但在运用沉船出水陶瓷数量时，需要注意两点。一来，不宜直接和海内外消费类遗址出土陶瓷数量比较。大量发现表明，陶瓷进入市场之后会很快分散在人群中，不易被集中发现。比如元大都人口应不低于40万人[56]，是元代重要的国际都市，因此应当也是重要的陶瓷消费市场地。按常理推测，陶瓷消费量当以万计。但在系统梳理公开资料之后，统计可得的整个元大都路出土陶瓷数量为700余件[57]，远不及新安沉船出水陶瓷数量。二来，尽管当下海内外已经报道了很多沉船遗存的发现，但如用沉船数量乃至沉船出水陶瓷数量除以期段年数，或结合生产地窑址的数量和相应的生产能力考虑，则原本的巨量数据不难解构[58]。近年来，太仓樊村泾、上海青龙镇、温州朔门港等港口遗址也出土了大量陶瓷。对于这些港口遗址集中出土陶瓷规模的估算，也应该结合遗存性质、各期段年数、出土地发掘面积予以比较考虑。与绝对数量相比，诸多典型案例出土遗物不同层次数量比例的观察，或许更能有力地说明外销瓷的组合与比重问题。

随着近年来海内外学术交流的加强，海外中国陶瓷出土的情况日益为国内研究界所知，出土中国陶瓷海外遗址数量情况及海外遗址出土中国陶瓷的数量[59]日益受到研究者们的关注。相较而言，前者更能反映中国陶瓷的传播范围和传播密度，而后者对于估量和比较市场销售及份额变化似更有意义。出土遗物的绝对数量是表象，数字背后的信息需要结合诸多条件和背景予以处理，或可得到较合理的解释。比如说，东非沿海地区的例子就说明，市场地本身的兴衰，会影响到进出口贸易的起伏，进而影响到市场地遗址中中国外销瓷的有无。但以这种个别或少量的微观现象为依据，很难对较具整体性的宏观趋势下定论。在这种情况下，结合市场地乃至市场区域的历史背景加以考虑，或许对探讨中国外销瓷的流向至关重要。

总之，相较于高峰时段，呈现出一些矛盾状态的"低潮"现象反而更易促使研究者解构考古现象形成的诸多要素。其不仅能够提示研究者关注材料和数据处理方法的差别，还能较为明确地展现出整体与个案、区域与地点的相合与相悖；同时，它也暗示了宏观市场空间之下，贸易供需双方的"独立性"和灵活性[60]，引导我们深思陶瓷外销网络运行变化的层次和复杂性。

注　释

[1]　秦大树《肯尼亚出土中国瓷器的初步观察》，秦大树、袁旔主编《2011古丝绸之路——亚洲跨文化交流与文化遗产国际学术研讨会论文集》，八方文化创作室，2013年，61—82页。

[2]　戴柔星《东南亚发现的宋元时期沉船出水陶瓷研究》，北京大学博士学位论文，2012年，106页；刘未《北宋海外贸易陶瓷之考察》，《故宫博物院院刊》2021年3期，4—20页。

[3]　秦大树《中国古代陶瓷外销的第一个高峰——9~10世纪陶瓷外销的规模和特点》，《故宫博物

[4] 秦大树《从海外出土元代瓷器看龙泉窑外销的地位及相关问题讨论》，故宫博物院等编《天下龙泉——龙泉青瓷与全球化·卷三·风行天下》，故宫出版社，2019年，266—291页。

[5] A. Juma, *Unguja Ukuu on Zanzibar: An archaeological study of early urbanism*, Uppsala: Uppsala University, 2004, pp. 84-86.

[6] J. Fleisher, A. La Violette, "The early Swahili trade village of Tumbe, Pemba Island, Tanzania, AD 600-950." *Antiquity*, Vol. 87, No. 338, 2013, pp. 1151-1168.

[7] 丁雨《16世纪前东非海岸中的马林迪》，陈晓露主编《芳林新叶》，上海古籍出版社，2019年，254—264页。

[8] 丁雨、秦大树《肯尼亚乌瓜纳遗址出土的中国瓷器》，《考古与文物》2016年6期，26—46页。

[9] Neville Chittick, *Kilwa: an Islamic trading city on the East African coast*, Nairobi: British Institute in Eastern Africa, 1974, pp. 18-21.

[10] H. Sassoon, "Excavations at the site of early Mombasa." *Azania: Journal of the British Institute in Eastern Africa*, Vol.15, 1980, pp. 1-42.

[11] 赵冰据奔巴岛和桑杰·雅·卡蒂（Sanje ya Kati）遗址的情况，认为从11世纪开始，部分岛屿和沿海遗址的外来陶瓷数量显著增加，参见 Zhao Bing, "Chinese-style ceramics in East Africa from the 9th to 16th century: A case of changing value and symbols in the multi-partner global trade." *Afriques*, Vol. 6, No. 6, 2015, DOI: 10.4000/afriques.1836. 据发掘者介绍，桑杰·雅·卡蒂的使用时间为950—1250年，其出土11—12世纪的中国瓷片以青白瓷为主，数量较多，但难以和前后时段形成对比，参见 Zhao Bing, "Global trade and Swahili cosmopolitan material culture: Chinese-style ceramic shards from Sanje ya Kati and Songo Mnara (Kilwa, Tanzania)." *Journal of World History*, Vol. 23, No. 1, 2012, pp. 41-85.

[12] M. C. Horton, *Shanga: The archaeology of a Muslim trading community on the coast of East Africa*, London: The British Insititute in East Africa, 1996, pp. 394-406.

[13] 发掘者认为马达班罐产自广东，也有学者认为其产自中南半岛。马达班罐在上加遗址从11世纪起开始出现，第五期2片，第六期4片，第七期13片，第八期至第十一期76片；对数据趋势影响不大，参见 M. C. Horton, *Shanga: The archaeology of a Muslim trading community on the coast of East Africa*, London: The British Insititute in East Africa, 1996, pp. 271-309.

[14] 丁雨《肯尼亚沿海出土中国陶瓷的初步相关比较研究》，《考古学研究》（十一），科学出版社，2020年，417—433页。

[15] 与12世纪相比，11世纪给研究者的"空白感"更强。

[16] 〔塞内加尔〕D. T. 尼昂编，胡燕等译《非洲通史》（第四卷），中国对外翻译出版公司，1992年，378页。

[17] Neville Chittick, *Manda: excavations at an island port on the Kenya coast*, Nairobi: The British Institute of East Africa, 1984, pp. 11-12.

[18] 丁雨、谢西营《拉穆群岛考古概述及出土中国瓷器》，《陶瓷考古通讯》2014年2期，123—129页。

[19] 第一期的数据中原均有百分比，这个百分比是发掘者根据第一期整体带釉陶瓷情况进行的统计分析结果，对本研究意义不大，但可以此判断此类瓷器在第一期和第二期的比例为5∶3；

参见 Neville Chittick, *Manda: excavations at an island port on the Kenya coast*, Nairobi: The British Institute of East Africa, 1984, p. 225.

[20] 从奇蒂克的报告来看，表3的第四项，白瓷类第一期和第二期（约）的比例应为5∶3，故分属第一期和第二期的数量应约为134和80片；将统归为第二至四期的罐类、龙泉系青瓷按各期所含年份平均分配，则第二期可分配的晚期罐类瓷片数为：

94（片）/（1500-1050）×（1275-1050）≈42片；

第二期可分配的龙泉窑系青瓷瓷片数为：

244（片）/（1500-1050）×（1275-1050）≈110片；

这样一来，第一期的数量为：288+20+57+134=499片；

第二期的数量为：80+51+9+42+110=292片。

由于第一期大约对应850—1050年，第二期大约对应1050—1275年，则两期分别除以年数（200年、225年），可得年均数为：

第一期：499/（1050-850）≈2.5片；

第二期：292/（1275-1050）=1.3片。

由于11—12世纪和曼达的第一期、第二期并不完全对应，因此可利用以上数据将11世纪前半叶和11世纪中期至12世纪的数据合并，得到11—12世纪的年均数：

[2.5×（1050-1000）+1.3×（1200-1050）]/（1200-1000）=1.6片。

这一数据相较于前一期的年均数似仍是有所下滑，但是可以同样的方法计算第三期和第四期（约1275—1550年）：

[（94-42）+（244-110）+40]/（1550-1275）=0.82片。

这一以往被认知为外销高峰的时段数据反而还低于11—12世纪。这种数据处理方式有不合理之处，比如，晚期罐类尚可以年份平均分配，但龙泉青瓷可能更大的比重是在第三期和第四期。不过，即便将龙泉青瓷全部划归第三期和第四期，这一时段的年均数只能上升至：

[（94-42）+244+40]/（1550-1275）=1.22片；

在这种情况下11—12世纪的年均数会变为：

[2.5×50+（80+51+9+42）/225×150]/200=1.23片。

11—12世纪仍能够和这一高峰阶段持平。只有把年代判断模糊为第二至四期的所有瓷片种类（晚期罐类、龙泉系青瓷、青花瓷），均归为第三期（约1275—1400年），第三期的瓷片年均数，才能达到：

（94+244+40）/（1400-1275）≈3片；

这样计算才能超过此前各时段的年均数。

曼达遗址出土的其他外来陶瓷数据，对于判断中国陶瓷外销情况的变化具有重要参考意义。奇蒂克统计了明确归属于第一期伊斯兰釉陶共计4158片，第二期68片，第三期375片。另有划归为第二期、第三期的剔划类釉陶2000片，两期片数比例约为3∶2，分别归并第二期、第三期之后，则第二期为1268片，第三期为1175片。以此计算，则中国陶瓷在外来陶瓷中占比的分期情况分别为：

第一期：499/（499+4158）=10.7%；

第二期：292/（292+1268）=18.7%；

第三期分别取两个极值作为参考：

[（94－42）＋（244－110）＋40］/［（94－42）＋（244－110）＋40＋1175］＝16.1%；或（94＋244＋40）/（94＋24＋40＋1175）＝24.3%。

[21] 由于曼达划分期段和11—12世纪不完全对应，此处涉及11—12世纪处均取约数模糊处理。

[22] Abu Ridho, E. Edwards McKinnon, *The Pulau Buaya Wreck: Finds from the Song Dynasty*, Ceramic Society of Indonesia, 1998；戴柔星《东南亚发现的宋元时期沉船出水陶瓷研究》，北京大学博士学位论文，2012年，82—87页；胡舒扬《宋代中国与东南亚的陶瓷贸易——以鳄鱼岛沉船资料为中心》，上海中国航海博物馆等编《人海相依——中国人的海洋世界》，上海古籍出版社，2014年，48—67页。

[23] Michael Flecker, "The Lingga Wreck: An Early 12th Century Southeast Asian Ship with a Chinese Cargo." *Southeast Asian Archaeological Site Reports*, Singapore: NUS PRESS, 2019, http://epress.nus.edu.sg/sitereports/lingga/.

[24] Michael Flecker, Tai Yew Seng, "The Flying Fish Wreck: An Early 12th Century Southeast Asian Ship with a Chinese Cargo." *Sabah Museum Journal*, Vol. 3, 2020, pp. 1-41.

[25] 国家文物局考古研究中心、海南省文物局、海南省文物考古研究所《华光礁一号沉船遗址发掘报告》，文物出版社，2022年。

[26] William M. Mathers, Michael Flecker, (eds.), *Archaeological Recovery of the Java Sea Wreck*, Annapolis: Pacific Sea Resources, 1997.

[27] 国家文物局水下文化遗产保护中心、中国国家博物馆、广东省文物考古研究所等《南海Ⅰ号沉船考古报告之一——1989—2004年调查》，文物出版社，2017年；国家文物局水下文化遗产保护中心、广东省文物考古研究所、中国文化遗产研究院等《南海Ⅰ号沉船考古报告之二——2014—2015年发掘》，文物出版社，2018年。

[28] Roberto Gardellin, "Shipwrecks around Indonesia." *The Oriental Ceramic Society Newsletter*, No. 21, 2013, pp.15-19.

[29] 戴柔星《东南亚发现的宋元时期沉船出水陶瓷研究》，北京大学博士学位论文，2012年，106页。

[30] 刘未《北宋海外贸易陶瓷之考察》，《故宫博物院院刊》2021年3期，4—20页。

[31] 刘未《北宋海外贸易陶瓷之考察》，《故宫博物院院刊》2021年3期，4—20页；丁雨《11—12世纪陶瓷外销的特点》，北京大学考古文博学院编《比邻天涯——北京大学藏古代外销瓷》，文物出版社，2023年，98—109页。

[32] 〔韩〕金英美《韩国国立中央博物馆藏高丽遗址出土中国瓷器》，《文物》2010年4期，77—95页；〔韩〕金允贞《韩国出土宋代青白瓷的现状与特征》，沈琼华主编《2012海上丝绸之路——中国古代瓷器输出及文化影响国际学术研讨会论文集》，浙江人民美术出版社，2013年，279—293页。

[33] 〔日〕田中克子《日本博多遗址群出土的贸易陶瓷器及其历史背景》，栗建安主编《考古学视野中的闽商》，中华书局，2010年，151—172页；〔日〕田中克子《日本福冈市博多遗址群出土的潮州窑产品与外销》，北京艺术博物馆编《中国潮州窑》，中国华侨出版社，2015年，368—373页。

[34] 个案可参见雕门岛、西帕穆通的情况，参见 Southeast Asian Ceramic Society(West Malaysia Chapter), *A Ceramic Legacy of Asia's Maritime Trade: Song Dynasty Guangdong Wares and*

Other 11th to 19th Century Trade Ceramics Found on Tioman Island, Malaysia, Singapore: Oxford University Press, 1985; Marie-France Dupoizat, "Essai de chronologie de la céramique chinoise trouvée à Si Pamutung, Padang Lawas_Xe-début XIVe siècle." *Archipel*, Vol. 74, No.1, 2007, pp. 83-106. 宏观视角的统计，可参见黄慧怡《海外发现广东唐宋时期生产瓷器统计表》，《海交史研究》2004年1期，109—118，转83页；黄慧怡《简介柬埔寨吴哥地区出土的福建宋元陶瓷》，栗建安主编《考古学视野中的闽商》，中华书局，2010年，151—172页。

[35] 秦大树、李凯《非洲发现的早期中国贸易瓷器及其发展变化》，《海洋史研究》（第十八辑），社会科学文献出版社，2022年，148—176页。

[36] 刘未《北宋海外贸易陶瓷之考察》，《故宫博物院院刊》2021年3期，4—20页。

[37] Neville Chittick, *Kilwa: an Islamic trading city on the East African coast*, Naimbi: British Institute in Eastern Africa, 1974, p. 310.

[38] T. H. Wilson, A. L. Omar, "Archaeological Investigations at Pate." *Azania: Journal of the British Institute in Eastern Africa*, Vol. 32, No. 1, 1997, pp. 31-76.

[39] S. Priestman, "A Quantitative Archaeological Analysis of Ceramic Exchange in the Persian Gulf and Western Indian Ocean, AD c.400-1275." Unpublished Thesis of Ph. D., University of Southampton, 2013, pp. 244, 257.

[40] 秦大树《凿空海疆——8—10世纪海上贸易的肇兴》，北京大学考古文博学院编《比邻天涯——北京大学藏古代外销瓷》，文物出版社，2023年，待刊。

[41] 感谢范佳楠博士告知发掘面积；出土瓷片数量采自新华社报道：王迪《中斯联合考古队在曼泰遗址发现大量文物》，社科院考古所中国考古网，2020年1月2日，链接：https://mp.weixin.qq.com/s/lpVWbLdJvmndZ7CwhxbtCA.

[42] 上海博物馆考古队、斯里兰卡中央文化基金会、凯拉尼亚大学《斯里兰卡贾夫纳阿莱皮蒂遗址2018年发掘简报》，《考古学集刊》（第23集），社会科学文献出版社，2020年，297—312页。

[43] 王结华、罗鹏《青瓷千年映钱湖》，宁波出版社，2020年。

[44] 浙江省文物考古研究所、黄岩区博物馆《浙江台州黄岩区沙埠镇凤凰山窑址考古调查简报》，《华夏考古》2020年6期，3—19页；艾沁哲《北宋沙埠窑制瓷业研究》，北京大学硕士学位论文，2021年。

[45] 陈高华、吴泰《宋元时期的海外贸易》，天津人民出版社，1981年，173—175页。

[46] 如 Southeast Asian Ceramic Society(West Malaysia Chapter), *A Ceramic Legacy of Asia's Maritime Trade: Song Dynasty Guangdong Wares and Other 11th to 19th Century Trade Ceramics Found on Tioman Island*, Malaysia, Singapore: Oxford University Press, 1985.

[47] 吴寒筠、李灶新、肖达顺、崔剑锋《广州南越国宫署遗址和"南海Ⅰ号"沉船出土酱釉器产地分析》，《文博学刊》2022年2期，30—39页；秦大树《海上贸易的关键性器具——储物罐研究的重大推进》，《中国文物报》2022年7月1日第6版。另见《文博学刊》2023年2期的系列文章。

[48] 本辑已有作者关注到这一问题，参见艾沁哲《9—12世纪广东陶瓷外销情况初探》，《陶瓷考古通讯》（第九期），科学出版社，2024年，77—93页。

[49] 梁志明《东南亚古代史（上古至16世纪初）》，北京大学出版社，2013年，456页。

[50] 〔新〕尼古拉斯·塔林编，王士录等译《剑桥东南亚史》，云南人民出版社，2003年，

205 页。

[51] Southeast Asian Ceramic Society(West Malaysia Chapter), *A Ceramic Legacy of Asia's Maritime Trade*: *Song Dynasty Guangdong Wares and Other 11th to 19th Century Trade Ceramics Found on Tioman Island*, Malaysia, Singapore: Oxford University Press, 1985；上海博物馆考古队、斯里兰卡中央文化基金会、凯拉尼亚大学《斯里兰卡贾夫纳阿莱皮蒂遗址2018年发掘简报》，《考古学集刊》（第23集），社会科学文献出版社，2020年，297—312页。

[52] 杨雯妃《吉打布樟谷彭卡兰布樟地区出土中国瓷器的阶段性讨论》，北京大学学士学位论文，2020年。囿于材料，杨雯妃仅区分了宋代与元代，但宋代数据并非绝对的低谷，提示了继续深入探究此区域的必要性。

[53] 舍尔迈遗址出土中国陶瓷以青白瓷为主，赵冰先后了对舍尔迈出土中国陶瓷提出两种分期方案，在两种分期方案中，[970，1120]或[980，1150]的年代区间都是其出土中国陶瓷最为丰富的期段，参见赵冰《中世纪时期贸易中转港——也门舍尔迈遗址出土的中国瓷片》，《法国汉学》（第11辑），中华书局，2006年，79—116页；作者于2015年法文版论文中对中文版中的分期有调整，并进一步细化了数据和确切窑址，详见 Zhao Bing, "La céramique chinoise à Sharma: pour un essai d'étude typo-chronologique et spatiale", In: Axelle Rougeulle, (ed.), *Sharma: un entrepôt de commerce médiéval sur la cote du Hadramawt (Yémen, ca 980-1180)*, Oxford: Archaeopress Publishing Ltd., 2015, pp. 277-321.

[54] 普利斯曼曾对西拉夫A地点出土中国陶瓷进行统计，8世纪中叶—11世纪（以250年计）总计223片，11—13世纪（以200年计）总计104片，后一时段年均数明显低于前一时段。参见 S. Priestman, "A Quantitative Archaeological Analysis of Ceramic Exchange in the Persian Gulf and Western Indian Ocean, AD c.400-1275." Unpublished Thesis of Ph. D., University of Southampton, 2013, p. 244.

[55] 丁见祥《大海寻踪：深海考古的发生与发展》，《中国文化遗产》2019年5期，4—12页。

[56] （明）宋濂等撰《元史》卷五六《地理志》载："户一十四万七千五百九十，口四十万一千三百五十。"中华书局，1975年，1347页。有学者估计元大都人口可达110万，参见周继中《元大都人口考》，中国蒙古史学会编《中国蒙古史学会论文选集（1981）》，内蒙古人民出版社，1981年，166—174页。

[57] 吴闻达、李鑫、秦大树《元大都路出土瓷器的产品结构与相关问题探讨》，待刊。

[58] 丁雨《晚唐至宋初明州城市的发展与对外陶瓷贸易刍议》，《故宫博物院院刊》2014年6期，33—45页。

[59] 比较有代表性的成果如：刘岩、秦大树、齐里亚马·赫曼《肯尼亚滨海省格迪古城遗址出土中国瓷器》，《文物》2012年11期，37—60页；秦大树《从海外出土元代瓷器看龙泉窑外销的地位及相关问题讨论》，故宫博物院等编《天下龙泉——龙泉青瓷与全球化·卷三·风行天下》，故宫出版社，2019年，266—291页。

[60] 比如，我们或许可以把商品视作水，把市场比作容器。让水通过一定渠道进入容器，需要很多条件的合力。但容器口部的闭塞或容器本身的销毁，并不能否认水流的存在，也无法充分判断水流充沛与否。

Analysis of the Low Tide Phenomenon of Chinese Ceramic Export in the 11th-12th Centuries

Ding YU

(Center for the Study of Chinese Archaeology, Peking University
School of Archaeology and Museology, Peking University)

Abstract: The archaeological materials related to Chinese ceramic exports in the 11th-12th centuries give the impression of a "low tide" phenomenon. This paper takes the examples of the Manda and Shanga to discuss the differences in Chinese ceramic exports to the East African coastal region, both in a general sense and through individual cases. Addressing the lack of early 11th-12th century shipwrecks, the study utilizes the quantity of sites along the West Indian Ocean coast and materials from two Sri Lankan sites to analyze the status of Chinese ceramic exports during this period. Subsequently, the possible reasons for the "low tide impression" of Chinese ceramic exports in the 11th-12th centuries are explored. Based on these findings, the paper investigates the methods, applicability, and pros and cons of using export scale references.

Key Words: 11th-12th Century, Chinese Ceramics, Export, Low Tide Phenomenon

考古学视野下的明代早期景德镇民窑青花瓷[*]

陈 冲

（北京大学中国考古学研究中心　北京大学考古文博学院）

摘要：本文将景德镇明代民窑青花瓷的年代学研究置于考古学视野下，关注共时性较强的遗迹单位，以确定不同瓷器之间的组合关系；从考古类型学原理出发，关注单体瓷器自身各项要素（形制、纹饰和款识）之间构成的特征组合。参考具有年代学意义的遗迹和瓷器，将明代早期民窑青花瓷的年代判定为15世纪中期的正统至天顺时期，部分器型可早至宣德时期。根据建立的明代早期民窑青花瓷年代学框架，可以辨别出北京毛家湾瓷器坑、南京明故宫玉带河和颜料坊水井J7等出土瓷器中部分属于正统至天顺时期。明早期朝廷对景德镇民窑生产和销售采取的既鼓励又限制政策，影响了这一时期民窑青花瓷的面貌和流布。作为历史时期的手工业产品，民窑青花瓷同一时期存在精、粗产品共存现象，并且存在同类特征跨期延续但工艺退化的特点。这一认识为探讨不同时期的瓷器乃至其他类历史时期手工业产品的年代学研究提供借鉴意义。

关键词：景德镇，明代早期，民窑，青花瓷，考古学，年代学

一、引　言

明代景德镇为全国的制瓷中心，民窑青花瓷作为其主流产品行销海内外。尽管积累大量出土物及馆藏品作为研究资料，但民窑青花瓷的年代学问题却长期游离于考古学的视野之外。

关于民窑青花瓷的创烧年代及特征，随着20世纪60年代以来南京明故宫玉带河遗址的发掘和景德镇窑址的初步调查，国内学者往往依据对标本个体风格观察所得经验将一些民窑青花瓷判定为明代早期产品，年代范围自洪武以迄天顺约百年之久，其间具体归属某朝则无固定标准[1]。随后也形成明代早期民窑青花瓷在贸易流通领域的"间隔期"[2]和官窑视野下的"空白期"[3]"空白点"[4]或"暗黑时代"[5]等论断。日本学者则特别关注日本明代早期遗存出土瓷器的组合与类型，指出直到14世纪后半期

---

[*] 本文为国家社科基金一般项目"海外遗址出土宋元贸易陶瓷研究"（项目编号：21BKG029）阶段性成果。

为止遗址仅出土景德镇白瓷和龙泉窑青瓷，从14世纪末至15世纪中叶才开始伴出景德镇青花瓷[6]。21世纪初，景德镇瓷器山和观音阁窑址的相继发掘，推进了明代早期民窑青花瓷的年代学研究。宣德至天顺时期的瓷器山窑址出土带有人物、云气、缠枝莲、缠枝莲捧八宝和梵文等纹样的青花碗、盘、高足杯和瓶，并伴出形制相同的白釉、仿哥釉、仿龙泉和紫金釉产品，展示了明代早期民窑青花瓷的样貌与生产[7]。《江西景德镇观音阁明代窑址发掘简报》则首次根据窑址地层关系对民窑青花瓷进行分期，产品年代从空白期直至明末[8]。对于窑址出土的不具地层关系且以往被认为可早至洪武永乐时期的一批器物，简报也将其改订为正统至天顺时期，上限为宣德时期。2018年，笔者的博士学位论文《景德镇明代民窑青花瓷分期研究》则整合窑址、遗址、墓葬、沉船和窖藏等各类遗迹出土资料，运用考古学方法对景德镇民窑青花瓷的分期问题进行系统论证，厘清了民窑青花瓷各时期产品的整体面貌，以及不同时期各类型产品的演变线索[9]。近年，景德镇落马桥红光瓷厂窑址的发掘与研究[10]，也印证了民窑青花瓷上限在空白期的结论。

考古学视野下的民窑青花瓷年代学研究尤为注重组合的概念，只有这样才能在认定特征相同瓷器的过程中避免以偏概全和以点代面。首先，关注共时性较强的遗迹单位，以确定不同瓷器之间的组合关系。目前，出土明代早期民窑青花瓷的遗址已有相当数量，但已发表科学发掘且具备明确地层关系的遗迹单位仍然很少。尽管如此，仍不能脱离遗迹单位而转向直接抓取单个器物进行"分期"，而是需要将那些虽然不具备地层关系但器物面貌比较单纯、共时性较好的遗迹单位以及器物面貌虽然不够单纯但经对比分析后可以实现分组的考古材料也纳入考察范围，以补充支撑分期框架的建立。其次，从考古类型学原理出发，关注单体瓷器自身各项要素之间构成的特征组合。以往的研究偏重关注青花瓷的单项特征，再借助具有该类特征的纪年器或被默认为具有年代学意义的器物，来判定其他具有类似特征器物的年代。如在形制方面，多将折腹盘或圈足内足墙与底部交角圆弧、圈足内带乳突的碗径直判定为洪武时期；在纹饰方面，将外壁云气纹碗判定为空白期或更早的洪武至宣德时期；在款识方面，将"大明年造"认定为明代早期产品等。在此法下，青花瓷一些单项特征的年代范围被人为地缩短，据此形成的断代结论往往表现为将某些延续至晚一时期的旧式器物认作为早一时期的产品。这种年代判定方法便是未能从要素组合视角对青花瓷的各项特征进行综合考虑。

由于上述两方面组合意识的缺乏，以往的年代学研究难以在以单项特征为归类范畴的考察中全面认识青花瓷的年代特征，也无法观察到单项特征的延续以及延续过程中的细微变化。在考古材料日益丰富的情况下，有必要依据青花瓷的自身特点，运用考古学方法对其多项特征组合展开对比分析，以推进相关研究的深入。

本文将明代早期民窑青花瓷的年代学考察置于考古学视野之下。首先，全面搜集国内外出土资料，选择具有年代学分析意义的典型遗迹单位，依据地层关系确立瓷器组合。以此为基础，将墓葬、居址、沉船、窖藏和部分馆藏资料纳入组合。进而运用类型学方法分析组合瓷器的形制、纹饰和款识特征。最后，参考具有年代学意义的遗迹和瓷器，对组合瓷器进行年代判定，廓清景德镇明代早期民窑青花瓷的年代及特征。

二、器物分组

本文将所需讨论的考古遗迹分为甲、乙和丙三类：甲类，具有地层关系且构成单纯器物组合的遗迹单位；乙类，不具地层关系，但器物组合共时性较好的遗迹单位，如沉船、窖藏、墓葬等遗存；丙类，不具地层关系，器物面貌较为复杂，但在与甲、乙类单位对比分析后，可以实现器物分组，且各组之间具有年代早晚关系的遗迹单位。其中，甲、乙两类单位具有考古学分组排年的作用，可直接用于构建器物组合分期；丙类单位具有完善和丰富分期框架的意义。

1. 甲类遗存

四川成都下东大街遗址[11]出土青花瓷可分为A、B两组，A组出土于T1的H2以及T5的⑤层，B组出土于T1、T3、T4及T5的④层。其中，H2位于T1的④层下，A、B两组具有明确的早晚关系。A组包括碗、盘和高足杯三类器物[12]。碗以侈口垂腹碗为主，少量侈口弧腹和敞口弧腹碗。盘以侈口折腹者居多，少量侈口弧腹盘。侈口垂腹碗及侈口折腹盘下腹及底部厚重，足端较宽，圈足内有乳突，内足墙与底部交角圆弧。高足杯可见侈口垂腹与侈口弧腹两型，喇叭状柄足，少数间饰竹节状突起，柄足为釉接而成。器物内壁无纹饰，内底主题纹样外绕以双弦纹，主题纹样包括折枝花卉、月梅、兰草、朵花以及"福""寿"。器物外壁装饰至下腹而不近足部，主题纹样包括兰草、缠枝莲、云气和海水海浪纹。口沿边饰常见弦纹与重十字菱格纹。B组包括碗和盘两类器物[13]。碗可见侈口垂腹和侈口弧腹两型，下腹及底部趋薄，足端变窄，内足墙与足底交角趋直，部分器物挖足过肩。器物内壁出现装饰纹样，内底主题纹样外绕以双弦纹或绞索纹，主题纹样包括束莲、树下童子、海水海螺、结带宝杵、莲瓣梵文。内外口沿边饰除弦纹和重十字菱格纹外，还出现卷草、复线折线纹。外壁装饰至足部，主题纹样包括缠枝莲，近足部出现宽幅莲瓣或海水海浪纹。圈足足墙多绘单或双弦纹，个别饰以卷草纹。外底出现双方框"壬子年造"款。盘仅见侈口弧腹一种形制，出现口沿施酱釉的现象。盘内壁无纹饰，内底主题纹样外绕以双弦纹，主题纹样包括麒麟望月、庭院侍女，口沿绘粗弦纹，外壁饰缠枝莲纹。

四川成都水井街酒坊遗址[14]出土青花瓷可分为A、B两组，A组出土于J5，B组出土于T4③层，J5开口于T4③层下，两组具有明确的早晚关系。A组包含侈口垂腹碗与侈口弧腹盘[15]。侈口垂腹碗下腹及底部厚重，圈足内不施釉，内足墙与底部交角圆弧。器物内壁无纹饰，内底主题纹样外绕以单或双弦纹，主题纹样包括云气、折枝牡丹、"福"。外壁装饰至下腹而不近足部，主题纹样可见缠枝莲、海水海浪。口沿常见弦纹与重十字菱格纹。B组包含侈口垂腹、侈口弧腹和侈口折腹碗以及侈口弧腹盘[16]。侈口垂腹碗器型与纹饰与A组相类，唯制作趋于粗糙。器物内壁出现装饰纹样。内底主题纹样外绕以双弦纹，纹样包括变体莲瓣、海水海螺、结带宝杵。外壁满饰纹样或少量装饰不近足部，主题纹样包括云气、缠枝莲、龟背锦纹等。

四川成都江汉路遗址[17]出土青花瓷可分为A、B两组，A组出土于⑤层，B组出土于③、④层，两组具有明确的早晚关系。A组包含蕉叶纹高足杯、缠枝莲纹侈口折腹盘。B组包含侈口垂腹、侈口弧腹碗和侈口弧腹、侈口折腹盘。侈口垂腹碗与酒坊遗址B组出土相仿，均为甲类遗存A组侈口垂腹碗的延续使用。主题纹样可见花叶、云气、瑞兽、结带宝杵纹等，外底双方框"大明年造"款。

2. 乙类遗存

乙类遗存包括江西景德镇丽阳瓷器山窑址[18]、景德镇湖田窑H6[19]、江西安吉桃李山明墓[20]、重庆永川汉东城遗址H27[21]、甘肃永登窖藏[22]、广东海康窖藏[23]、菲律宾潘达南（Pandanan）沉船[24]、马来西亚皇家南海（Royal Nanhai）沉船[25]、越南会安（Hoi An）沉船[26]、泰国西昌岛3号（Ko Si Chang Ⅲ）沉船[27]以及日本的博多遗址沟SD156[28]和首里城京之内遗址土圹SK01[29]。出土青花瓷包括碗、盘、杯、高足杯、钵（净水碗）、擂钵、双耳瓶、玉壶春瓶、罐和炉。

瓷器山窑址出土瓷器以青花瓷为主，其次为白瓷、仿龙泉窑青釉瓷、仿哥窑青釉瓷和紫金釉瓷等。青花瓷出自窑址的①—④层，四层均为窑业废弃堆积，不具备明确的地层关系，但器物风格统一。三处沉船出水瓷器以泰国和越南瓷器为大宗，少量景德镇窑青花瓷，伴出部分浙江、福建和广东地区的产品。桃李山明墓、潘达南沉船和会安沉船均发现永乐和洪武时期的钱币。

博多遗址沟SD156位于地下3米，其上部均为扰乱层。SD156出土瓷器风格统一，包括龙泉窑青瓷、景德镇窑白瓷和青花瓷。首里城"京之内"区域是举行祭祀仪式的场所，土圹SK01为"京之内"的仓库遗存。SK01出土中国瓷器涵盖元末至明初，以明初瓷器为主，包括龙泉窑青瓷613件，明代景德镇青花瓷110件、白瓷75件、蓝釉和红釉瓷器各1件、元代青花瓷2件、五彩瓷4件。

3. 丙类遗存

江西景德镇观音阁窑址Y区各单位均非原生窑业堆积，但出土器物与观音阁S、N区明代晚期窑业堆积[30]及与观音阁窑址一江之隔的明代中期旸府山窑址[31]加以对比后可以实现分组，故将其视为丙类单位。Y区出土瓷器可分为A、B、C、D、E五组，与本文有关的是A和B组。A组器物不见于观音阁S、N区和旸府山，为侈口垂腹碗，内底饰月华、兰草、云气和"福""寿"，外壁仅装饰上半部。B组器物与旸府山窑址所见相类，包括侈口垂腹和敞口弧腹碗，内底饰山石竹梅、莱菔乳虎、海螺、花叶、结带宝杵、梵文等，部分有底款，可见双方框"壬子年造"（弘治五年，1492年）"甲寅年造"（弘治七年，1494年）"大明年造""福""正"等。

三、类型分析

1. 碗

A 型　侈口，弧腹，圈足。根据腹壁及圈足特征，可分为 4 个亚型。

Aa 型　垂腹较圆，内底平阔，圈足矮且直，足端宽，内足墙与底部交角圆弧。下腹及足部胎体厚重（图一）。

图一　Aa 型碗（瓷器山 T6 ④：1）

Ab 型　垂腹较斜，内底较平，圈足较高且直，足端较宽，内足墙与底部交角圆弧，圈足内多有鸡心状凸起。下腹及足部胎体厚重（图二）。

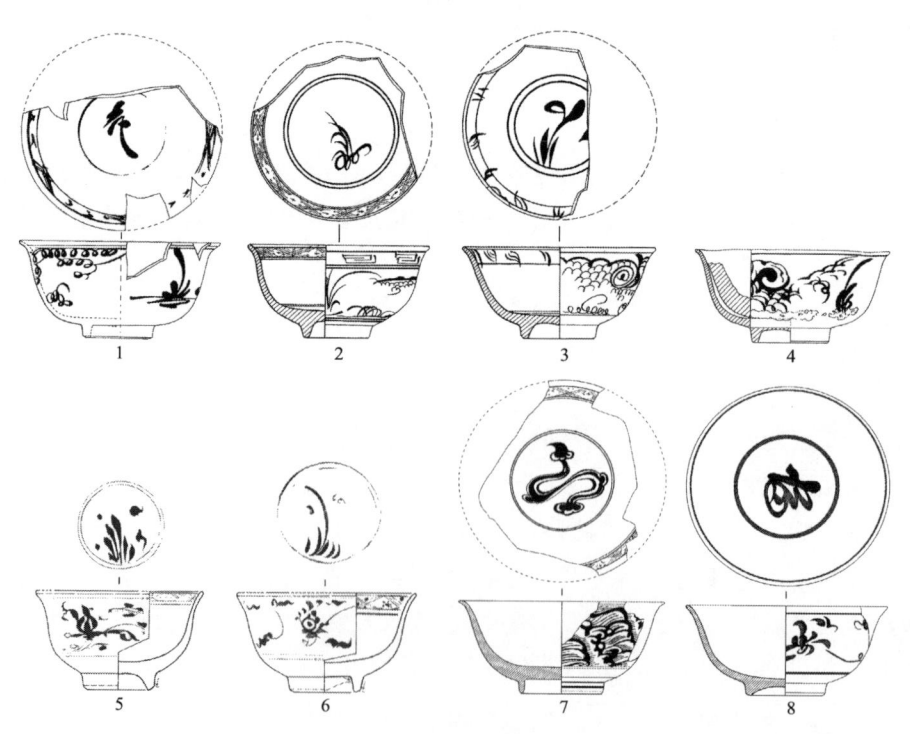

图二　Ab 型碗

1. 瓷器山 T4 ②：5　2. 下东大街 T5 ⑤：173　3. 下东大街 T5 ⑤：191　4. 瓷器山 T6 ③：1
5. 首里城 SK01：17　6. 首里城 SK01：18　7. 水井街酒坊 99CSQJ5 ①：2　8. 水井街酒坊 99CSQJ5 ②：101

Ac 型　垂腹较圆，内底较平，圈足微内倾，足端较窄，部分挖足过肩。下腹及足部胎体趋薄（图三、图四）。

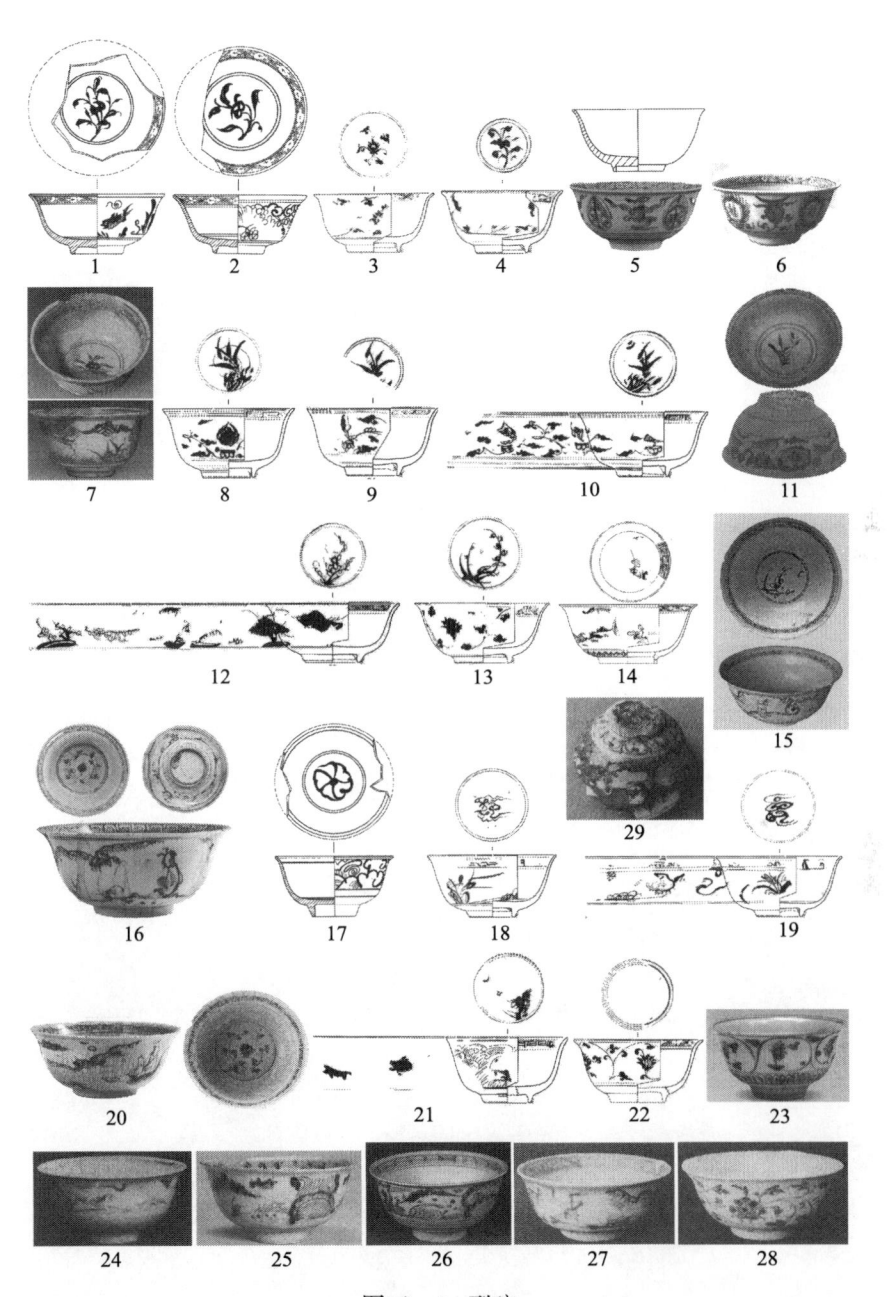

图三　Ac 型碗

1. 下东大街 T5⑤：145　2. 下东大街 H2：8　3. 首里城 SK01：1　4. 首里城 SK01：19　5. 景泰五年（1454 年）成敬墓 M1：8　6、11. 潘达南沉船　7. 景泰五年（1454 年）刘徽士墓 M1：6　8. 首里城 SK01：23　9. 首里城 SK01：24　10. 首里城 SK01：22　12. 首里城 SK01：26　13. 首里城 SK01：6　14. 首里城 SK01：38　15. 皇家南海沉船　16. 景泰三年（1452 年）许公墓 M2：2　17. 下东大街 T5⑤：170　18. 首里城 SK01：12　19. 首里城 SK01：10　20. 景泰三年（1452 年）许公墓 M2：1　21. 首里城 SK01：30　22. 首里城 SK01：2　23. 天顺八年（1464 年）王玺家族蔡氏墓 M5：16　24. 天顺三年（1459 年）罗亨信墓 M1　25. 景泰七年（1456 年）袁龙贞墓　26. 海康窖藏　27、28. 永登窖藏　29. 湖田窑 H6

图四 Ac 型碗

1. 首里城 SK01：20　2. 下东大街 T5⑤：192　3、4、7、8、10. 潘达南沉船　5、6. 桃李山明墓　9. 博多 SD156　11. 会安沉船　12. 成化元年（1465年）绵阳墓　13. 天顺五年（1461年）杨家桥墓　14. 西昌岛 3 号沉船　15. 景泰七年（1456年）袁龙贞墓　16. 天顺八年（1464年）王玺家族蔡氏墓 M5：16　17. 观音阁窑址 YT02①：81　18. 观音阁窑址 YT02①：51　19. 观音阁窑址 YT02①：71　20. 观音阁窑址 YT02①：70　21. 观音阁窑址 YT02③：10　22. 汉东城 H17：24

Ad 型　弧腹较圆，内底较平，足端圆润，内足墙与底部交角圆弧（图五，1—2）。

B 型　敞口，弧腹，圈足（图五，3—5）。

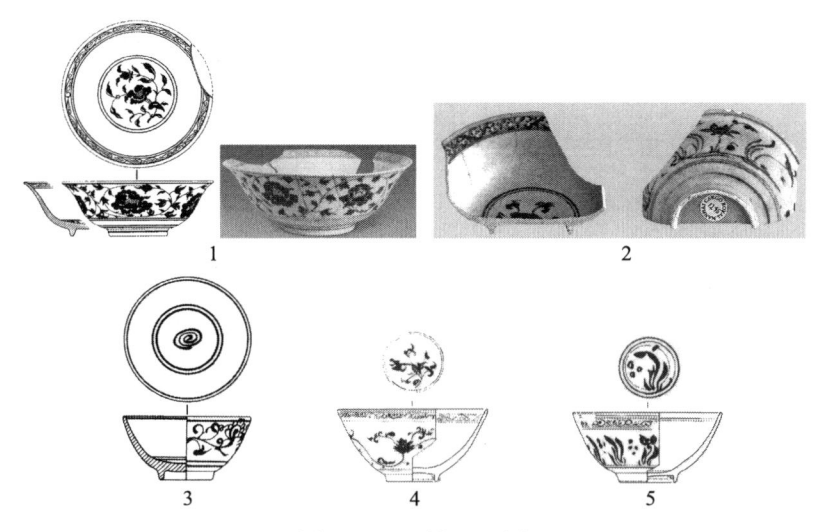

图五　Ad 型和 B 型碗
1. Ad 型碗（下东大街 T5⑤：290）　2. Ad 型碗（皇家南海沉船）　3. B 型碗（下东大街 T5⑤：150）
4. B 型碗（首里城 SK01：32）　5. B 型碗（首里城 SK01：33）

2. 盘

A 型　侈口，折腹，圈足微外撇，内底下凹，内足墙与底部交角大而圆弧，足端较宽。圈足内多有鸡心状突起（图六）。

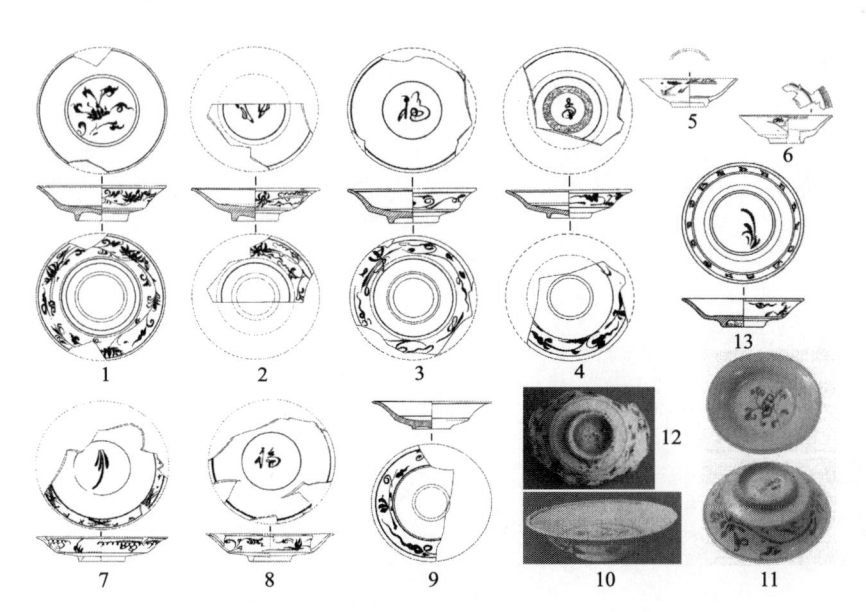

图六　A 型盘
1. 下东大街 H2：7　2. 下东大街 T5⑤：162　3. 下东大街 H2：6　4. 下东大街 T5⑤：30　5. 首里城 SK01：42
6. 首里城 SK01：41　7. 瓷器山 T4②：1　8. 瓷器山 T4④：4　9. 江汉路 05T2⑤：1　10. 永登窖藏
11. 桃李山明墓　12. 湖田窑 H6　13. 汉东城 H17：24

B 型　侈口，弧腹，圈足。
Ba 型　内底平坦厚重，足端较宽，内足墙与底部交角圆弧（图七）。
Bb 型　内底下塌较薄，足端较窄，圈足微内倾。包含花口（图八）。

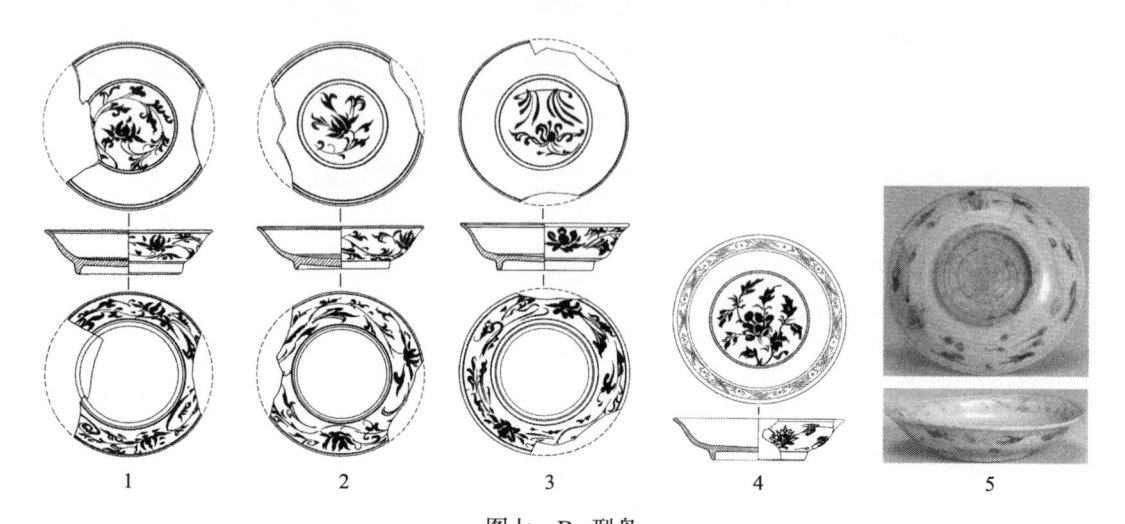

图七　Ba 型盘
1. 下东大街 H2：3　2. 下东大街 H2：9　3. 下东大街 H2：10　4. 水井街酒坊 99CSQJ5②：3
5. 景泰七年（1456年）袁龙贞墓

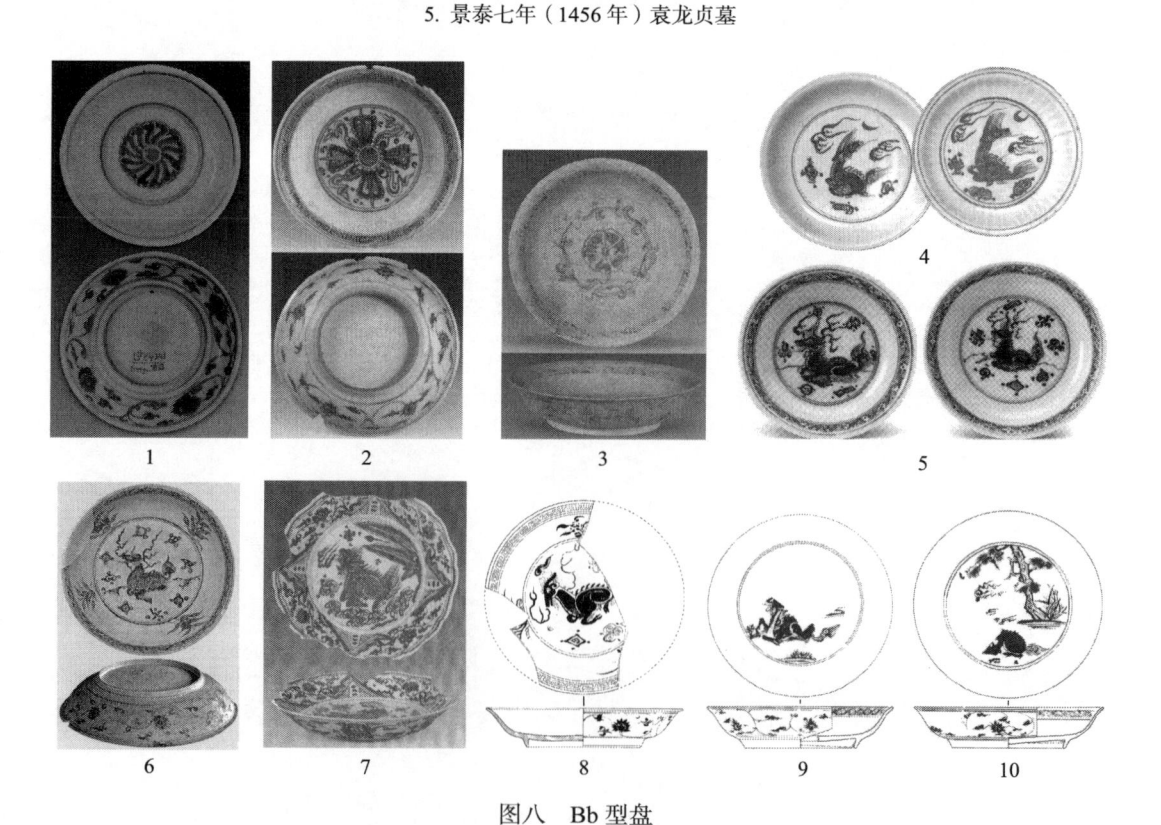

图八　Bb 型盘
1. 会安沉船　2. 景泰四年（1453年）严昇墓　3、4. 潘达南沉船　5. 成化元年（1465年）绵阳墓
6. 皇家南海沉船　7. 会安沉船　8. 下东大街 T5⑤：159　9. 首里城 SK01：39　10. 首里城 SK01：40

C型　敞口，弧腹，圈足微内倾。（图九，1）
D型　折沿，花口，弧腹，圈足。（图九，2—4）

图九　C型和D型盘
1. C型（潘达南沉船）　2. D型（潘达南沉船）　3. D型（潘达南沉船）　4. D型（海康窖藏）

3. 杯

A型　侈口，垂腹较斜，内底平，圈足较高且直，足端较宽，内足墙与底部交角圆弧。下腹及足部胎体厚重。器型与Ab型碗相类（图一〇，1）。

B型　侈口，斜直腹，内底平，圈足微内倾，挖足过肩（图一〇，2）。

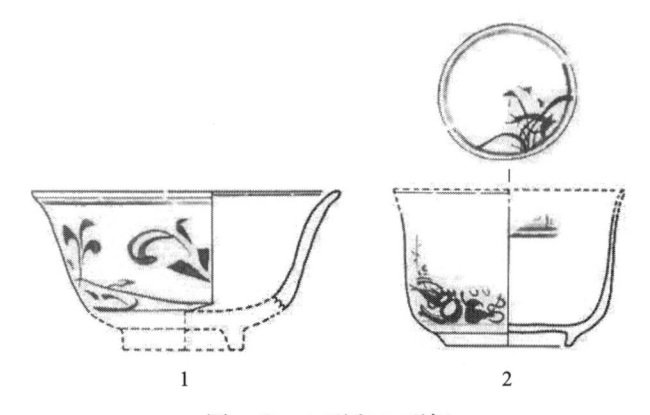

图一〇　A型和B型杯
1. A型（首里城SK01：34）　2. B型（首里城SK01：35）

4. 高足杯

A型　侈口，垂腹，高圈足较矮，内中空，足端宽（图一一，1—2）。
B型　侈口，弧腹，高圈足较高，内中空，足端宽（图一一，3—9）。
C型　侈口，鼓腹，高圈足较高，内中空，足端宽（图一一，10）。

5. 钵（净水碗）

敛口，弧腹，小圈足（图一二，1）。

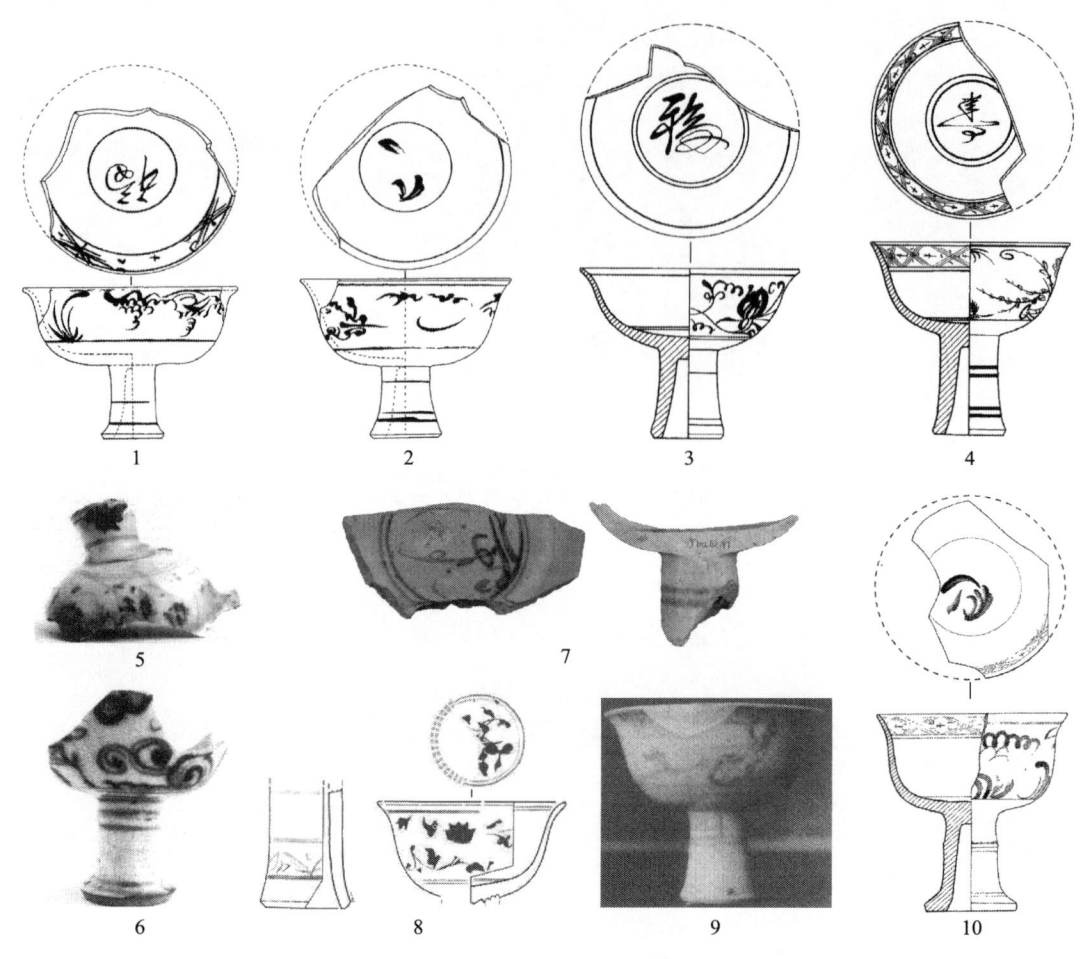

图一一　A型、B型和C型高足杯

1. A型（瓷器山T4②：9）　2. A型（瓷器山T3③：1）　3. B型（下东大街T5⑤：13）　4. B型（下东大街T5⑤：1）　5. B型（湖田窑H6）　6. B型（湖田窑H6）　7. B型（观音阁YT02①：97）　8. B型（首里城SK01：36-37）　9. B型（永登窖藏）　10. C型（下东大街T5⑤：2）

6. 擂钵

敛口，弧腹，圈足，足端宽，胎体厚重（图一二，2）。

图一二　钵、擂钵

1. 钵（景泰四年（1453年）严昇墓）　2. 擂钵（瓷器山T4①：1）

7. 双耳瓶

A型　直口，束颈，丰肩，长弧腹，胫部内收，足部外撇，假圈足，平底。颈部对称贴塑狮头形铺手，口衔双圆环（图一三，1—2）。

B型　盘口或侈口，束颈，鼓腹，胫部内收，足部外撇，深圈足。颈部对称贴塑龙或戟耳（图一三，3—5）。

C型　撇口，直颈，垂腹，圈足。颈部对称贴塑S形、戟形或管状双耳（图一三，6—8）。

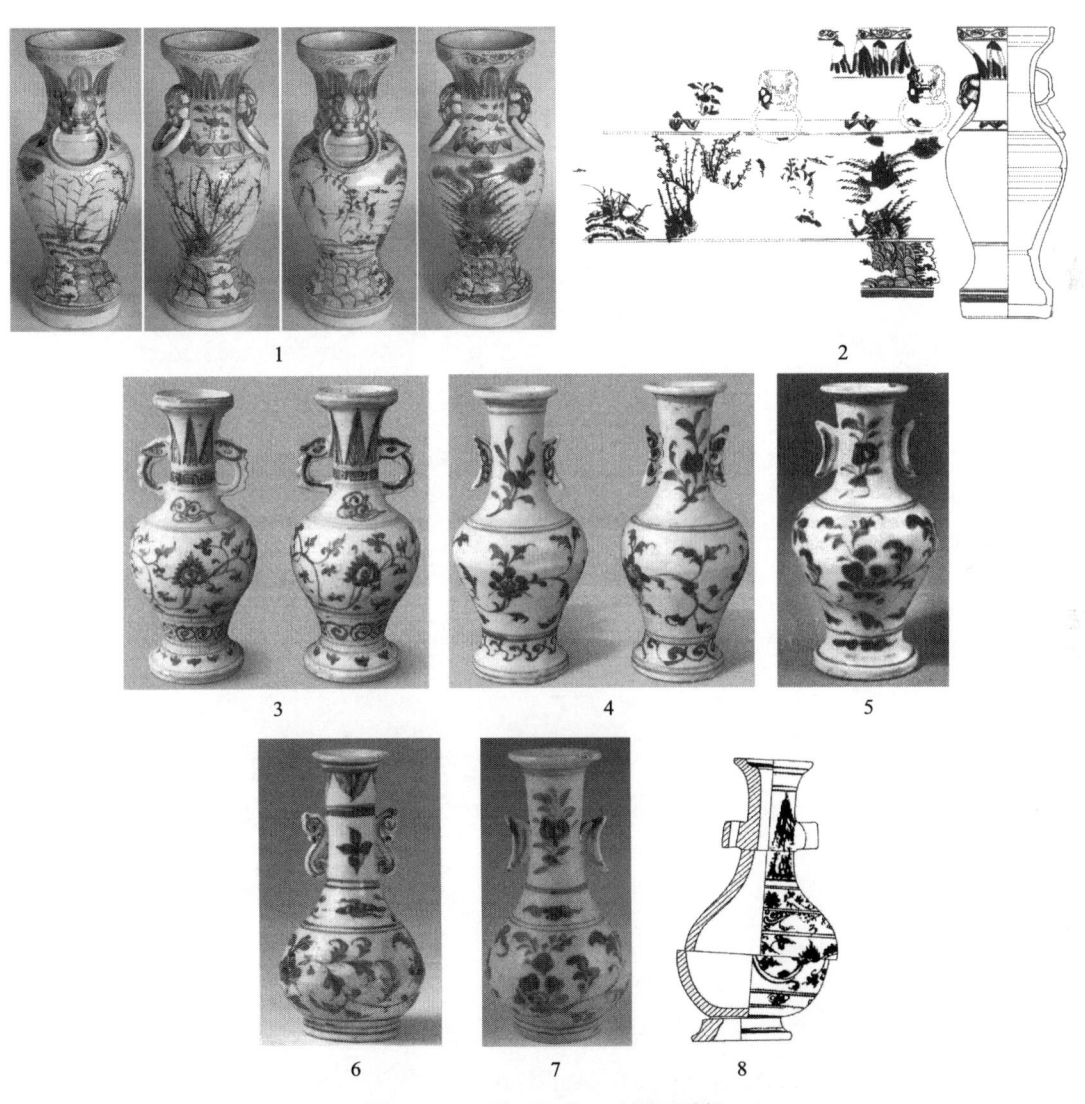

图一三　A型、B型、C型双耳瓶
1. A型（首里城SK01∶57）　2. A型（首里城SK01∶57）　3. B型（正统十二年（1447年）张叔嵬墓）
4. B型（景泰二年（1451年）张□墓）　5. B型（景泰四年（1453年）严昇墓）　6. C型（桃李山明墓）
7. C型（景泰四年（1453年）严昇墓）　8. C型（瓷器山T4②∶2）

8. 玉壶春瓶

侈口，鹅颈，垂腹，圈足，足端宽（图一四）。

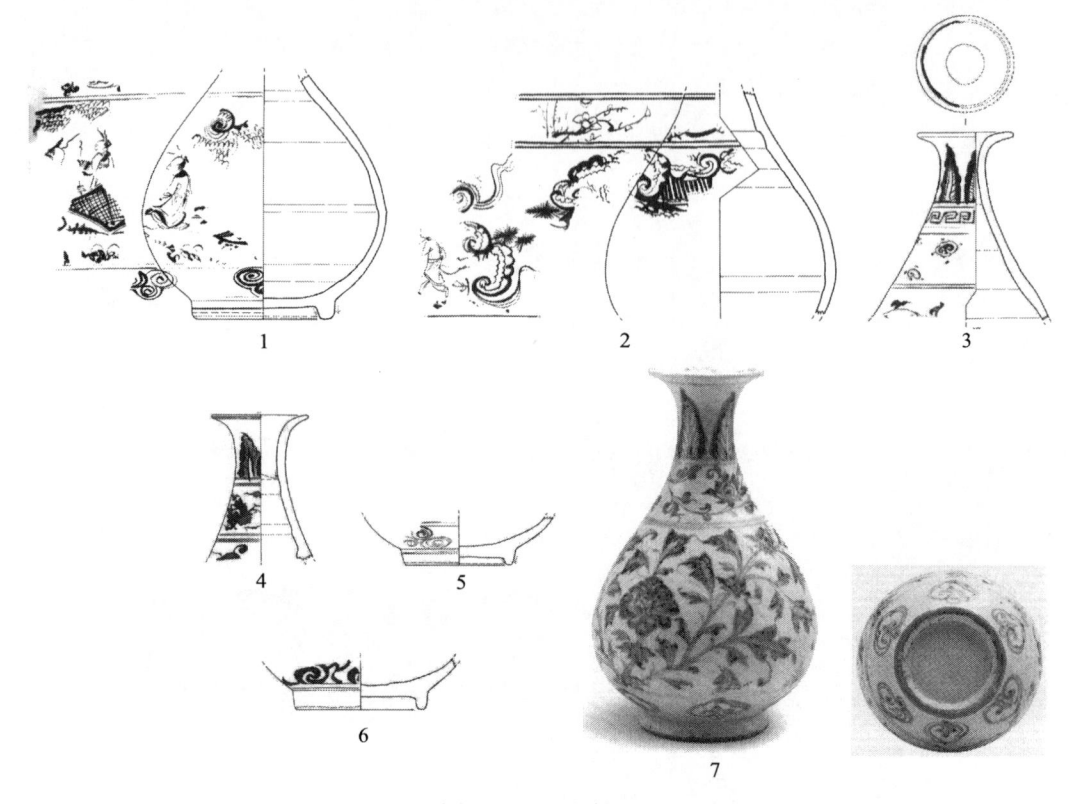

图一四　玉壶春瓶
1. 首里城 SK01：44　2. 首里城 SK01：45　3. 首里城 SK01：47　4. 首里城 SK01：46
5. 首里城 SK01：50　6. 首里城 SK01：52　7. 上海吴泾焦化厂明墓

9. 罐

直口，短直颈，丰肩，腹至底渐收，至足部微外撇，隐圈足。另有腹壁呈棱状者。盔形盖，宝珠钮（图一五）。

10. 炉

A 型　筒形炉，直口，平沿，筒身，圈足（图一六，1—4）。

B 型　筒形炉，直口，筒身，三兽头足（图一六，5—6）。

C 型　鬲形炉，直口，上承双方形立耳，短直颈，鼓腹，三蹄形足（图一六，7—8）。

图一五 罐

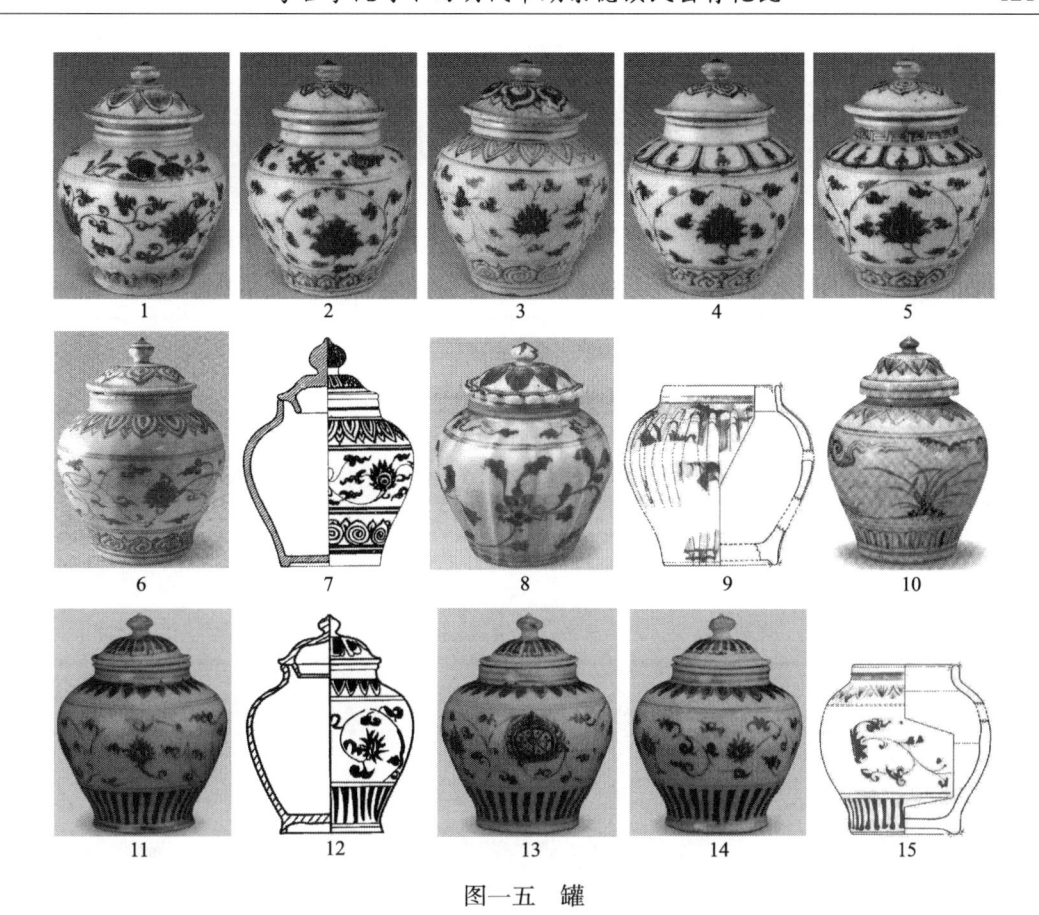

1—5. 正统二年（1437年）朱磐烌墓　6. 天顺三年（1459年）罗亨信家族墓M1北4　7. 天顺三年（1459年）罗亨信家族墓M1北5　8. 宣德八年至正统五年（1433—1440年）弘觉寺塔基　9. 首里城SK01：59　10. 湖北武昌明八王墓　11、12. 景泰五年（1454年）成敬墓M1：18　13. 成敬墓M1：19　14. 成敬墓M1：20　15. 首里城SK01：58

图一六　A型、B型和C型炉

1. A型（瓷器山T4②：15）　2. A型（正统十二年（1447年）张叔嵬墓）　3. A型（景泰四年（1453年）严昇墓）　4. A型（天顺八年（1464年）王玺家族蔡氏墓M5：17）　5. B型（天顺年（1457—1464年）铭）　6. B型（天顺七年（1463年）铭）　7. C型（桃李山明墓）　8. C型（景泰二年（1451年）张□墓）

四、器物特征与年代判定

1. 器物特征

本组器类可见碗、盘、杯、高足杯、钵（净水碗）、擂钵、双耳瓶、玉壶春瓶、罐和炉。其中，侈口折腹盘、高足杯和玉壶春瓶未见于沉船遗址，也不见于甲类遗存的B组。碗、盘和高足杯类器物下腹及足部多厚重，圈足内不施釉，有鸡心状凸起。其中，Aa型碗与宣德官窑中的"墩式碗"相类。Ab和Ac型碗在B组器物中仍可见，但造型及纹饰均趋于草率。Ac型碗存在少量圈足内挖足过肩的现象，个别Ac型及B型碗的口沿施以酱釉。高足杯的杯身与高足为釉接而成，此种做法可能出现于景泰年间[32]。

除少量Bb和C型盘之外，本组碗、盘、杯和高足杯内壁均无纹饰，主题纹样饰于器物的内底及外壁的上部。主题纹样题材以花卉、自然和吉语为主，少量人物、宗教和动物，波斯文仅见于两件馆藏筒形炉上。花卉纹为折枝、缠枝或卷支的莲花、牡丹、菊花以及兰草、鱼藻、月梅和松竹梅纹，缠枝莲花头多呈五瓣尖圆形，卷支莲B组未见；自然纹为浓笔绘制轮廓或勾边的云气、海浪和山石，山石多以重圈表现，云气下部缀以繁多的半括号形纹样；吉语为多以草书书写的福、寿，个别为隶书体；人物纹为辅以云气、楼阁、海浪的独坐高士或骑马仕人；宗教纹为月华、杂宝和结带宝杵，月华内部线条繁密有序，自然弯曲；动物纹为麒麟望月与凤凰穿花。碗、盘类的附属纹样常见单弦纹、双弦纹、回纹和重十字菱格纹，此外有少量的"7"字形和复线折线纹。罐及瓶类附属纹样常见双层莲瓣、变体莲瓣、螺丝状如意、蕉叶和竖线纹。其中，罐与瓶主题纹样缠枝莲、缠枝牡丹的花蕊和花瓣间多有留白，附属纹样莲瓣留白边、蕉叶留白蕊。器物外壁的主题纹样以连续性呈现为主，明代中晚期常见的满地装及分组装饰尚未出现。器物纹饰构图疏朗简洁，留白较多。绘制技法为单线勾画或一笔点染。器物未见有款识者，个别存有题记。器物白釉泛青，青花色调多呈灰蓝色，制作精致者呈深蓝色，局部料浓处显现黑色斑点。

2. 年代判定

本组甲类遗迹单位可为器物的年代判定提供地层学依据。其中，下东大街遗址的A组出自T1的H2和T5⑤层。T1H2开口于T1④层下，叠压在T1⑤a层上，而T1⑤a层出土元代及明初的龙泉窑青瓷，未见有青花瓷出土。叠压在T5⑤层上的T5④层和相当于同组的各探方④层，出土碗底T4④：7底款"西平佳器"与明蜀"怀王"夫妇合葬墓（成化八年至十一年，1472—1475年）出土婴戏纹碗底款相同[33]；侈口弧腹碗T1④：3内底金刚宝杵纹与毛家湾"甲辰年造"款盘（成化二十年，1484年）纹饰相类[34]；碗底T5④：10带有双方框"壬子年造"（弘治五年，1492年）。其他两处具有地层关系的遗迹单位也可为A组器物年代下限的判定提供信息。如水井街酒坊B组侈口弧腹盘99CSQT4③：9与成都万春镇明弘治五年（1492年）墓出土者相似[35]。江汉路B组侈口弧腹盘T3③：9内底的双鹿纹与南京博物院藏两件弘治九年（1496年）侈口垂腹碗外壁的松鹤纹接近[36]。江汉路B组T2④：11碗底带双方框"大明年造"款，民窑自成化时期开始于器物外底落款，这一时期常见双方框或双圈的干支款，不同于御窑款识以"制"字结尾，民窑款识多为"造"字结尾[37]。据此，本组典型单位的A组器物年代不早于明初，不晚至成化时期。

乙类单位也可为年代判定提供线索。根据对葫芦形窑的研究，发掘者认为瓷器山窑址的窑炉形态介于景德镇御窑早期（洪武、永乐时期）和湖田窑明代中期（弘治时期）之间，年代为宣德至天顺时期。此外，瓷器山还出土了与青花瓷器类和造型相一致的白釉、仿哥釉、仿龙泉釉和紫金釉瓷器，这些器物在下东大街和水井街酒坊遗址中也与A组青花瓷相伴出土。根据瓷器和遗址存有火烧痕推断，首里城京之内土圹SK01被认为是焚毁于文献记载的天顺三年（1459年）仓库大火。根据对沉船所见青花瓷的编年研究[38]以及同出越南及泰国陶瓷器的研究，学者们多认为本组沉船的年代为15世纪中期或中晚期[39]。

与本组有关的纪年器及纪年墓出土青花瓷见于正统至天顺前后（附录）[40]。此外"正统八年"（1443年）铭山形笔架[41]、"景泰二年"（1451年）铭莲花小罐[42]、"天顺五年"（1461年）铭贴塑螭龙纹瓶[43]等器物的纹饰也与本组相类。目前，洪武、永乐时期的纪年墓尚未见出土民窑青花瓷器[44]，成都宣德十年（1435年）僖王墓出土"西平佳器"款青花碗[45]，但该墓曾遭盗掘，材料是否可靠尚待验证[46]。本组青花瓷的纹饰种类及绘制技法也可见于正统、景泰和天顺时期的官窑器物上，如波涛或圆圈状的山石海水、折带云、卷支莲和火轮等。在明初功臣墓出土及馆藏的青花梅瓶及大罐上，纹饰的种类及画法也颇具相似性，尤其是所谓"云堂手"云纹和飘逸人物的绘制技法非常相似。

与本组器物伴出的龙泉窑青瓷也为年代判定带来参考意义。伴出龙泉窑青瓷的器类器型多见于龙泉大窑枫洞岩窑址的早期（洪武至永乐时期）和中期（正统至成化时期），以中期所见为主。碗盘类器物裹足支烧，底心有点釉，是典型的明代中期使用带凹洞的泥质垫饼支烧的龙泉窑产品[47]。与A组伴出龙泉窑青瓷有关的纪年器如南京铁心桥尹西村明初墓葬出土的碗[48]，洪武二十年（1395年）张云墓[49]和永乐五年（1407年）宋晟墓出土的玉壶春瓶[50]，正统九年（1444年）魏源墓出土双耳瓶和菱花口盘[51]，大维德基金会藏"景泰五年"（1454年）铭凤尾尊[52]。

综上，本组青花瓷的年代可推定为15世纪中期的正统至天顺时期，Aa和Ab型碗、A型盘及A型高足杯或可早至宣德时期（1426—1435年）。从考古学角度出发，目前并无证据表明景德镇明代民窑青花瓷的生产可早至洪武、永乐时期。据此，在其他一些不具地层关系的遗存如约在正德时期形成的北京毛家湾瓷器坑[53]、随工清理的南京明故宫玉带河遗址[54]和开口层位不详的南京颜料坊水井J7[55]出土瓷器中，有部分应属于正统、景泰和天顺时期。

五、余 论

1. 历史背景

明代早期，民窑青花瓷的生产颇具规模。这既可从上述出土器物得到印证，也可在文献中觅得踪迹。如《明英宗实录》卷二二"正统元年（1436年）九月乙卯"条："江西浮梁县民陆子顺进磁器五万余件，上令送光禄寺充用，赐钞偿其直。"[56]卷三九"天顺三年（1459年）十一月乙未"条："光禄寺奏请于江西饶州府烧造瓷器共十三万三千有余，工部以饶州民艰难，奏减八万。从之。"[57]卷三四五"天顺六年（1462年）冬月壬戌"条："光禄寺以供用龙凤花素瓷器万余件皆损敝，请敕工部移文有司成造。上以劳民，命姑已之。"[58]

但同时，明廷对民窑青花瓷的生产、销售，尤其是外销也采取了极其严格的限制措施。如《明英宗实录》卷四九"正统三年（1438年）十二月丙寅"条："命都察院出榜，禁江西瓷器窑场烧造官样青花白地瓷器于各处货卖及馈送官员之家。违者正犯处死，全家谪戍口外。"[59]卷一五八"正统十二年（1447年）九月戊戌"条："禁约两京并陕西、河南、湖广、甘肃、大同、辽东沿途驿递镇店军民客商人等，不许私将白地青花瓷器皿卖与外夷使臣。"[60]卷一六一"正统十二年十二月甲戌"条："禁江西饶州府私造黄、紫、红、绿、青、蓝、白地青花等瓷器。命都察院榜谕其处，有敢仍冒前禁者，首犯凌迟处死，籍其家赀，丁男充军边卫，知而不以告者连坐。"[61]在明朝政府对内控制生产和对外禁止贸易的政策下，考古所见该期青花瓷种类有限、数量较少，瓷器纹饰的题材和布局也很单调，碗盘类器物外壁的主题纹样也只绘制于上腹壁。

明代早期出土青花瓷的遗址以国内的窑址、城市遗址、墓葬和窖藏为主，海外的大量出土则集中于日本[62]及东南亚地区的部分沉船，埃及福斯塔特遗址[63]也有少量发现。并且，遗址多伴有大量龙泉窑青瓷出土，如首里城SK01出土龙泉窑青瓷与景德镇窑青花瓷的比例接近6∶1。海外沉船出水瓷器则以泰国及越南产品占据绝对优势，如马来西亚皇家南海沉船，仅在接近龙骨的一个隐蔽储藏室里发现1件青瓷罐和6件青花瓷器。可见，明代早期民窑青花瓷占据的国内市场份额不高，海外贸易的参与程度更是非常有限，这与龙泉窑在这一时期生产和外销的繁盛是相吻合的[64]。海外出土品在器类、器型和纹饰等方面与国内所见也没有明显区别，说明尚未因贸易对象不同而形成产品类型差异。自明代中期起，伴随新航路的开辟，东西方文化接触频度增强，民窑青花瓷器类、器型和纹饰各要素开始发生显著变化。

2. 演进模式

通过对景德镇民窑青花瓷细致的分期研究，可以发现，作为历史时期的手工业产品，民窑青花瓷同一时期存在精、粗产品共存现象，并且存在同类特征（如器型、纹饰、款识）跨期延续但工艺退化的特点。如明代中期少数外壁纹饰不及下腹、内底"福"字、外壁缠枝莲或云气纹碗，其器型和纹样的内容与布局均为明代早期同类产品的延续，唯制作粗糙、绘制草率。无独有偶，明代中期流行的海螺、海马和海浪等纹样，亦可延续使用至晚期甚至末期，并且在形制、釉色、青料和装烧等方面均以该时期粗制产品的面貌呈现，类似的现象同样表现在明代中晚期的款识变化方面。民窑青花瓷面貌的这一演进模式，也同样存在于历史时期的其他手工业产品之中。这一认识将为探讨不同时期的瓷器乃至其他类历史时期手工业产品的年代及相关问题提供借鉴意义。

注　释

[1] 南京博物院《南京明故宫出土洪武时期瓷器》，《文物》1976年8期，71—77页；南京博物院、香港中文大学文物馆《朱明遗萃：南京明故宫出土陶瓷》，南京博物院，1996年；黄云鹏《明代民间青花瓷的断代》，《景德镇陶瓷》1986年3期，28—45页。

[2] Roxanna Brown, *The Ming Gap and Shipwreck Ceramics in Southeast Asia*, Ph. D. Dissertation of UCLA, 2004; Roxanna Brown, "Ming Ban-Ming Gap: Southeast Asian Shipwreck Evidence for Shortages of Chinese Trade Ceramics", 郑培凯主编《十二至十五世纪中国外销瓷与海外贸易国际研讨会论文集》，香港城市大学中国文化中心，2005年，78—104页；Roxanna Brown, *The Ming Gap and Shipwreck Ceramics in Southeast Asia: Towards a Chronology of Thai Trade Ware*, Thailand: Bangkok Printing co., Ltd., 2009.

[3] Pope J. A., *Chinese Porcelain from the Ardebil Shrine*, Smithsonian Institution Free Gallery of Art, Washington, 1956; Krahl R., Ayers J., *Chinese Ceramics in the Topkapi Saray Museum Istanbul, A Complete Catalogue*, London: Sotheby's Pub., 1986.

[4] 王志敏《明初景德镇窑"空白点"瓷》，《中国陶瓷》1982年3期，53—58页；《中国陶瓷》1982年4期，57—64页；《中国陶瓷》1982年5期，67—69页。

[5] 〔日〕藤冈了一《明初民窑の青花》，藤冈了一著《陶磁大系 第四二卷 明の染付》，平凡社，1975年，99—104页。

[6] 〔日〕小野正敏《15、16世纪の染付碗、皿の分类とその年代》，《贸易陶磁研究（2）》，1982年，71—87页。

[7] 故宫博物院、江西省文物考古研究所、景德镇市陶瓷考古研究所《江西景德镇丽阳瓷器山明代窑址发掘简报》，《文物》2007年3期，17—33页。

[8] 北京大学考古文博学院、江西省文物考古研究所、景德镇市陶瓷考古研究所《江西景德镇观音阁明代窑址发掘简报》，《文物》2009年12期，39—58页。

[9] 陈冲《景德镇明代民窑青花瓷分期研究》，北京大学博士学位论文，2018年。论文首次依据具有年代学意义的考古遗存单位出土资料建立器物分组框架，综合考量器物的器型、纹饰和款识等要素，运用地层学与类型学将景德镇明代民窑青花瓷分为前后相继、连续不断的六期：第一期，15世纪中期的正统至天顺时期，或可早至宣德；第二期，15世纪晚期的成化至弘治时期；第三期，16世纪早期的正德至嘉靖早期；第四期，16世纪中期的嘉靖中晚期；第五期，16世纪晚期的隆庆至万历早中期；第六期，17世纪的万历晚期至崇祯时期。论文进而将明代民窑青花

瓷的发展总结为明代早期（第一期）、中期（第二、三期）、晚期（第四、五期）和末期（第六期）四个发展阶段。本文据博士学位论文有关第一期论证的部分改写。

[10] 景德镇市陶瓷考古研究所、北京大学考古文博学院、江西省文物考古研究院《江西景德镇落马桥红光瓷厂窑址明清遗存发掘简报》,《文物》2020年11期, 4—36页；秦大树、高宪平、翁彦俊《落马桥窑址明清遗存发掘的收获及相关问题》,《文物》2020年11期, 79—96, 转48页；高宪平、秦大树、邹福安《景德镇落马桥窑址明代早期遗存发掘收获与初步研究》,《考古与文物》2023年1期, 98—107页。

[11] 成都文物考古研究所《成都市下东大街遗址考古发掘报告》, 成都市文物考古研究所编著《成都考古发现（2007）》, 科学出版社, 2009年, 452—539页。

[12] 遗址中即便器物共时性较强的单位仍有可能包含一些其他时代的器物, 本文对那些与器物组合整体面貌明显有别的器物予以剔除。T⑤:227、T5⑤:187为成化至弘治时期, 不属于本组。

[13] 根据腹壁形态及主题纹样可辨别部分不可复原器物为敞口弧腹碗, 如标本T5④:6、T1④:17。

[14] 四川省博物院、四川省文物考古研究院、成都文物考古研究所《水井街酒坊遗址发掘报告》, 文物出版社, 2013年。

[15] 99CSQJ5②:12为隆庆至万历早中期, 不属于本组。

[16] 99CSQT4③:6为正统至天顺时期, 99CSQT4③:5、99CSQT4③:8、99CSQT4③:13、99CSQT4③:25、99CSQT4③:141为隆庆至万历早中期, 99CSQT4③:1、99CSQT4③:2、99CSQT4③:3为清代, 均不属于本组。

[17] 成都文物考古研究所《成都市江汉路古遗址发掘简报》, 成都文物考古研究所编著《成都考古发现（2014）》, 科学出版社, 2016年, 389—419页。

[18] 故宫博物院、江西省文物考古研究所、景德镇市陶瓷考古研究所《江西景德镇丽阳瓷器山明代窑址发掘简报》,《文物》2007年3期, 17—33页。

[19] 徐长青、余江安《湖田窑考古新收获》,《故宫博物院院刊》2004年2期, 48—59页。

[20] 张秋华《安吉县章村桃李山明墓出土瓷器》,《东方博物》（第50辑）, 浙江大学出版社, 2014年, 27—31页。

[21] 重庆市文物考古研究院、永川区文物管理所《永川区汉东城遗址2013年度考古发掘简报》, 重庆市文物考古研究院、重庆文化遗产保护中心编著《渝西长江流域考古报告集》, 科学出版社, 2022年, 94—193页。

[22] 苏裕民《永登出土明代青花瓷器》,《文物》1994年1期, 94—95页。

[23] 林业强《广东出土五代至清文物》, 广东省博物馆、香港中文大学文物馆, 1989年, 图76。

[24] Eusebio Z. Dizon, "Anatomy of a Shipwreck: Archaeology of the 15th-Century Pandanan Shipwreck." In: Christophe Loviny, (ed.), *The Pearl Road: Tales of Treasure Ships in the Philippines*, Makati City, 1996, pp. 62-94; Kazuhiko Tanaka, Eusebio Z. Dizon, "Shipwreck Site and Earthenware Vessels in the Philippines: Earthenware Vessels of the Pandanan Shipwreck Site." In: Mark Staniforth, (ed.), *Asia-Pacific Regional Conference on Underwater Cultural Heritage Proceedings*, Manila, 2011, http://www.themua.org/collections/files/original/441a5d344a97b5f3f2182e742c9e89d2.pdf; Larry Gotuaco, Rita C. Tan, Allison I. Diem, *Chinese and Vietnamese Blue and White Wares Found in the Philippines*, Published by Bookmark, Inc. Makati City, Philippines, 1997, pp. 115-117, 120-123; Roxanna Brown,

The Ming Gap and Shipwreck Ceramics in Southeast Asia: Towards a Chronology of Thai Trade Ware, Makati City, Philippines: Bookmark, 2009, pp.134-138; Allison I. Diem, "The Significance of Pandanan Shipwreck Ceramics as Evidence of Fifteenth Century Trading Relations within Southeast Asia." *Bulletin of the Oriental Ceramic Society Hongkong*, 1998, (12), pp. 28-36; 江西省博物馆、香港中文大学文物馆《江西元明青花瓷》，2002 年，21—23 页。

[25] Roxanna Brown, Sten Sjostran, *Maritime Archaeology and Shipwreck Ceramics in Malaysia*, Kulala Lumpur: Department of Museums and Antiquities, 2002, pp. 51-52; Roxanna Brown, *The Ming Gap and Shipwreck Ceramics in Southeast Asia: Towards a Chronology of Thai Trade Ware*, Makati City, Philippines: Bookmark, 2009, pp. 127-129.

[26] John Guy, "Vietnamese Ceramics from the Hoi An Excavation: The Chu Lao Cham Ship Cargo." *Orientations*, Sept 2000, pp. 125-128; Menson Bound, "Aspects of the Hoi An Wreck: Dishes, Bottles, Statuettes and Chronology." *Taoci*, 2001. pp. 95-104; Bui Minh Tri, Tong Trung Tin, Nguyen Quang Liem, Philippe Colomban, "The Cù Lao Chàm (Hôi An) shipwreck." *Taoci*, 2001, pp. 105-110; Nguyễn, Đình Chiến, Phạm, Quốc Quân, *Ceramics on Five Shipwrecks off the coast of Vietnam*, National Museum of Vietnamese History, 2008; 中国广西壮族自治区博物馆、中国广西文物考古研究所、越南国家历史博物馆《海上丝绸之路遗珍　越南出水陶瓷》，科学出版社，2009 年，图 81—84。

[27] Jeremy Green, Rosemary Harper, Vidya Intakosi, "The Ko Si Chang Three Shipwreck Excavation 1986." *Australian Institute for Maritime Archaeology Special Publication*, 1987, (4), pp. 39-79; Roxanna Brown, *The Ming Gap and Shipwreck Ceramics in Southeast Asia: Towards a Chronology of Thai Trade Ware*, Makati City, Philippines: Bookmark, 2009, p. 145.

[28] 福岡市教育委員会《福岡市埋蔵文化財調査報告書（第 711 集）》，2002 年。

[29] 沖縄県教育委員会《首里城跡：京の内跡発掘調査報告書（1）》，《沖縄県文化財調査報告書第 132 集》，1998 年。

[30] 北京大学考古文博学院、江西省文物考古研究所、景德镇市陶瓷考古研究所《江西景德镇观音阁明代窑址发掘简报》，《文物》2009 年 12 期，39—58 页。

[31] 陈冲、刘未《景德镇旸府山明代窑址瓷器之考察》，国家文物局水下文化遗产保护中心编《水下考古学研究》（第二卷），科学出版社，2016 年，119—137 页。

[32] 刘新园、白焜《景德镇湖田窑考察纪要》，《文物》1980 年 11 期，39—49 页。

[33] 成都文物考古研究所《成都市三圣乡明蜀"怀王"墓》，成都市文物考古研究所编著《成都考古发现（2005）》，科学出版社，2007 年，382—428 页。

[34] 北京市文物研究所《毛家湾明代瓷器坑考古发掘报告》，科学出版社，2007 年，彩版 153、154。

[35] 成都文物考古研究所、温江区稳文物保护管理所《成都市温江区万春镇明墓发掘简报》，成都市文物考古研究所编著《成都考古发现（2005）》，科学出版社，2007 年，429—439 页。

[36] 佐川美術館《中国染付コバルトブルーの世界》，佐川美術館，2003 年，图 38；中国陶瓷编辑委员会《中国陶瓷・景德镇民间青花瓷》，上海人民美术出版社，1993 年，图 67。

[37] 陈冲《景德镇明代民窑青花瓷分期研究》，北京大学博士学位论文，2018 年，209 页。

[38] 陈冲《沉船所见景德镇明代民窑青花瓷》，《考古与文物》2017 年 2 期，101—114 页。

[39] Allison I. Diem, "The Significance of Pandanan Shipwreck Ceramics as Evidence of Fifteenth Century Trading Relations within Southeast Asia." *Bulletin of the Oriental Ceramic Society of Hong Kong*, 1998-2001, (12), pp. 28-36; Mukai K., "Classification and Dating of Black Glazed Four Eared Jars of Thailand." *Trade Ceramic Studies*, 2003, (23), pp. 90-115.

[40] 纪年材料已置入本文 "三、类型分析" 之中，文献来源及图片出处请见附表。

[41] 广东省博物馆藏。宋良璧《对几件正统、景泰、天顺青花瓷器的探讨》，《江西文物》1990 年 2 期，78—82，转 16 页，图版五 -1。天津艺术博物馆和上海博物馆均藏有相同造型的笔山，正面绘制云气楼阁人物，云气造型与本组器物相类。耿宝昌《明清瓷器鉴定》，紫禁城出版社，1993 年，77 页；上海博物馆编《灼烁重现：15 世纪中期景德镇瓷器特集》，上海书画出版社，2019 年，图 245。

[42] 香港中文大学文物馆藏。

[43] 江西省博物馆、香港中文大学文物馆编《江西元明青花瓷》，2002 年，图 43。

[44] 导致元末明初民窑青花瓷 "断层" 的原因除战乱、海禁等因素之外，泉州地区 "亦思巴奚之乱" 切断瓷器青料来源和明初都城营建劳役繁重等一系列问题，使得民窑恢复相对缓慢。陈洁《元末明初景德镇民窑业再思考——兼论元青花烧造时代下限》，中国古陶瓷学会、景德镇陶瓷大学、景德镇御窑博物院编《元明景德镇窑业与技术交流》（中国古陶瓷研究第二十七辑），科学出版社，2022 年，416—427 页。

[45] 成都市文物考古研究所《成都明代蜀僖王陵发掘简报》，《文物》2002 年 4 期，41—54 页。

[46] 另据考证，带有 "西平佳器" 款识的器物被认为是隆庆至万历年间。易立《"西平佳器" 款青花瓷小考》，成都文物考古研究院、景德镇陶瓷大学考古文博学院编著《成都东华门明代蜀王府遗址出土瓷器》，科学出版社，2022 年，325—332 页。

[47] 浙江省文物考古研究所、北京大学考古文博学院、龙泉青瓷博物馆《龙泉大窑枫洞岩窑址》，文物出版社，2015 年，548 页。

[48] 南京市博物馆《南京尹西村明墓》，《江汉考古》1989 年 2 期，37—40 页，图五。

[49] 南京市博物馆、雨花台区文化局《江苏南京市唐家凹明代张云墓》，《考古》1999 年 10 期，图五下。

[50] 南京市文物保管委员会《南京中华门外明墓清理简报》，《考古》1962 年 9 期，图一〇。

[51] 朱伯谦《龙泉窑青瓷》，艺术家出版社，1998 年，图版 237、272。

[52] Percival David Foundation, *Illustrated Catalogue of Celadon Wares in the Percival David Foundation of Chinese Art*, London: PDF, 1997, p. 35, Fig. 238.

[53] 北京市文物研究所编著《毛家湾明代瓷器坑考古发掘报告》，科学出版社，2007 年；北京市文物研究所编著《北京毛家湾出土瓷器》，科学出版社，2008 年。

[54] 南京博物院《南京明故宫出土洪武时期瓷器》，《文物》1976 年 8 期，71—77 页；南京博物院、香港中文大学文物馆编《朱明遗萃：南京明故宫出土陶瓷》，南京博物院，1996 年。

[55] 南京市博物馆、南京市秦淮河区文化局《南京颜料坊工地发现的明代古井》，南京博物馆编著《南京文物考古新发现》（第 3 辑），文物出版社，2014 年，74—186 页。

[56]《明英宗实录》，影印国立北平图书馆红格抄本，台湾历史语言研究所，1962 年，444 页。

[57]《明英宗实录》，影印国立北平图书馆红格抄本，台湾历史语言研究所，1962 年，6498 页。

[58]《明英宗实录》，影印国立北平图书馆红格抄本，台湾历史语言研究所，1962 年，6971 页。

[59]《明英宗实录》，影印国立北平图书馆红格抄本，台湾历史语言研究所，1962 年，946 页。

[60] 《明英宗实录》，影印国立北平图书馆红格抄本，台湾历史语言研究所，1962年，3074页。
[61] 《明英宗实录》，影印国立北平图书馆红格抄本，台湾历史语言研究所，1962年，3132页。
[62] 陈洁《明代龙泉窑瓷器海外贸易研究》，北京艺术博物馆编《中国龙泉窑》，中国华侨出版社，2015年，355—370页。作者指出约15世纪前段的冲绳京之内、山田城、今归仁城、胜连城中心部等遗迹出土品相类，均以龙泉窑青瓷为主，没有或仅有少量的民窑青花瓷。此种状况，当是在明初海禁和贸易限制政策下，琉球获准与明廷进行朝贡贸易和经营转口贸易的结果。
[63] 出光美术馆《陶磁の東西交流》，出光美术馆，1984年；Yuba Tadanori, "Chinese Porcelain from Fustat Based on Research from 1998-2001." *Transaction of the Oriental Ceramic Society*, Volume 76, The Oriental Ceramic Society, 2011-2012, pp. 1-17;〔日〕弓场纪知撰，黄珊译《福斯塔特遗址出土的中国陶瓷——1998—2001年研究成果介绍》，《故宫博物院院刊》2016年1期，120—132页。
[64] 申浚《元明时期龙泉窑研究》，北京大学博士学位论文，2014年；秦大树《龙泉窑的历史与研究》，北京艺术博物馆编《中国龙泉窑》，中国华侨出版社，2015年，2—41页。

Blue and White Porcelain from Civilian Kilns in Jingdezhen of Early Ming Dynasty Under Archaeological Perspective

Chen Chong

(Center for the Study of Chinese Archaeology, Peking University
School of Archaeology and Museology, Peking University)

Abstract: This paper puts the chronological study of blue and white porcelain from civilian kilns in Jingdezhen of Ming dynasty under the archaeological vision, focusing on the relic units with strong co-temporal nature in order to determine the assemblage relationship between different porcelains; from the principle of archaeological typology, focusing on the combination of characteristics constituted between various elements of the single porcelains themselves (forms, decorations, and markings). With reference to the chronological significance of the remains and porcelain, the early Ming dynasty civilian kilns blue and white porcelain is dated to the middle of the 15th century from the Zhengtong to Tianshun period, and some types of the wares can be as early as the Xuande period. According to the establishment of the chronological framework of early Ming dynasty civilian kilns blue and white porcelain, it can be recognized that some of the porcelain excavated from the Maojiawan porcelain pits in Beijing, the Yudai River of the Ming Imperial Palace in Nanjing, and the site of Shuijing J7 in Yanliaofang belong to the Zhengtong to Tianshun period. The policy of both encouragement and restriction adopted by the Ming court on the production and sales of Jingdezhen civilian kilns in the early Ming period affected the appearance and circulation of civilian kilns blue and white porcelain during this period. As a historical period of handicraft products, civilian kilns blue and white porcelain in the same period, there are fine and coarse products coexist phenomenon, and there is the same kind of characteristics across the continuation of the process of degradation of the characteristics. This understanding provides a reference for the chronological study of porcelain of different periods and even other types of handicraft products of the historical period.

Key Words: Jingdezhen, Early Ming Dynasty, Civilian Kilns, Blue and White Porcelain, Archaeology, Chronology

附表　明代早期青花瓷纪年资料

年代	纪年墓/纪年器	青花瓷	文献来源
正统二年（1437年）	江西朱磐炡墓	盖罐5	古湘、陈柏泉《介绍几件元、明青花瓷器》，《文物》1973年12期，64—66、转54页；杨后礼《江西明代纪年墓出土的青花瓷器》，《江西历史文物》1983年3期，85—95页；江西省博物馆、南城县博物馆、新建县博物馆等《江西明代藩王墓》，文物出版社，2010年，彩版九。
正统二年（1437年）	墨书"大明正统二年正月吉日弟子程進供奉"	瓶1	耿宝昌《明清瓷器鉴定》，紫禁城出版社，1993年，彩版28；上海博物馆《灼烁重现：15世纪中期景德镇瓷器特集》，上海书画出版社，2019年，图222。芝加哥艺术学院藏。
宣德八年至正统五年（1433—1440年）	南京弘觉寺塔基	盖罐5	蔡述传《南京牛首山弘觉寺塔内发现文物》，《文物参考资料》1956年11期，73页；张柏《中国出土瓷器全集·江苏、上海卷》，科学出版社，2008年，图95；葛晓康《南京牛首山弘觉寺郑和德塔考证——兼考"三宝"和"三保"太监》，《中国历史文物》2008年5期，9—25页，图4。
正统八年（1443年）	青花"正统捌年"	笔架1	《明清瓷器鉴定》，77页；宋良璧《对几件正统、景泰、天顺青花瓷器的探讨》，《江西文物》1990年2期，78—82、转16页。广东省博物馆藏。
正统十二年（1447年）	江西张叔嵬墓	瓶2、炉1	孙以刚《江西德兴明正统景泰纪年墓葬青花瓷考述》，《中国古陶瓷研究》（第6辑），紫禁城出版社，2000年，295—298页；张柏《中国出土瓷器全集·江西卷》，科学出版社，2008年，图184、185。
景泰元年（1450年）	青花"奉天敕命"牌	瓷牌1	江西省博物馆、香港中文大学文物馆《江西元明青花瓷》，2002年，图39。江西省博物馆藏。
景泰二年（1451年）	江西张□墓	瓶2、炉1	孙以刚《江西德兴明正统景泰纪年墓葬青花瓷考述》，《中国古陶瓷研究》（第6辑），295—298页；《中国出土瓷器全集·江西卷》，图190、191。
景泰二年（1451年）	墨书"景泰贰年岁次辛未肆月吉日立"	罐1	香港中文大学文物馆藏。
景泰四年（1453年）	江西严昇墓	盘1、钵1、炉1、瓶4	欧阳世彬、黄云鹏《介绍两座明景泰墓出土的青花、釉里红瓷器》，《文物》1981年2期，46—50页；铁源《江西藏瓷全集·明代》（上），朝华出版社，2007年，232页；江西省博物馆、香港中文大学文物馆《江西元明青花瓷》，2002年，图37；中国陶瓷编辑委员会《中国陶瓷·景德镇民间青花瓷》，上海人民美术出版社，1994年，图27、29。

续表

年代	纪年墓/纪年器	青花瓷	文献来源
景泰五年（1454年）	江西刘徵士墓	碗1	江西省文物考古研究所、金溪县文物管理所《江西金溪秀谷明代纪年墓发掘简报》，《文物》2017年2期，35—37页。
景泰五年（1454年）	陕西成敬墓	碗1、罐3	铜川市考古研究所《陕西铜川明内官监太监成敬墓发掘简报》，《考古与文物》2017年5期，26—36页。
景泰七年（1456年）	江西袁龙贞墓	碗2、盘1、瓶2、炉2	欧阳世彬、黄云鹏《介绍两座明景泰墓出土的青花、釉里红瓷器》，《文物》1981年2期，46—50页；《中国陶瓷·景德镇民间青花瓷》，图30—32。
天顺三年（1459年）	广东罗亨信家族墓M1	碗4、罐5	广东省博物馆、东莞市博物馆《广东东莞罗亨信家族墓清理简报》，《文物》1991年11期，43—50页；张柏《中国出土瓷器全集·广东、广西、海南、四川、重庆、香港、澳门、台湾卷》，科学出版社，2008年，图61。
天顺五年（1461年）	浙江杨家桥明墓	碗2	周伟民《桐乡濮院杨家桥明墓发掘简报》，《东方博物》（第25辑），浙江大学出版社，2007年，49—57页。
天顺五年（1461年）	青花"夏梅田都鐸源汪村社奉佛弟子程銀妻鄭氏喜設香爐壹付入本里華林供養忻俟宦途清吉天順五年秋九月吉日題"	瓶1	《江西元明青花瓷》，图43；《灼烁重现：15世纪中期景德镇瓷器特集》，图242。香港艺术馆藏。
天顺七年（1463年）	青花"天順七年大同馬""大同馬氏書"	炉1	《灼烁重现：15世纪中期景德镇瓷器特集》，图251。山西博物院藏。
天顺八年（1464年）	四川王玺家族墓M5	炉1	四川省文管会等《四川平武明王玺家族墓》，《文物》1989年7期，1—42页；《中国出土瓷器全集·广东、广西、海南、四川、重庆、香港、澳门、台湾卷》，图153—155、162。
天顺年（1457—1464年）	青花"天順年"	炉1	耿宝昌《青花釉里红》，上海科学技术出版社、香港商务印书馆，2000年，图188；《灼烁重现：15世纪中期景德镇瓷器特集》，图250。故宫博物院藏。
正统至天顺（1436—1464年）	湖北八王墓	罐1	《灼烁重现：15世纪中期景德镇瓷器特集》，图210。湖北省博物馆藏。
成化元年（1465年）	四川明墓	盘2、碗2	《灼烁重现：15世纪中期景德镇瓷器特集》，图260、261。绵阳市博物馆藏。

克拉克瓷器及其生产机制
——以景德镇观音阁窑址的发掘为背景

王光尧

（故宫博物院）

摘要：克拉克瓷器是景德镇窑场为适应西方市场并根据来样加工的产品，在景德镇瓷器生产者和外国商人之间的沟通人群是粤东商人，他们通过牙行向景德镇的众多供应商订货，在景德镇不存在专门烧造克拉克瓷器的窑场。同时，漳州等地的窑场烧造的克拉克风格的瓷器并不是学习景德镇窑场产品的结果，而是接受同样订单的生产内容。

关键词：克拉克瓷器，来样加工，粤东商人，不存在专门的克拉克瓷器窑场

本文所论克拉克瓷器，为广义上的克拉克瓷器，是指具有如下风格的一类瓷器，即在欧洲人来样订货模式之下生产，以主题图案加开光边饰，图案设计具有一定西方文化因素的瓷器。主要类别包括青花、五彩、暗花等。产地除景德镇外，还有漳州各窑，而近同风格的瓷器在日本、波斯等地的窑场也有生产。以往关于克拉克风格瓷器的研究成果颇多，本文仅就克拉克风格瓷器出现的社会原因，以及其生产机制略谈一些自己的看法。

一、何为克拉克瓷器风格

关于克拉克瓷的名称由来，讨论与争议颇多[1]。不少学者认为"克拉克"是指16世纪葡萄牙人远航贸易的一种商船，"克拉克瓷"即指这类葡船所载商货瓷器。此外，有学者认为"克拉克"并非指代葡人商船名称，而是来自荷兰语"Kraken"，意思是裂缝或破碎，"克拉克瓷"则是指这类瓷器易碎的特点。还有学者认为"克拉克瓷"就是精美瓷器的意思。各说纷呈，莫衷一是。虽然如此，中外学界对克拉克风格瓷器的认定，均无歧义。所以，本文讨论的一切均基于克拉克瓷器本身。

作为明末清初中国外销瓷的典型代表，克拉克瓷行销世界各地。一是在非洲、欧洲、美洲等地都发现有克拉克瓷器的传世及使用的原生状态情况。如非洲曼布鲁伊（Mambrui）柱墓上发现的克拉克瓷盘[2]。2010—2013年，中国学者在非洲肯尼亚马

林迪区域进行考古发掘,在曼布鲁伊区域发现1座柱墓。结合现场调查和以往学者的考察资料可知,该墓残损,墓柱柱头为半球形,柱头下侧有上下双箍。双箍之间形成近似正十面体。每面凿出1个圆形壁龛,其内放置1件瓷器,共计10个壁龛及10件瓷器。除1件瓷器情况不明之外,其余9件均为青花瓷器,至少有4件是克拉克瓷器,时代约在明万历、天启年间,是景德镇民窑产品。二是欧洲宫殿内的"中国屋"或"瓷宫",其内多有克拉克瓷器。如葡萄牙桑托斯宫(Santos Palace)的瓷器屋顶,德国夏洛滕堡宫(Charlottenburg Palace)的"瓷器房间"等。以桑托斯宫为例进行简要介绍,这里的瓷器屋顶约有260余件青花瓷盘,瓷盘时代大多在16—17世纪上半叶,即明晚清初。仔细查看这些青花瓷器,既有明代正德时期的官式青花瓷,也有民窑瓷器,当然也包括一定数量的典型克拉克瓷器。三是南美洲秘鲁发现的克拉克青花瓷片[3]。新航路开辟之后,中国瓷器随着欧洲殖民者到达美洲。近年秘鲁发现有不少中国瓷片,比如利马威尔森街道发现的克拉克青花瓷片,其上可见菱形开光边饰以及向日葵纹样等。足见此类风格的瓷器在世界范围内流行之广,而且肯定是中国古代外销瓷器类别中外销数量最大、流布地域最广,并且是影响最为深远者。为什么会出现克拉克风格的瓷器,还得以在全世界流行? 这是值得我们思考的内容。

然而,近年来的考古发现和研究表明,克拉克瓷器并非全用于外销。1979年,明代藩王益宣王朱翊鈏墓(万历三十一年,1603年)在江西省南城县发现[4]。该墓虽然早年遭到破坏,仍有较多遗物出土,其中包括一件克拉克青花瓷盘,外壁勾绘八开窗向日葵纹样,内壁分内、外两区。外区作八莲瓣开窗,开窗内绘四组对称菊花、芭蕉、浮萍和牡丹纹样;内区绘祥云和灵雀图案。1998年,辽宁省文物考古研究所对赫图阿拉城址展开局部发掘。赫图阿拉,自1603年至1619年,一直都是努尔哈赤后金政权的政治中心。此次发掘出土有不少明代瓷器,其中包括至少3件克拉克瓷器[5]。这3件瓷器中,2件开光边饰清晰,内饰荷花、花鸟等装饰纹样,另外1件残留零星开光图案,内底绘鹿纹、植物纹等。3件器物都是典型克拉克瓷器,时代约为明代万历晚期。2014年,故宫南大库瓷片埋藏坑H1中出土克拉克瓷片1片,在其附近采集到克拉克瓷片2件,共计3片[6]。H1内出土克拉克瓷片,残长13厘米,内壁绘大莲瓣开光,有花草、蜜蜂等装饰纹样,双勾填色,是万历时期典型克拉克青花瓷;近期,笔者赴安徽繁昌窑考察,留意到繁昌板子矶佛塔地宫也出土有埋藏于万历四十年(1612年)的典型克拉克风格青花瓷瓶[7]。如此,克拉克瓷器在中国内地的使用既非个例,也并不局限于某个特殊人群,而是有一定的普遍性。这是我们在今天研究作为外销瓷器的克拉克风格瓷器时一定要注意的内容。

在中国古代,通过向海外市场销售瓷器获取利润,从唐代到清末一直盛行。外销的瓷器风格也因时代的不同而不同,外销瓷器的产地和窑口虽千差万别,但总体上发展脉络和时代风格明显。笔者曾在《对中国古代输出瓷器的一些认识》[8]一文中指出,南朝时期中国瓷器已经输出到今朝鲜半岛和越南北部地区。唐代中国瓷器输出空前发展,输出地区也大大增加,在东南亚、西亚、东非海岸和北非的古代遗址都有中国唐代瓷器出土。但是直到明代中期西方人开辟新航路并成为海上主导力量以前，中国瓷器输出的地域基本再没有向更大的地域扩展。新航路开辟之后，随着葡萄牙人、西班牙人和荷兰人相继东来，除了他们在东南亚、东亚的转口贸易中认识并接触中国瓷器外，中国瓷器也被他们运到了南非、西非和欧洲、美洲等地区，而这些地区是此前中国瓷器不可能到达的新市场。在中国瓷器的输出过程中，文化主导因素在不同阶段发生了变化，约略可分为三个大的时期：中国文化主导时期；中国文化和消费文化相互影响时期；西方文化主导时期。其中，在西方文化主导时期，即以克拉克瓷器的生产为代表的来样加工时期，中国已经沦为西方市场的瓷器加工地。

明代晚期新航路的开辟，欧洲人的东来及其占据世界贸易的主动权，不仅改写了世界历史的进程，对中国历史也产生了重大的影响和挑战。传统上中国瓷器的外销一直是中国文化对海外的影响，除了瓷器由中国窑场烧造外，所有构成外销瓷器的文化因素，如器类、造型、釉色、纹样等，基本以中国文化因素为主体。在新航路开辟之初，欧洲人贩卖的中国瓷器仍然是中国传统的内容。随着交流的深入，欧洲人开始要求中国的瓷器生产者在订购的瓷器上加上他们自己的文化标志如徽章等内容，至于全面改造中国烧造瓷器的图案等并形成克拉克风格，是欧洲人在文化上占领当时由欧洲人主导的世界瓷器市场文化高地的表现，应该与欧洲人的欧洲中心论和当时的强势扩张、殖民文化构建有关。这是中国一千多年瓷器外销过程中第一次遇到的挑战和被迫采取的应对举措。

二、从观音阁窑址出土资料看克拉克瓷的生产机制

观音阁窑址，位于江西省景德镇市北郊3千米处的昌江东岸，一直被景德镇的一些陶瓷研究者认为是专烧或主要烧造克拉克瓷的窑场。2007年，经国家文物局批准，北京大学考古文博学院、江西省文物考古所和景德镇市陶瓷考古研究所组成联合考古队，对观音阁窑址进行考古发掘。此次发掘共分三个区域，发掘面积总计547平方米。

此次发掘的主要成果[9]如下。第一，地层堆积。该区域窑业遗存分布范围很广，发掘区窑业堆积较厚。观音阁窑址距昌江水岸很近，窑业堆积结构松散，为了安全起见，至6米左右即停止向下发掘，此时堆积尚未见底。平面上，从秧田坞山坡向西直到昌江东岸，都是当年窑业垃圾堆积形成的平底。堆积地层，与山势同向，即东高西低、自东向西逐步形成。第二，生产遗迹。本次发掘揭露出一批明代晚期瓷业作坊遗迹，包括辘轳坑、淘洗缸、练泥池等。窑炉虽未发现，推测可能在昌江东岸最靠近山坡的地方。此外，本次发现的部分作坊遗迹，如G1、C1、LLK1、LLK2等，应是在嘉靖时期的窑业垃圾上形成的。此后不久又形成了新的窑业垃圾坑K1。第三，出土遗物。包括各类日用瓷器、瓷质玩具、建筑构件和窑具等。若按釉色，大致可分青花瓷、白釉瓷、蓝釉瓷、紫金釉瓷、黄釉瓷、红绿彩瓷和青花红绿彩瓷等不同类别。器形有碗、高足碗、盘、杯、碟等。发掘者将窑址出土瓷器分为五期。第一期约当正统、景

泰前后。第二期约在成化至正德时期。第三期，约为嘉靖时期。第四期约当万历早中期。第五期，约在万历晚期至崇祯时期。整体来看，嘉靖、万历时期生产最盛。综上，结合地层和出土遗物可知，观音阁窑址是景德镇地区一处重要的明代中晚期民窑窑址。它的生产规模较大，生产时间从不晚于宣德时期直到万历以后，持续较长。

观音阁窑址只出土数十片克拉克青花瓷片。部分可见椭圆形或扇形开光，饰花卉、花草或昆虫纹等。这些瓷片虽然较为残破，无可复原器，且数量不多，但很重要。本文讨论即由此展开，尝试探讨此一时期克拉克瓷器的生产机制问题。首先，关于克拉克瓷器的专烧窑场问题。迄今为止，考古发掘或对窑址进行的调查均未见有专烧克拉克瓷器的窑址存在。这有两种可能性：其一，当时确有专烧窑场，今人尚未发现；其二，原本就没有这类专烧窑场存在，所以才未发现。从观音阁窑址发掘情况来看，笔者倾向于后者。原因有三点。第一，观音阁窑址大量生产国内市场所需一般民用瓷器，克拉克瓷器数量很少；更重要的是，从观音阁窑址来看，克拉克瓷器与此时期一般民用瓷器同烧。第二，观音阁窑址出土有一件"天文年造"款白釉碟残片[10]。"天文"是日本年号，相当于明嘉靖十一至三十三年（1532—1554年）。因此该器应为日本当年在景德镇订烧之器，署天文年款的瓷器在日本也有出[11]。观音阁窑址若为日本烧瓷，就已表明这里在当时就不是烧造克拉克瓷器的专门窑场。第三，观音阁窑址出土有御用瓷器，据明代晚期御窑瓷器的生产制度，这些瓷器属于官搭民烧之遗存，是民窑场烧造的御用瓷器。凡此均表明观音阁窑场在生产之时并无定向烧造之说，而是以逐利为目的的典型民窑址。其次，关于克拉克瓷器的产量及其在窑场总产量中所占比重问题。前文已述，观音阁窑址仅见少量克拉克瓷器，而有大量一般民用瓷器，且窑址内两类瓷器同烧。此外，考古所见同期景德镇的各窑场都生产有克拉克瓷器，未见专烧克拉克瓷器的专门窑场，所见克拉克瓷器生产量极少。克拉克风格的瓷器在世界范围内流行固然很广、数量也巨，但在景德镇窑场的全部产品中占量可能并不很高。所有上述信息，一方面说明当时景德镇的众多瓷器生产窑场中既没有专门烧造克拉克风格瓷器的窑场，另一方面也说明所有窑场生产的内容都是在追求利益，其产品会包括其生产技能可以支撑的所有品种，生产时并不考虑专门或单一的市场。

迄今，尚没有发现康熙时期以前有西洋人到景德镇从事瓷器买卖的记载。但是，据《陶录》："洋器，专售外洋者，有滑洋器、泥洋器之分。商多粤东人，贩去与鬼子互市，式多奇巧，岁无定样。"可知，清代前期景德镇人称西方市场所需的瓷器为"洋器"，是由粤东商人持样到景德镇订货，样不固定。这是景德镇的瓷器生产人群知道粤东商人贩卖的瓷器主要是供应洋人的结果，以市场定名。对比西方人把漳州窑的瓷器称为汕头器，是粤东商人以漳州港口为据点与西方人贸易出口瓷器，洋人以获取瓷器的港口命名的结果。如此，粤东和粤东商人在明代晚期和清代前期中西文化交流中的作用更值得深入研究。

粤东商人到景德镇订货之事，还有图像资料可供参考。在海外出版的清代瓷业图录中刊布有中国瓷业相关图片36幅。其中有两幅引起笔者注意，分别名为《度岭》

（图一）和《归装》(图二)[12]。明清时期，景德镇产青花、五彩等各类瓷器行销海外，广州是景德镇瓷器外销的重要港口城市之一。这些瓷器从景德镇运往广州的路径之一，是顺赣江南行，越大庾岭，经珠江水系运抵广州。因而，这幅《度岭》图所表现的应该就是景德镇瓷器南度大庾岭运往广州的场景。值得注意的是，图片之中除了一群扛挑重物、翻山越岭的人物之外，还有一人格外引人注意。其头戴红帽，坐于肩舆之上，身份地位显与众人有别。笔者以为这人或许便是一位粤东商人。至于《归装》图，画面中可以见到广州海关官员和西洋商人两类人群。结合图名可知，此图描绘的是西洋商人经广州海关查验之后，从港口装船运瓷器回西洋的情形。

图一 《度岭》

图二 《归装》

以上这些都表明，在克拉克瓷器逐渐出现并流行时期，作为生产者的制瓷工匠和作为消费者的西洋商人之间可能并不存在直接交流，双方交易的完成更可能依靠的是作为中间商的粤东商人。然而，粤东商人又是如何在景德镇组织生产的呢？

明代中期以后，景德镇的生产分工很细，有窑户、坯户等。窑户只出租窑位，而不从事成型等的生产。出租窑位的方式一般有两种：一是"包青"，即保证质量，租金高，但负赔偿之责；二是不包青，即散装散烧，不保证质量。至于器物的造型则由坯户决定，器物上的纹样则在器物的圆琢器物青花程序中由画手完成。至于器物的买卖另由牙行把持，外地来的商人在景德镇买卖瓷器均由不同的行邦（牙行）垄断。综合上述材料与信息，在景德镇，克拉克瓷器的生产必须有人组织并交由不同的人完成不同的生产程序。所以笔者倾向于认为，这一过程可能是由粤东商人经与牙行和坯户、画手等在生产流通中具有节点性作用的人物联系、交流后共同完成的。当然，这还需要进一步考古资料的补充和验证。

三、结　　语

从考古发现看烧造克拉克风格瓷器的窑场，在国内有景德镇地区和漳州地区的窑场，在海外有日本和波斯的窑场。仅就中国内地的生产与产品情况看，景德镇地区和漳州地区的克拉克瓷器在器物大小、装烧工艺上都存在区别。漳州地区的青花生产技术是明万历时期从景德镇传入的，和当时瓷器外销有关。但漳州地区的窑场烧造克拉克风格的瓷器，却并不是学习景德镇克拉克瓷器的结果，而是欧洲人直接下单烧造的表现，和景德镇烧造克拉克瓷器一样，漳州窑场也是来样加工模式下的瓷器生产基地。不同窑场根据同样的瓷样和要求，只能生产出同样风格但大小不同瓷器。这也进一步说明当时西洋商人订货之时，并不仅以景德镇窑场为目标。进而，当清初中国瓷器外销停滞之时，他们很容易就转向与中国窑场相近的日本窑场订货。但漳州窑场烧造克拉克风格瓷器时的接单、订货和生产模式如何？和景德镇地区有何异同？则需要进一步研究。

附记：本文是根据作者在北京大学2023年春季学期"考古名家专题"课上的讲课稿录音，由王星博士整理而成。

注　　释

[1] 熊寰《克拉克瓷研究》，《故宫博物院院刊》2006年3期，113—122页；吴若明《克拉克瓷名辨及海上丝路贸易区域功用研究》，《美术研究》2018年6期，99—102页；万明《明代青花瓷西传的历程：以澳门贸易为中心》，《海交史研究》2010年2期，42—55页；施晔《荷兰代尔夫特蓝陶的中国渊源研究》，《文艺研究》2018年1期，135—146页。

[2] 丁雨《中国瓷器与东非柱墓》，《故宫博物院院刊》2017年5期，133—145页。

[3] 向玉婷《秘鲁收藏的中国外销瓷及其影响研究》，《收藏家》2009年7期，53—60页。

[4] 江西省文物工作队《江西南城明益宣王朱翊鈏夫妇合葬墓》，《文物》1982年8期，16—28页。

[5] 王霞《关于赫图阿拉城址出土明代瓷器的思考》，《南方文物》2011年2期，145—148页。

[6] 故宫博物院考古研究所《故宫南大库瓷片埋藏坑发掘简报》，《故宫博物院院刊》2016年4期，6—25页。

[7] 参见繁昌县博物馆展品和展品说明。

[8] 王光尧《对中国古代输出瓷器的一些认识》，《故宫博物院院刊》2011年3期，36—54页。

[9] 北京大学考古文博学院、江西省文物考古研究所、景德镇市陶瓷考古研究所《江西景德镇观音阁明代窑址发掘简报》，《文物》2009年12期，39—58页。

[10] 北京大学考古文博学院、江西省文物考古研究所、景德镇市陶瓷考古研究所《江西景德镇观音阁明代窑址发掘简报》，《文物》2009年12期，39—58页。

[11] "天文年造"款瓷器在日本的出土地点大致有：堺环濠都市遗迹（2006年出土）、大分市旧府

内城下町（2001年出土，有木叶形、木瓜形两种碟）、岛根县富田川河床遗迹（该处出土文物除"天文年造"款白釉木叶形小碟，还有"天文年制"款白釉木瓜形小碟）和歌山县根来寺坊院遗址（木瓜形小碟）。该资料由小林仁先生提供，特此致谢。

[12] Walter August Staehelin, *The book of porcelain: the manufacture, transport and sale of export porcelain in China during the eighteenth century, illustrated by a contemporary series of Chinese watercolors*, New York: Macmillan, 1966, pp. 29-30.

Kraak Porcelain and its Production Mechanism

Wang Guangyao

(The Palace Museum)

Abstract: Kraak porcelain, a product of Jingdezhen kilns, was specially adapted for the export market, and its designs were tailored to meet foreign market orders. The intermediaries who bridged the communication between Jingdezhen potters and foreign merchants were predominantly merchants from the eastern part of Guangdong Province. These intermediaries, through brokers, placed orders with various supplier groups in Jingdezhen, as there was no specialised producer in Jingdezhen exclusively dedicated to the production of Kraak porcelains. Concurrently, porcelain kilns in Zhangzhou and other regions of South China also produced Kraak-style porcelain. However, these were not mere imitations and learning of Jingdezhen products, but rather a response to fulfilling the same production orders from overseas markets.

Key Words: Kraak Porcelain, Designs to Orders, Merchants from East Guangdong, No Specialised Kraak Porcelain Producer in Jingdezhen

关于老挝沙湾拿吉省 Sepon 矿区遗址出土中国瓷器的思考

范佳楠

(四川大学考古文博学院)

摘要：老挝沙湾拿吉省 Sepon 矿区遗址出土了一批明晚期至清代的中国瓷器，其中最引人注目的是晚明时期主要供应海外市场的景德镇窑生产的"克拉克瓷"及漳州窑生产的"汕头器"。上述发现为我们探索 16—17 世纪中国瓷器参与早期全球贸易过程中东南亚特别是中南半岛的作用提供了重要线索。该遗址的地理位置、澜沧王国与明朝交往的历史背景以及越南会安港、老挝万象旧城的相关发现表明，晚明时期中国瓷器很可能经由越南中部会安港或从万象沿湄公河输入至 Sepon 矿区。最可能的流入途径是贸易，但为朝贡时所获赏赐的可能性不能被排除。

关键词：老挝，克拉克瓷，汕头器，景德镇窑，漳州窑，海上贸易

老挝人民民主共和国位于东南亚大陆北部，北与我国云南接壤，南为柬埔寨，东临越南，西接泰国、缅甸。目前学界关于东南亚地区的菲律宾以及与老挝邻近的中南半岛国家——泰国、越南、马来西亚等地发现的中国外销瓷及其所反映的贸易问题，已积累了一些研究成果[1]。然而，作为中南半岛唯一一个不拥有海岸线的内陆国家，老挝境内出土中国瓷器鲜见报道和研究[2]。谈及老挝出土的中国瓷器，不论是资料积累层面，还是贸易相关问题的探究层面，均是一个较为空白的领域。

老挝沙湾拿吉省 MMG-LXML Sepon 矿区遗址（以下简称为 Sepon 矿区遗址）是东南亚最著名的青铜时代矿冶遗址之一。澳大利亚詹姆斯库克大学（James Cook University）等机构曾在此调查、发掘。近年，云南省文物考古研究所与老挝国家遗产局合作，在该遗址开展了持续的考古工作。该遗址的主体遗存虽然集中于青铜时代，但在此出土的中国明清瓷器颇具研究价值。本文在前人论述的基础上，首先对 Sepon 矿区遗址出土中国瓷器的基本面貌进行述介，重点介绍并分析其中景德镇窑烧制的"克拉克瓷"及漳州窑生产的"汕头器"，并结合 16—17 世纪中国瓷器参与全球贸易的背景讨论上述产品发现于该遗址的意义。最后，联系越南中部会安港及老挝万象旧城的相关发现，探讨晚明时期（明万历至崇祯时期）景德镇窑及漳州窑青花瓷输入 Sepon 矿区遗址的路径。

一、Sepon 矿区遗址发现的中国瓷器

老挝考古学起步较晚，目前一些知名遗址的发掘和研究成果均由外国考古队所主导[3]。近年来，Sepon 矿区遗址的考古发掘成为该国最重要的考古工作之一。该遗址位于老挝人民民主共和国东南部的沙湾拿吉省（Savannakhet Province）Sepon 区的维拉泊里县（Vilabouly District）一带，面积约 50 平方千米，是一个集铜矿开采、冶炼和铸造为一体的矿冶遗址群，开矿时代为公元前 5 至公元 16、17 世纪[4]。2008 年起，澳大利亚詹姆斯库克大学尼格尔博士（Dr. Nigel Chang）曾带队在此开展了十余次考古发掘，清理出数百座矿井和其他遗迹[5]。2014、2015 年，云南省文物考古研究所在沙湾拿吉省维拉泊里地区开展勘探调查。2017—2019 年，云南省文物考古研究所联合四川大学考古学系（现四川大学考古文博学院），与老挝国家遗产局共同调查、发掘了 Sepon 矿区遗址群中的多处遗址点，揭示出该遗址在东南亚青铜时代考古中的重要意义[6]。

考古队员在 Sepon 矿区遗址进行调查时曾在地表采集到包括中国瓷器在内的陶瓷器残片。有一些保存较为完好的中国瓷器，出自遗址范围内属于历史时期的墓群的地表周围[7]。但由于当地文物保护工作意识薄弱，这些稍完整的瓷器往往属后期征集而来，具体出土单位及墓葬情况已无法获知。该遗址群地下遍布越南战争遗留下的炸弹，国际矿业集团工作人员在排雷时也曾偶然发现过各类瓷片。目前这些中国瓷器（片）资料就地保管于 Sepon 矿区遗址的文化遗产单元工作坊的库房中，部分曾在维拉泊里县文化馆展出。

Sepon 矿区遗址发现的来自于老挝境外的输入陶瓷，包括越南陶瓷器、泰国陶瓷器、日本肥前瓷器和中国瓷器。这样的产地构成还见于其他有 15—17 世纪贸易陶瓷出土的海外遗址，如地理上属东亚和东南亚交界地带的冲绳地区的遗址[8]。从大的层面上投射出明代海禁期越南等地陶瓷器与中国瓷器的竞争，以及大航海时代以来，欧洲商人势力深入到亚洲海域之后的贸易新动向，不同时期各国、各产地的陶瓷器在东南亚遗址中所占的比重不同，需具体分析。日本学者清水菜穗调研了 82 件（片）Sepon 矿区遗址出土外来陶瓷器。据她报道，中国瓷器共 68 件（片），余为 10 件越南瓷器、2 件泰国陶瓷器及 2 件日本肥前瓷器，中国瓷器的产地则包括景德镇窑、漳州窑及福建或广东地区的其他窑场[9]。总体而言，中国瓷器占全部外来陶瓷的 82.9%，其次为占比 12.1% 的越南瓷器。笔者在她研究的基础上进行了更加详细的年代和产地划分，现将该遗址出土中国瓷器的总体面貌概述如下[10]。

目前 Sepon 矿区遗址未见明代晚期以前的中国瓷器出土，中国瓷器的种类为白瓷、青花瓷和红绿彩瓷，绝大多数为明晚期至清代的民窑青花瓷。属明代晚期的中国瓷器有 30 件（片），其中景德镇窑瓷器 10 件，占总数的 33%，器形见碗、盘、碟、盒；漳州（平和）窑瓷器 20 件，占总数的 67%，器形见碗、盘。该遗址出土的明代晚期的中国

瓷器（图版二八），风格区分明显。从胎釉、青花发色、器形及纹饰等方面的特征判断，产地有景德镇窑和漳州窑，年代集中于万历至崇祯时期，相当于16世纪末至17世纪上半叶。

属清代的中国瓷器有38件（片），推测为产自德化窑或东溪窑等福建泉漳地区窑场的青花瓷。其中器形完整者，包括青花龙纹纹碗、青花凤纹碗及青花双喜缠枝花卉纹碗等（图版二九）。青花龙纹碗见于福建德化上涌乡的窑址[11]及澎湖"将军一号"沉船[12]之中。"将军一号"沉船出水瓷器的年代，经考证属清代中晚期的嘉庆后期至道光之间[13]。与双喜缠枝花卉纹碗相似的器例，曾在清代德化洞上窑[14]及新加坡the Empress Place 遗址[15]发现。

二、Sepon 矿区遗址出土的"克拉克瓷""汕头器"及其意义

"克拉克瓷"（Kraak ware）是欧洲17世纪随着贸易全球化和中国瓷器的流入而形成的名词，20世纪90年代以来，该概念被引入中国[16]。1602年，荷兰人截获了葡萄牙圣卡塔琳娜号（Santa Caterina）及其运载的大批中国瓷器，后来便误将本意为葡萄牙舰队的"carrack"一词指代16—17世纪通过这类船只运送至欧洲的中国瓷器。虽也有学者将漳州窑相似风格的产品纳入克拉克瓷的范畴[17]，但一般提到"克拉克瓷"时，特指明末清初景德镇窑生产的外销瓷器，以开光为其装饰特色[18]。"汕头器"（Swatow ware）是早年西方学者对器底粘砂的粗瓷的称呼，来源于其出口于广东汕头港的误解[19]。福建平和漳州窑发掘之后，这类器物的产地已确证在漳州[20]。

老挝 Sepon 矿区遗址出土的中国瓷器，绝大多数为晚明时期江西景德镇窑及福建漳州窑生产的青花瓷。其中就包括了景德镇窑烧制的"克拉克瓷"及早年被海外学者称为"汕头器"的漳州窑产品。

该遗址出土1件典型的景德镇窑克拉克瓷盘。为青花开光池塘芦雁纹盘（图版三〇）。该盘残，宽平沿外折，斜弧腹，矮圈足。内外壁均作多个以立柱相隔的开光；内壁开光内交替绘向日葵和杂宝，内底饰连弧纹开光，绘荷塘小景，一只芦雁立于池岸；外壁开光内绘简笔花卉。与之形制及纹饰相似的纪年器例，见于万历三十一年（1603年）江西南城益宣王墓[21]、江西广昌明代崇祯四年（1631年）唐可敬墓[22]。以及香港中文大学文物馆藏万历四十八年（1620年）纪年青花盘[23]。景德镇烧制克拉克瓷的窑场有观音阁、莲花岭、落马桥等十余处[24]。明万历至崇祯时期（1573—1644年）正处于克拉克瓷生产盛行的时代[25]。Sepon 矿区遗址出土的这件青花杂宝开光纹饰盘为万历时期（1573—1620年）景德镇窑的产品。

大约与这件景德镇窑青花杂宝开光纹饰盘生产于同一时期的漳州窑青花瓷在老挝Sepon 矿区遗址也有发现。青花立凤纹盘，完整，平沿外折，斜弧腹，矮圈足。内壁绘鱼鳞地四开光花卉纹，内底双圈弦纹内绘立凤、牡丹、草叶纹，器底见粘砂（图版

三一，1、2）。另一件青花立凤纹盘，残，器形及纹饰与前者相类，青花发色较深（图版三一，3、4）。除此之外，漳州窑的器物还见开光花草纹碗等。这类青花碗、盘，青料发色不如景德镇窑的同类产品明艳，画工粗疏，器底有粘砂。与之相似的青花立凤纹盘出土于福建漳州平和县南胜花仔楼窑址、诏安县朱厝窑址等[26]。上述窑址的年代大致为明晚期至明末（即明万历至崇祯时期）[27]。漳州窑产品在日本关西地区大阪城下町等遗址中出土于16世纪下半叶至17世纪上半叶的地层中[28]。窑址的发掘工作及海外出土漳州窑的材料表明，漳州窑集中烧制这类青器的时代为晚明时期。Sepon矿区遗址出土的漳州窑青花瓷即属于这一时期。

  15世纪末16世纪初，伴随着新航路的开辟，以葡萄牙为代表的欧洲国家开始积极探索东西方贸易，彻底撼动了宋元时期以中国为中心的东亚海域内部秩序。葡萄牙是第一个来华进行贸易的国家。葡萄牙人在入居澳门之前已通过走私贸易及转口贸易的形式贩销中国瓷器[29]。1557年，澳门正式开埠，葡萄牙人通过"里斯本—果阿—马六甲—澳门—长崎"航线的运营，将中国瓷器直接销往欧洲。澳门出土的克拉克瓷成为葡萄牙人开展瓷器贸易活动的见证[30]。明朝政府于隆庆元年（1567年）解弛海禁，"准贩东西二洋"[31]，此举使东西方海上贸易迎来了一个黄金时期。1641年，荷兰人占领马六甲，先后开辟印尼的巴达维亚和中国台湾南部的热兰遮城作为东方贸易基地，建立荷兰东印度公司，并最终于17世纪下半叶取代葡萄牙人成为新的海上霸主。澎湖及台湾南部17世纪中国瓷器的发现，展示了荷兰人的这段历史[32]。荷兰人继承并发扬了葡萄牙人在东半球的贸易网络，航线从广东和福建沿海出发，过马六甲海峡，绕非洲好望角到达欧洲。虽然以漳州窑为代表的福建沿海的瓷器产品也通过这条航路外销[33]，但这条航线上更受学者们关注的贸易瓷器，是以克拉克瓷为代表的景德镇窑生产的精细瓷器。

  东方贸易的巨大利润，促使西班牙人也积极拓展其在亚洲海域的势力。西班牙和葡萄牙这两个早期殖民帝国在相互竞争中进行了妥协，两国签订了托尔德西里亚斯（Tordesillas，1494年）和萨拉戈萨（Saragossa，1529年）等条约，这些条约把当时已知和未知的世界一分为二，西半球属于西班牙势力范围，东半球则为葡萄牙势力范围[34]。1572年，经条约协商"获得"西半球的西班牙人，将菲律宾经营为其东方贸易的中转站，开辟横跨太平洋的"马尼拉—墨西哥阿卡普尔科"海上贸易新通道。发现于菲律宾海域的西班牙沉船"圣迭戈号（San Diego Wreck）"[35]、福建平潭海域的九梁礁沉船[36]及广东汕头海域的"南澳I号"沉船[37]上装载的瓷器构成表明，晚明时期这条航线上的贸易瓷器，既包括克拉克瓷在内的景德镇窑生产的精细瓷器，又包括漳州窑生产的相对粗制的同类产品。漳州月港的兴起及这条马尼拉大帆船航线的建立，不仅给转运至此的景德镇窑精细瓷器的外销开辟了新的线路，更带动了漳州窑业的发展，使该地产品融入到晚明时期海上贸易的浪潮之中。

  环球贸易开启以来，葡萄牙人、西班牙人及荷兰人先后构建了自中国东南沿海出发西向和东向的两条海上瓷器贸易路线。作为上述航线的交错之地和中间地带，东南亚地区在16—17世纪的贸易全球化中承担的角色无疑是深刻而重要的。欧洲势力进入之后，亚洲海域内部的贸易网络越来越细化，参与贸易的人群也越来越多元。16—17世纪，东南亚人、中国人、日本人和欧洲人在东南亚交易香料、胡椒、蔗糖、丝织品、瓷器、棉花、白银等商品，使这一"风下之地"尽享天时地利，形成了勃固、马六甲、阿瑜陀耶、马尼拉、会安等为代表的贸易城市[38]。晚明时期景德镇窑、漳州窑产品在海外的流布，给我们留下的初步印象是：以克拉克瓷为代表的景德镇窑精细产品打入了欧洲的主流市场，而漳州窑的产品虽然随着早期东西方贸易体系的建立在欧美地区也有出土[39]，但更多的是销往菲律宾[40]等东南亚地区及日本。就东南亚内部而言，以往中南半岛地区出土16—17世纪中国瓷器的资料并不多见。比较突出的是越南、柬埔寨及马来西亚的发现。越南的发现以会安为代表[41]。柬埔寨的古都洛韦（Longvek）出土16—17世纪的景德镇窑及漳州窑青花瓷，其中包括克拉克瓷的碎片[42]。马来西亚西岸马六甲Jonker街遗址出土了克拉克瓷[43]。现在，晚明时期景德镇窑"克拉克瓷"和漳州窑"汕头器"这两类产品在老挝Sepon矿区遗址的发现，无疑为研究中南半岛在贸易全球化中的地位提供了新的线索。

相信伴随着16—17世纪中国瓷器在东南亚，特别是中南半岛一带的新发现，未来关于"克拉克瓷"和"汕头器"外销的研究视野，将会从更多地关注贸易起始地和远端消费地，逐渐转向为探究这些相对未知的中间地带如何影响并塑造东西方的瓷器贸易。越来越多的东西方贸易细节将会被日益更新的考古新发现所填充。不论是福建沿海的海商集团、日本商团还是大航海时代到来之后活跃于亚洲海域的葡萄牙、西班牙、荷兰等欧洲国家，纷纷在东南亚的不同地区构建贸易网络，竞争及互利并存。瓷器贸易的参与者决不仅仅是具备生产能力的中国、日本和越南，以及欧洲的航海强国及贸易公司，东南亚各国很可能以一种多边贸易的形式融入到全球贸易体系之中，并且自身具备对中国瓷器的消费需求。相较于马尼拉大帆船航线上的菲律宾、荷兰人曾盘踞的印度尼西亚，目前学术界对中南半岛国家出土贸易瓷器的关注度显然是远远不够的。包括老挝在内的中南半岛国家出土的贸易瓷器将是探究上述问题的重要研究素材。

三、晚明时期中国瓷器输入Sepon矿区遗址的途径

那么，老挝Sepon矿区遗址出土的这些中国瓷器，尤其是外销印记浓厚的克拉克瓷及漳州窑瓷器，是如何输入Sepon矿区的呢？结合澜沧王国与明朝交往的历史背景及老挝万象旧城、越南会安等地的考古发现，我们推测，中国瓷器输入Sepon地区存在以下两种途径。

1. 由越南中部的会安港输入

老挝中部的Sepon矿区遗址临近越老边境的长山山脉，与越南中部的承天省顺化（Hue）和广南省会安（Hoi An）相距不远。1527年，越南黎朝进入了南北分裂时期，

越南南部由阮氏家族统治。1600 年，阮潢建广南国，定都顺化，建立阮氏割据政权[44]。这一时期，顺化成为阮氏政权的政治中心，后来 19 世纪阮朝在此地定都。会安则是阮氏控制之下最为重要的对外贸易港口。按现代道路距离计算，Sepon 矿区遗址距越南会安约 220 千米，离顺化仅 100 千米左右。17 世纪时，有一条从湄公河南线沿岸的拉孔（Lakon，今泰国那空帕侬）出发的陆路商道，翻山越岭十日可达越南中部偏北的海岸城市奇英（Ky Anh）[45]。这条路线搭建了 Sepon 矿区遗址以北地区的陆上交易通道，Sepon 矿区遗址所在之地很可能也曾存在类似的商道连接越南中部沿海。再加上 Sepon 矿区遗址距离越南东侧海岸线较近的地理位置，使我们不得不考虑，该地出土的中国瓷器，经由越南中部特别是会安港输入的可能。

1567 年，越南阮氏政权允许中国商人、日本商人在会安建立商馆和居住区，越南中部的会安作为贸易港口获得迅速成长的机会。随后阮氏政权又与葡萄牙、荷兰人建立贸易联系，使 17—18 世纪的会安成为广南国最为繁华的贸易港[46]。清康熙年间到过越南会安、顺化的广州僧人大汕在其撰写的《海外纪事》中形容会安：“大越国会安府者，百粤千川舟楫往来之古驿，五湖八闽货商络绎之通衢。”[47] 阮氏政权经营下的会安，俨然已成为中南半岛的贸易中心。

1993 年起，日本昭和女子大学国际文化研究所菊池诚一教授带队在会安进行考古发掘和研究工作。历年来会安旧城内各遗址点出土了大量 17—19 世纪的外来陶瓷器，其中 16—18 世纪的中国瓷器包括景德镇窑、漳州窑、德化窑以及其他福建广东地区窑场生产的青花瓷、五彩瓷及白瓷[48]。此外，还出土有日本肥前瓷器、泰国陶瓷器及越南陶瓷器。会安锦铺亭（Dinh Cam Pho）遗址第一地点出土了大量 16 世纪末至 17 世纪下半叶的中国瓷器，包括景德镇窑和福建广东一带窑场的产品（其中最主要的是漳州窑的产品）[49]。在宏观的陶瓷器的产地来源组合层面，老挝 Sepon 矿区遗址与会安锦铺亭（Dinh Cam Pho）遗址第一地点出土陶瓷器的产地来源如出一辙，两地都包括了景德镇窑、福建和广东一带窑场（特别是漳州窑）、日本肥前瓷器、泰国及越南的陶瓷器。在具体的器物层面，两地也可以举证出相同的器例。例如，会安锦铺亭遗址第一地点和第二地点出土了漳州窑生产的青花立凤纹折沿盘（图版三二，1）[50]。会安旧城阮氏明开街第 16 地点等遗址点也发现了景德镇窑克拉克瓷的踪迹（图版三二，3）[51]。

越南海域发现的明末清初沉船及其舶载瓷器，为我们生动地展示了景德镇窑及以漳州窑等福建窑场产品销往南洋的景象。越南南部平顺省海域发现的平顺沉船（Binh Thuan Wreck）[52]中，打捞出水了明万历时期广东汕头、福建漳州窑等地生产的外销日用瓷，其中包括漳州窑青花立凤纹折沿盘（图版三二，2）。这艘沉船被认为是一艘 1608 年从中国南方驶往马尼拉或印度尼西亚的商船，不幸沉没于越南南部。比平顺沉船时代更晚的是清初康熙时期的头顿沉船（Vung Tau Wreck）[53]，发现于越南南部的巴地头顿省，出水瓷器来自景德镇窑和福建窑场。平顺沉船及头顿沉船上的瓷器商品，虽不能被证实一定与会安港的贸易有关，但这两艘沉船资料的发现，至少说明 16—17 世纪，从福建、广东沿海的港口装船的贸易瓷器，经由中南半岛东侧航线或港口的联结和中转作用，销往与东南亚南部及世界其他地区。

总之，越南所据的中南半岛东侧航线及港口的重要性不能被低估，老挝 Sepon 矿区遗址出土的中国瓷器，很可能经由越南中部的会安港输入。以往的发掘表明，Sepon 矿区遗址的开矿及冶炼持续至 17 世纪。不难想见，16—17 世纪占据 Sepon 矿区的人群，因控制铜矿这一优势资源，可以自如地换取他们所需的商品——当然也包括中国瓷器。老挝 Sepon 矿区所提供的金属原料，很可能也成为了东西方环球贸易网络中的流通商品。

2. 经万象沿湄公河输入

Sepon 矿区遗址出土中国瓷器的年代集中于明晚期至清代，此时统治该地域的是澜沧王国（Lan Xang Kingdom）。澜沧王国是老挝历史上首个统一的多民族国家，14—19 世纪在中南半岛上国力强盛，其势力曾延伸至中国云南一带。16 世纪的澜沧王国，完成了其从崛起到顶峰的过程[54]。

澜沧王国前期定都于琅勃拉邦，1563 年迁都于万象。21 世纪初以来，清水菜穗带领的考古队在万象旧城内开展考古发掘。万象旧城清理出土的中国瓷器以明清时期为主，产地以景德镇窑、漳州窑及德化等其他福建窑场为主，仅 2006 年度发掘的 Samsenthai 路遗址出土中国瓷器的数量已达 1785 件[55]。万象出土晚明时期中国瓷器，同样包括了景德镇窑"克拉克瓷"及漳州窑"汕头器"（图版三二，4）。

笔者所知万象旧城发现的时代最早的中国瓷器为 14 世纪的龙泉窑青瓷[56]。老挝万象出土中国瓷器的数量及丰富程度远高于 Sepon 遗址。Sepon 矿区遗址以西约 200 千米处为现沙湾拿吉省的省会凯山丰威汉市（旧称拿吉市），该市临湄公河，湄公河将其与中游的万象紧密相连。包括中国瓷器在内的输入万象的域外商品，即可通过湄公河的航运到达 Sepon 矿区遗址附近。因此，Sepon 矿区遗址出土的中国瓷器经湄公河由万象输入这一推断，也是可以成立的。

那么，中国瓷器又是如何进入 16—17 世纪的万象的呢？笔者认为存在对外贸易和朝贡贸易两种可能。

虽然澜沧王国较泰国历史上的阿瑜陀耶王国而言，是一个较为封闭的内陆国度，其在全球贸易中的地理位置也不及拥有良港和漫长海岸线的越南。但随着 15 世纪之后大航海时代的来临及随之而来的亚欧贸易新秩序的建立，澜沧王国也受到了新的国际海上贸易形势的席卷。1641 年 11 月，荷兰东印度公司的使团抵达万象，荷兰商人杰拉特·范·维斯特霍夫（Gerrit Van Wusthoff）在日记中记载了澜沧国王接见他们的场面[57]。荷兰商人的到来预示着在葡萄牙商人第一次与阿瑜陀耶发生联系的大约 100 年之后，更广泛的海上贸易世界扩展到万象[58]。因此，不能排除澜沧王国自身在大航海时代贸易体系的影响之下，与欧洲商人等海商直接开展贸易的可能。

此外，扎根于中南半岛内陆腹地的古城万象，历史上其发展与湄公河的水运之利息息相关。湄公河与其上游的澜沧江形成了贯穿中国西南和中南半岛中部的水运网络。由于陆地交往的便利，早在宋代，中国与东南亚地区之间的陆地边境贸易已占据重要地位。宋代已在中越边境口岸钦州及邕州右江开设博易场，中国商贾常以蜀锦换取交趾香，即"唯富商自蜀贩锦至钦，自钦易香至蜀"[59]，交趾商人"所赍乃金银、铜钱、沉香、光香、熟香、生香、真珠、象齿、犀角"[60]。

　　澜沧王国与明朝之间长期存在朝贡贸易关系。明初永乐年间置老挝军民宣慰使司，使澜沧王国正式成为明朝的藩属国。《大明一统志》卷八十七："老挝军民宣慰使司，东至水尾界，南至交阯界，西至宁远界，北至车里宣慰使司界。自司治西北至布政司六十八程，转达于京师。"[61] 永乐二年（1404年），澜沧王国首次遣使向明朝朝贡。据《明实录》等史料记载，明初永乐年间澜沧王国曾14次遣使访明，进行朝贡贸易；明廷也曾3次遣使澜沧王国[62]。嘉靖后期，老挝纳入缅甸的控制[63]。万历二十六年（1598年），老挝重新归附明朝。《明史》卷三百十五《云南土司三》："老挝来归，奉职贡，请颁印。命复铸老挝军民宣慰使司印给之。四十年贡方物，言印信毁于火，请复给，抚镇官以闻。明年再颁老挝印。时宣慰犹贡象及银器、缅席，赐予如例，自是不复至云。"[64] 澜沧王国虽先后被安南及缅甸入侵，但到了万历时期，又恢复了与明朝的朝贡贸易关系。明代云南与老挝之间的陆路畅通。从大理出发有贡道下路，可先后至车里宣慰司（今云南景洪）、八百媳妇宣慰司（今泰国清迈）、老挝宣慰司（今老挝琅勃拉邦），再向西还可从缅甸摆古出海[65]。史料可考的明代晚期澜沧王国向明廷进贡的次数虽有限，但这一时期中南半岛各国皆注意维护与明朝的关系。澜沧王国的近邻暹罗国，即使坐拥阿瑜陀耶之利，仍旧频繁向明万历帝进贡[66]。朝贡所带来的商品贸易，虽在明朝施行海禁之时发挥了更大效用。但明晚期隆庆开海之后朝贡贸易的作用恐怕也不能被否认。

　　近年来克拉克瓷在国内一些地区的发现，大大促进了学术界对克拉克瓷性质的思考。北京故宫南大库[67]、辽宁赫图阿拉城址[68]、山西太原晋王府遗址[69]、江西鄱阳淮王府遗址[70]、明清广东承宣布政使司署遗址[71]内皆有景德镇窑克拉克瓷的出土。说明克拉克风格的瓷器，不仅用于外销，还进贡宫廷，同时也作为日常器用在国内市场流通。赫图阿拉城址是努尔哈赤建立的第一个都城，努尔哈赤和明朝保持传统的藩属关系。据分析，该遗址出土晚明瓷器包括万历时期的御窑瓷器，这些御窑瓷器来源于赏赐[72]。与之同出的克拉克瓷也不能排除经由此途径流入的可能。已有学者指出，晋王府、益王府等藩府都使用克拉克瓷器，显示出这类瓷器的价值较高，存在作为赠礼的可能性[73]。澜沧王国是明朝忠实的藩属国。老挝Sepon矿区遗址出土的以克拉克瓷为代表的晚明时期景德镇窑精细瓷器，是否来源于朝贡贸易之时的交换或赏赐？等待日后发现揭晓。

四、结　语

　　老挝人民民主共和国沙湾拿吉省 Sepon 矿区遗址出土的中国明清瓷器，极大地丰富了我们对 16—17 世纪东西方陶瓷贸易的想象。尤其是晚明时期中国外销瓷器典型品种的景德镇"克拉克瓷"和漳州窑"汕头器"在该遗址的发现，启示我们不得不重新思索东南亚地区尤其是中南半岛在大航海时代开启之后的贸易地位。

　　Sepon 矿区遗址既西临越南会安港，又可间接通过湄公河与澜沧王国的都城万象相连接。Sepon 矿区遗址出土的晚明景德镇窑及漳州窑瓷器与会安、万象旧城发现的同类产品关联甚密。再加上该地区所坐拥的地理条件及丰富的铜矿资源，使我们有理由相信，晚明时期产自景德镇窑及漳州窑的瓷器，最有可能经由会安或万象输入到 Sepon 矿区。该地发现的中国瓷器，最可靠的流入途径是贸易，但为朝贡时所获赏赐的可能性不能被排除。

　　遗憾的是，目前 Sepon 矿区遗址发现的中国瓷器缺失出土背景信息。使中国瓷器在该地的使用功能、消费人群等问题的探讨难以深入。未来该遗址出土中国瓷器的全面整理，将为我们探索 16—17 世纪的海上瓷器贸易提供重要的实物证据。

注　释

[1] 韩槐准《南洋遗留的中国古外销陶瓷》，新加坡青年书局，1960 年；陈台民《菲律宾出土的中国瓷器及其他》，《中国古外销陶瓷研究资料》（第一辑），1981 年，31—34 页；〔英〕艾迪斯《在菲律宾出土的中国陶瓷》，《中国古外销陶瓷研究资料》（第一辑），1981 年，35—47 页；〔菲〕富斯《菲律宾发掘的中国陶器》，《中国古外销陶瓷研究资料》（第一辑），1981 年，48—57 页；〔日〕三上次男《东南亚的中国陶瓷——以菲律宾的新发现为中心》，三上次男著，李锡金等译《陶瓷之路》，文物出版社，1984 年，136—143 页；冯先铭《泰国、朝鲜出土的中国陶瓷》，冯先铭著《古陶瓷鉴真》，燕山出版社，1996 年，310—318 页；冯先铭《马来西亚、泰国、菲律宾出土的中国瓷器》，冯先铭著《冯先铭中国古陶瓷论文集》，紫禁城出版社、两木出版社，1987 年，331—332 页；〔日〕青柳洋子著，梅文蓉等译《东南亚发掘的中国外销瓷器》，《南方文物》2000 年 2 期，104—107 页；Barbara Harrisson, *Later Ceramics in South-East Asia: Sixteenth to Twentieth Centuries*, Kuala Lumpu: Oxford University Press, 1995.

[2] 日本学者曾对该问题给予一定关注。参见 Naho Shimizu（清水菜穗），"Trade ceramics recovered from the old city of Vientiane: preliminary report on the artifacts unearthed in the buried cultural property survey accompanying the project for the improvement of the Vientiane No. 1 Road (phase one) in Lao P. D. R." *Journal of Southeast Asian archaeology 27*, 2007, (6), pp. 85-99; Naho Shimizu, Viengkeo Souksavatdy, Nigel Chang, Thonglith Luangkhot, "Trade Ceramics Recovered from the MMG-LXML Sepon Mining Tenement, Savannakhet Province, the Lao PDR-Preliminary Review: Trading and Distribution based on Composition, Origin and Age." *Journal of Southeast Asian Archaeology 36*, 2016, pp. 47-60；山口博之《ラオス人民民主共和国ワットプー（Vat Phou）遗

跡踏査記》，《山形県立博物館研究報告》（34），2016 年，59—66 页。

[3] Ben Marwick, Bounheung Bouasisengpaseuth, "The History and Practice of Archaeology in Laos." In: Habu Junko, et al., (eds.), *Handbook of East and Southeast Asian Archaeology*, New York: Springer, 2017, p. 89；清水菜穂《ラオスにおける近年の考古学調査》，《東南アジア考古学》(30), 2010 年，103—110 页。

[4] 采自云南省文物考古研究所官网《老挝沙湾拿吉省 Sepon 矿区遗址考古调查与发掘》，发布时间：2023 年 5 月 10 日，来源：http://www.ynkgs.cn/view/ynkgPC/1/300/view/1869.html。

[5] Antonino Tucci, Thongsa Sayavongkhamdy, Nigel Chang, Viengkeo Souksavatdy, "Ancient Copper Mining in Laos: Heterarchies, Incipient States or Post-State Anarchists?" *Journal of Anthropology and Archaeology*, 2014, 2(2), pp. 1-15; Nigel Chang, *Vilabouly Cultural Hall-a Quick Guide*, Townsville: James Cook University, 2015.

[6] 蒋志龙《老挝沙湾拿吉省考古调查与勘探》，王巍主编《中国考古学年鉴（2017）》，中国社会科学出版社，2018 年，504—506 页；蒋志龙《老挝沙湾拿吉省 Thengkham East 遗址》，王巍主编《中国考古学年鉴（2019）》，中国社会科学出版社，2021 年，476—477 页；蒋志龙《老挝沙湾拿吉省 Sepon 矿区遗址》，王巍主编《中国考古学年鉴（2020）》，中国社会科学出版社，2021 年，511—512 页。

[7] Naho Shimizu, Viengkeo Souksavatdy, Nigel Chang, Thonglith Luangkhot, "Trade Ceramics Recovered from the MMG-LXML Sepon Mining Tenement, Savannakhet Province, the Lao PDR-Preliminary Review: Trading and Distribution based on Composition, Origin and Age." *Journal of Southeast Asian Archaeology 36*, 2016, pp. 47-48.

[8] 亀井明徳《琉球陶磁貿易の構造の理解》，《専修人文論集》（60），1997 年，41—66 页；沖縄県立埋蔵文化財センター《首里城京の内展 - 貿易陶磁からみた大交易時代》，那覇：沖縄県立埋蔵文化財センター，2001 年；张荣蓉、秦大树《琉球王国时期中国瓷器的发现与研究述论》，《华夏考古》2018 年 4 期，75—84 页。

[9] Naho Shimizu, Viengkeo Souksavatdy, Nigel Chang, Thonglith Luangkhot, "Trade Ceramics Recovered from the MMG-LXML Sepon Mining Tenement, Savannakhet Province, the Lao PDR-Preliminary Review: Trading and Distribution based on Composition, Origin and Age." *Journal of Southeast Asian Archaeology 36*, 2016, pp. 48-60.

[10] 本文所掌握资料的范围是清水菜穗 2016 年已检视过的 82 件中国瓷器，但据老挝国家遗产局工作人员慕达婉提供的信息，近几年 Sepon 矿区遗址又发现了一些中国瓷片，预估数量在 150 件左右。本文公布的数据仅为初步分析的结果，粗线条勾勒了 Sepon 矿区遗址出土中国瓷器的情况，未来将在实地调研的基础上进行系统分析。

[11] 陈建中《德化民窑青花》，文物出版社，1999 年，161 页。

[12] 台湾历史博物馆《澎湖将军一号沉船水下考古展专辑》，台湾历史博物馆，2001 年，43 页。

[13] 谢明良《记澎湖"将军一号"沉船中的陶瓷器》，谢明良著《贸易陶瓷与文化史》，三联书店，2019 年，327—336 页。

[14] 曾凡《清代德化窑青花瓷器》，《福建论坛》1983 年 6 期，133 页。

[15] 孟原召《西沙群岛海域出水清代泉漳地区瓷器与海外贸易初探》，栗建安主编《海丝·东溪窑国际学术研讨会论文集》，福建人民出版社，2018 年，138 页，图 13-8。

[16] 吴若明《克拉克瓷名辨及海上丝路贸易区域功用研究》,《美术研究》2018年6期,99—102页。

[17] 裴光辉《克拉克瓷》,福建美术出版社,2002年;范梦园《克拉克瓷研究》,香港中文大学博士学位论文,2010年。

[18] 马文宽《从一件万历青花开光瓷碗谈起》,《中国古陶瓷研究》(第十辑),紫禁城出版社,2004年,133—140页;熊寰《克拉克瓷研究》,《故宫博物院院刊》2006年3期,113—122页。

[19] Teresa Canepa, *Zhangzhou Export Ceramics, the so-called Swatow Wares*, London: Jorge Welsh, 2006.

[20] 尽管如此,"漳州窑"和"汕头器"仍然不能完全划等号。海外出土的器底粘砂的明末清初瓷器制品,绝大多数产自漳州窑,少部分产自景德镇民窑。

[21] 江西历史博物馆、南城县文物陈列室《南城明益宣王夫妇合葬墓》,《江西历史文物》1980年3期,27—40页;江西省文物工作队《江西南城明益宣王朱翊鈏夫妇合葬墓》,《文物》1982年8期,16—28页;江西省博物馆《江西明代藩王墓》,文物出版社,2010年,彩版六〇-3。

[22] 孙敬民《江西广昌发现明代崇祯纪年墓》,《江西文物》1990年4期,69—70、52页。

[23] 江西省博物馆、香港中文大学文物馆《江西元明青花瓷》,2002年,图108。

[24] 曹建文《近年来景德镇窑址发现的克拉克瓷器》,《中国古陶瓷研究》(第十辑),紫禁城出版社,2004年,141—145页;江建新《景德镇考古发现的克拉克瓷》,郑培凯主编《陶瓷下西洋:早期中葡贸易中的外销瓷》,香港城市大学中国文化中心,2010年,37—38页。

[25] 曹建文《中葡早期贸易与克拉克瓷器装饰风格的起源》,《景德镇文化研究》(第四辑),中国文史出版社,2021年,132—141页。

[26] 福建省博物馆《漳州窑——福建漳州地区明清窑址调查发掘报告之一》,福建人民出版社,1997年,17—20、30—58页。

[27] 福建省博物馆《漳州窑——福建漳州地区明清窑址调查发掘报告之一》,福建人民出版社,1997年,94页。

[28] 栗建安《漳州窑与东南亚》,《海交史研究》1997年2期,35页。

[29] 黄薇、黄清华《广东台山上川岛花碗坪遗址出土瓷器及相关问题》,《文物》2007年5期,78—88页;王冠宇《葡萄牙人东来初期的海上交通与瓷器贸易》,《海交史研究》2016年2期,47—68页;黄清华《中葡陶瓷贸易形态初探》,《景德镇文化研究》(第四辑),中国文史出版社,2021年,50—67页。

[30] 马锦强《澳门出土明代青花瓷器研究》,社会科学文献出版社,2014年;刘朝晖《克拉克瓷器新论:以出土新资料为中心》,《典藏·古美术》2018年11期,92—101页;中国社会科学院考古研究所、澳门特别行政区政府文化局《澳门圣保禄学院遗址发掘报告(2010—2012)》,科学出版社,2021年。

[31] (明)张燮《东西洋考》卷七《饷税考》:"福建巡抚都御史涂泽民请开海禁,准贩东西二洋。"中华书局,1981年,136页。

[32] 卢泰康《17世纪台湾外来陶瓷——透过陶瓷探讨台湾历史》(上、下),花木兰文化出版社,2013年。

[33] 〔英〕甘淑美《葡萄牙的漳州窑贸易》,《福建文博》2010年3期,63—69页;〔英〕甘淑美《荷兰的漳州窑贸易》,《福建文博》2012年1期,12—22页。

[34] 李旻《早期全球贸易的考古学研究:太平洋航线上的漳州窑陶瓷》,《东方考古》(第20集),

科学出版社，2022年，122页。

[35] 圣迭戈号为西班牙大帆船，有记载表明其沉没于1600年与荷兰毛里求斯号的作战。Eusebio Z. Dizon, "Underwater Archaeology of the San Diego a 1600 Spanish Galleon in the Philippines." In: Chunming Wu, (ed.), *Early Navigation in the Asia-Pacific Region: A Maritime Archaeological Perspective*, Springer, 2016, pp. 97-98.

[36] 国家文物局水下文化遗产保护中心、中国国家博物馆、福建博物院等《福建沿海水下考古调查报告（1989—2010）》，文物出版社，2017年，90—119页。

[37] "南澳I号"被认为是一艘自月港出发，以马尼拉为目的地的贸易船。广东省文物考古研究所《南澳I号明代沉船2007年调查与试掘》，《文物》2011年5期，25—47页；广东省文物考古研究所、国家水下文化遗产保护中心、广东省博物院等《广东汕头市"南澳I号"明代沉船》，《考古》2011年7期，39—46页；陈冲《南澳I号沉船所见景德镇民窑青花瓷的生产年代》，《华夏考古》2018年4期，85—96页；丁见祥《"南澳I号"：位置、内涵与时代》，《博物院》2018年2期，39—49页。

[38] 〔澳〕安东尼·瑞德著，孙来臣等译《东南亚的贸易时代：1450～1680年》（第二卷），商务印书馆，2013年，6—183页。

[39] 例如旧金山德雷克湾出土的16—17世纪中国瓷器资料以克拉克瓷为主，菲律宾南部以漳州窑为主。参见李旻《早期全球贸易的考古学研究：太平洋航线上的漳州窑陶瓷》，《东方考古》（第20集），科学出版社，2022年，128页。

[40] RitaC Tan, *Zhangzhou Ware Found In The Philippines: "Swatow" Export Ceramics from Fujian 16th-17th Century*, Manila: Art Post Asia，2007.

[41] 下文将详述。

[42] 黄慧怡《柬埔寨出土后吴哥时期（15～19世纪）中国陶瓷举隅》，栗建安主编《海丝·东溪窑国际学术研讨会论文集》，福建人民出版社，2018年，172—173页。

[43] 卢泰康《从台湾与海外出土的贸易瓷看明末清初中国陶瓷的外销》，郑培凯主编《逐波泛海——十六至十七世纪中国陶瓷外销与物质文明扩散国际学术研讨会论文集》，香港城市大学中国文化中心，2012年，239页。

[44] 金旭东《越南简史》，中国国际友好联络会和平与发展中心，1989年，66页；Yang Baoyun, *Contribution de lHistoire de la Principauté des Nguyên du Vietnam méridional (1600-1775)*, Editions Olizane, 1992.

[45] 〔澳〕安东尼·瑞德著，孙来臣等译《东南亚的贸易时代：1450～1680年》（第二卷），商务印书馆，2013年81页。

[46] 林洋《会安港的兴衰及其历史地位》，郑州大学硕士学位论文，2001年，31页；李庆新《会安：17～18世纪远东新兴的海洋贸易中心》，《亚太研究论丛》（第四辑），北京大学出版社，2007年，96—121页。

[47] （清）大汕撰，余思黎校《海外纪事》卷四，中华书局，1987年，80—81页。

[48] 菊池誠一《ベトナム・ホイアン考古学調査報告書—昭和女子大学国際文化研究所紀要 Vol.4——ベトナム日本町ホイアンの考古学調査》，東京：昭和女子大学，1998年，173—174页；阿部百里子《ベトナム出土の貿易陶磁器》，《貿易陶磁研究》No.27，2007年，76—81页；菊池誠一、阿部百里子《ホイアンをめぐる考古学》，菊池誠一、阿部百里子編《海の道

と考古学 インドシナ半島から日本へ》，東京：高志書院，2010 年，6 页。

[49] 〔日〕菊池诚一《越南中部会安出土的陶瓷器》，《福建文博》1999 年增刊，93—96 页。

[50] 〔日〕菊池诚一《越南中部会安出土的陶瓷器》，《福建文博》1999 年增刊，93—96 页。

[51] 菊池誠一《ベトナム・ホイアン考古学調査報告書—昭和女子大学国際文化研究所紀要 Vol.26》，東京：昭和女子大学，2019 年，62 页。

[52] 中国广西壮族自治区博物馆、中国广西文物考古研究所、越南国家历史博物馆等《海上丝绸之路遗珍——越南出水陶瓷》，科学出版社，2009 年，169—181、292—305 页。

[53] 中国广西壮族自治区博物馆、中国广西文物考古研究所、越南国家历史博物馆等《海上丝绸之路遗珍——越南出水陶瓷》，科学出版社，2009 年，170 页。

[54] 〔英〕格兰特·埃文斯著，郭继光等译《老挝史》，东方出版中心，2016 年，14 页。

[55] Naho Shimizu, "Trade ceramics recovered from the old city of Vientiane: preliminary report on the artifacts unearthed in the buried cultural property survey accompanying the project for the improvement of the Vientiane No. 1 Road (phase one) in Lao P. D. R." *Journal of Southeast Asian Archaeology 27*, 2007, (6), pp. 85-99. 该文介绍上述遗址出土贸易陶瓷共 5833 件（片），其中 30.6% 为中国瓷器，据此数据可估算中国瓷器数量为 1785 件。

[56] 清水菜穗介绍万象这处遗址中出土的时代最早的中国瓷器为 14—15 世纪的制品，具体属于何窑口未公布。参见 Naho Shimizu, "Trade ceramics recovered from the old city of Vientiane: preliminary report on the artifacts unearthed in the buried cultural property survey accompanying the project for the improvement of the Vientiane No. 1 Road (phase one) in Lao P. D. R." *Journal of Southeast Asian Archaeology* 27, 2007, (6), p. 88；该遗址出土有 14 世纪龙泉窑青瓷残片的信息，承蒙原日本山形县立博物馆研究员山口博之先生见告。山口先生曾现场调研老挝万象旧城出土的中国瓷器。

[57] Paul Lévy, "Two Accounts of Travels in Laos in the 17th Century." In: René de Berval, (eds.), *Kingdom of Laos: The Land of the Million Elephants and of the White Parasol*, Saigon: France-Asie, 1959, pp. 50-59.

[58] 〔英〕格兰特·埃文斯著，郭继光等译《老挝史》，东方出版中心，2016 年，19 页。

[59] （宋）周去非《岭外代答》卷五《财计门·钦州博易场》，中华书局，1999 年，196 页。

[60] （宋）周去非《岭外代答》卷五《财计门·钦州博易场》，中华书局，1999 年，196 页。

[61] （明）李贤等撰，方志远等点校《大明一统志》卷八十七，巴蜀书社，2017 年，3912 页。

[62] 此据方雨木《明代中老关系研究》之附录《明朝与老挝使臣交往纪年表》的统计数据。方雨木《明代中老关系研究》，云南大学硕士学位论文，2022 年，106 页。

[63] 《明史》卷三百十五《云南土司三》："（嘉靖后期）时缅势方张，剪除诸部，老挝亦折而入缅，符印俱失。"中华书局，1974 年，8160 页。

[64] 《明史》卷三百十五《云南土司三》，中华书局，1974 年，8160 页。

[65] 万明《明朝人以澜沧江为〈禹贡〉"黑水"考——整体丝绸之路的视野》，《中国边疆史地研究》（第 28 卷），2018 年 1 期，34 页。

[66] 暹罗国王拍那莱（1629—1688 年），曾组织船队与明廷进行朝贡贸易，明朝遣使访问暹罗阿瑜陀耶王国共 19 次，暹罗派使回访 102 次。林士民《中国与东南亚贸易圈之研究》，《海上丝绸之路研究（2）中国与东南亚》，福建教育出版社，1999 年，140 页。

[67] 故宫博物院考古研究所《故宫南大库瓷片埋藏坑发掘简报》,《故宫博物院院刊》2016年4期,6—25页;项坤鹏、赵瑾《关于故宫南大库的思考——历史意涵、建置及克拉克瓷相关问题探讨》,《南方文物》2018年2期,231—236页。

[68] 王霞《关于赫图阿拉城址出土明代瓷器的思考》,《南方文物》2011年2期,145—148页。

[69] 曹俊《太原食品街出土明代晋府瓷器及相关问题探讨》,《考古与文物》2019年4期,121—128页。

[70] 江西省文物考古研究院《明代淮王府遗址出土瓷器》,科学出版社,2020年。

[71] 明清广东承宣布政使司署遗址位于广州南越王宫署遗址一带,该遗址出土了万历时期的青花开光双鹿纹盘。转引自刘朝晖《克拉克瓷器的再探讨——以中国国内消费市场为中心》,《故宫文物月刊》2020年448期,94页。

[72] 王霞《关于赫图阿拉城址出土明代瓷器的思考》,《南方文物》2011年2期,146—147页。

[73] 刘朝晖《克拉克瓷器的再探讨——以中国国内消费市场为中心》,《故宫文物月刊》2020年448期,102—103页。

Reflections on Chinese Porcelain Unearthed from Sepon Site of Savannakhet Province, Lao P.D.R.

Fan Jianan

(School of Archaeology and Museology, Sichuan University)

Abstract: Some Chinese porcelain dating from the late Ming Dynasty to the Qing Dynasty have been unearthed from the Sepon mining site in Savannakhet Province, Lao P. D. R. Among the notable findings are the "Kraak ware" produced in the Jingdezhen kilns and the "Swatow ware" produced in Zhangzhou kilns, mainly exported to overseas markets during the late Ming period. These discoveries provide significant clues for understanding the role of Southeast Asia, particularly the Indo-China Peninsula when Chinese porcelain became global trading goods during the 16th and 17th centuries. The geographical location of Sepon site, the historical connection between the Lan Xang Kingdom with the Ming Dynasty, along with related findings excavated from Hoi An in central Vietnam and the old city of Vientiane in Laos, suggest that Chinese porcelain likely entered the Sepon region through trade routes via Hoi An or along the Mekong River from Vientiane. The Chinese porcelain found at the Sepon site are most likely the result of trade interactions, but it is also possible that some were received as gifts during the tribute trade.

Key Words: Lao P.D.R., Kraak Ware, Swatow Ware, Jingdezhen Kilns, Zhangzhou Kilns, Maritime Trade

瓷国的秘密

——16—18世纪欧洲人眼中的中国瓷器产业*

王冠宇

（香港中文大学文物馆）

摘要： 16世纪以降，陆续东来的欧洲人将明清中国卷入全球化浪潮中。瓷器亦随着繁盛的海上贸易网络运销世界，成为风靡全球的国际商品。对于还未掌握高温瓷器烧制技术的欧洲人来讲，瓷器无疑是一种前所未见的新材质，它在中国本土的制作、运输及贸易等细节，也成为欧洲人试图窥探、破解的秘密。16世纪初期，刚进入印度洋的葡萄牙人已迫不及待地"破解"瓷器的秘密，然而直到18世纪20年代，欧洲人才第一次科学系统地了解到中国制瓷技术。与此同时，随着广州外销画制作的兴盛，专供外销的瓷器制运图也逐渐流行，成为欧洲人了解中国瓷器制作、运输及贸易的重要图像来源。本文结合文献记载与图像资料，回顾16—18世纪欧洲人了解中国瓷器产业的主要方式及过程，试图重构他们眼中的东方奇景，理解明清外销瓷在全球化进程中的重要角色与独特贡献。

关键词： 明清外销瓷，广州外销画，瓷器制运图

引　言

16世纪以降，进入大航海时代的欧洲各国探险家、商人、传教士等陆续东来，打破地域隔阂，将明清中国卷入全球化浪潮中。中国丰富的物产、工艺精湛的日用及艺术品，迅速得到更广阔市场的喜爱与追逐，跃升为热销全球的国际商品，亦成为欧洲人拓展东方贸易的动力。当中，瓷器是重要代表。由于带有洁净、轻薄、不易磨蚀等特质，以及神秘的东方韵味，中国瓷器初抵欧陆便风靡各地，受到皇室、贵族乃至宗教领袖的热烈追捧。全球市场急剧扩张，中国外销瓷器的生产与贸易由此踏入黄金时期，牵引起全球商业利益的潮汐。

中国瓷器风靡欧陆的同时，消费者对这一前所未见的新材质充满好奇。瓷器在中

---

* 笔者因策划香港中文大学文物馆专题展览"万图同风：全球化流潮中的明清外销瓷"之故，有幸借展并近距离观察海事博物馆藏本、系统浏览隆德大学图书馆藏本，略有所得，在此分享拙见以期抛砖引玉；论文部分内容亦会收录于即将出版的展览同名图录。

国本土的制作、运输及贸易等细节，也成为外界热衷破解的秘密。16世纪以来，前来中国的传教士、探险家及商贾都曾试图窥探有关瓷器的种种细节，存世游记、书信及档案中的只言片语，拼凑出欧洲人眼中的东方奇景。然而，直至中欧海上瓷器贸易开启的两百年后，法国传教士殷弘绪进入江西景德镇传教，以书信的形式将景德镇制瓷原料与工序，连同他在景德镇获取的原料样本寄回法国，才第一次科学系统地向欧洲人介绍了中国的制瓷技术。

欧洲人主要透过在中国的见闻，以及稍早或同时期的有关书籍、绘画等了解与瓷器有关的资讯。当中最具代表性、最有影响力的便是18世纪以降，广州画家们制作的一系列有关瓷器制作、运输及贸易的外销画。现存瓷器制运题材的外销画，一套以50幅为最多，记录江西景德镇瓷器由采土备料、塑形装饰、入窑烧成，到包装运输、抵港贸易等一系列环节，成为欧洲人窥探中国瓷器秘密的重要窗口。

一、东方奇景：16世纪以来欧洲人眼中的瓷器生产

最早关于中国瓷器的描述，来自活跃于葡萄牙东来早期的驻印度官员及作家杜阿尔特·巴波萨（Duarte Barbosa，约1480—1521年）。他在1512—1515年间成书的《巴波萨书的中国简述》（*Livro de Duarte Barbosa*）中记载：

> 这里（指中国）生产大量的瓷器，对各个地区都是好商品，瓷器是用海螺、蛋壳和蛋清及其他物质制作，把它们揉成团，在地下埋藏一个时间，把它当成是财富和宝物处理，因为等到时候加工时十分值钱；到时做成多种形状的器皿，有粗有细，然后上釉和绘上图画[1]。

巴波萨从未到过中国，这段描述很可能是在印度时的道听途说甚或是全凭想象的编造，然而这一说法却在书籍出版后广为流行，影响久远。直到1569—1570年，葡萄牙多明我会修士加斯帕·达·克路士（Gaspar da Cruz，1520—1570年）到访中国后撰写的《中国志》（*Tratado em que se contam muito por extenso as Coisas da China*）在欧洲出版，才首次指出巴波萨的错误：

> 没有到过中国的葡萄牙人对于瓷器生产的地方及制作的材料，有许多看法，有的说原料是蚝壳，有的说是腐坏很久的粪便，那是他们不知实情，因此我认为最好在这里根据目击者所述情况，谈谈制作它的材料。
> 瓷器的原料是一种白色的和柔软的石头，有的是不那么细的红色；或者不如说那是一种硬黏土，经过很好的打磨，放入水槽，在水里搅拌后，上层的浆便制成细瓷，下面的制成粗瓷；渣滓制成最粗最贱的，供中国穷人使用。他们先用这种黏土制成瓷器，有如陶工之制作器皿；做好后放在太阳下晒干，干后他们随意涂上淡青色，据我们所见那是十分清淡的。这些图案干后再上

釉，然后带釉烘烤[2]。

《中国志》于澳门开埠（1553—1557年）后成书，被誉为葡萄牙第一部论述中国的专书。作者并未到过江西，只是在广州等地探听到有关瓷器生产的资料，将其载入《中国志》的第十一章《工匠和商人》中，内容虽然不免错漏，却足以刷新欧洲人对中国瓷器制作工艺的认知。

书中亦提及瓷器于江西生产，内容与更早时期多明我会修士盖略特·伯来拉（Galeote Pereira，生卒不详，活跃于十六世纪中期前后）的《中国报导》（Pereira's manuscript 或 Pereira's Report）极为相似，可能来源于《中国报导》。明嘉靖二十八年（1549年），明朝水军在福建诏安走马溪大败葡萄牙船队，俘掳了一些葡萄牙人，经泉州押解往福州，再流放广西。在中国私商的帮助下，一些俘虏得以侥幸逃脱，回到葡萄牙，其中就包括《中国报导》的作者伯来拉。他在报导中回顾了流放过程中的见闻，描述了瓷器的产地江西景德镇（文中称浮梁）以及瓷器贸易的情况：

> 第六省叫江西，首府也叫这个名字，省内自浮梁以上生产上好瓷器，而自浮梁以下其他地方，所有中国城镇都不生产。这座江西的城靠近宁波，葡人却不知道它。他们发现宁波售卖大量细瓷，起初还以为那是宁波制造的，但是最后他们才知道江西比泉州和广州的位置更近宁波，是宁波大量细瓷的来源[3]。
>
> ……
>
> 我们过了福建，进入江西省，那儿产精瓷……我们看见河两岸许多城镇村落，途中我们上岸购买食物及其他必需用品，我们还看见大批商货，主要是瓷器，这是我们被俘以来看到最多的了[4]。

这些记录源于早期来华葡萄牙人在中国东南沿海一带的见闻，或是在流放过程中的意外收获，当中有关瓷器生产及贸易的内容相对模糊，只是中国消息和知识的一部分，有时甚至为满足读者猎奇或娱乐的心态而作，并非记录的重点。此后，即使各国传教士、探险家及商贾纷纷东来，有关中国的游记、书信及档案如雨后春笋般在欧洲涌现，当中记载中国瓷器产地及生产细节的内容却多与旧说雷同，鲜有突破。直至18世纪初期，法国传教士殷弘绪以书信的形式将景德镇制瓷原料与工序，连同他在景德镇获取的原料样本寄回法国，才第一次科学系统地向欧洲人介绍了中国的制瓷技术。

殷弘绪书信的出现并非偶然，由1598年意大利传教士利玛窦首次入京开始，来华欧洲人开始改变主要集中于东南沿海等地活动的格局。17世纪，以耶稣会士为代表的东来欧洲人逐渐深入内陆，进入北京，形成一个散布中国境内十二个省份的传教网络[5]。明清易代（1644年），来华欧洲人与清朝中国建立起新的联系，康熙皇帝对西洋科技与艺术的欣赏，促使来华的耶稣会士迅速增加，中西交流进入新的阶段。康熙三十八年（1699年），受法国耶稣会招募的传教士殷弘绪抵达中国，开始在此传教及进行科学考察。与大多数留在清宫服务的耶稣会士不同，殷弘绪在中国传教的大部分时间活跃于地方和民间。康熙四十至五十八年（1701—1719 年），殷弘绪主要在江西传教，并曾居于景德镇[6]。在此期间，他透过当地从事制瓷业或瓷器贸易活动的教徒获取有关瓷器制作的信息，并参考地方志等中文书籍，系统地记录和整理了景德镇瓷器制作工艺及流程。这些资讯以两封长篇书信的形式分别于 1712 年及 1722 年寄回法国，第一封书信还附有殷弘绪在景德镇获取的原料样本，成为欧洲了解中国瓷器制作工艺的重要参考[7]。

二、解密瓷国：18 世纪外销画所见瓷器生产、运输及贸易

十八世纪以降，随着广州外销画制作的兴盛，丝绸、瓷器与茶叶等热门出口商品的生产过程，亦成为外销画中备受关注的题材。广州画家在制作外销画的过程中，曾透过诸多渠道获取图像参考，例如，外销蚕桑图中有关丝绸的制作过程，是以清康熙时期宫廷画家焦秉贞绘制的《御制耕织图》为蓝本[8]，外销制茶图则是通过在本地茶园观察茶叶的生产过程并获取相关印象与知识而绘制[9]。外销画中的瓷器制运图，也在这样的背景下诞生。

目前，已见发表的公私收藏瓷器制运外销画超过二十套，收录帧幅由 6 至 50 幅不等，制作时间集中于十八至十九世纪[10]。现藏于瑞典隆德大学图书馆（Lund University Library）的一套 50 幅《瓷器制运图》是目前可以确定的最早版本之一，亦是帧幅最多的一套。这套外销画原属瑞典东印度公司创始人之一科林·坎贝尔（Colin Campbell，1686—1757 年）旧藏，被认为是他在 1732—1739 年间几次前往中国的旅程中在广州购买的[11]。由此可以推测其制作时间大约在十八世纪三十年代或稍早，隆德大学图书馆将画册的制作时间定于 1725—1735 年间，而其创作来源或可能的粉本仍有待厘清。

事实上，中国本土对于制瓷工艺的系统记录，可追溯至宋元之际蒋祈所著的《陶记》。而至迟于明崇祯年间，有关制瓷过程的图绘记录亦出现了。成稿于明崇祯九年（1636 年）并于翌年初刊行的《天工开物》卷中《陶埏》第七卷收录"瓦""砖""罂瓮""白瓷（附青瓷）""窑变、回青"等多个条目，记述砖瓦及陶瓷器的制作技术，并配有 13 幅插图（图一）[12]。此书由江西人宋应星（1587—约 1666 年）编著，是一部记录当时农业及手工业生产技术成就的科学典籍，当中有关陶冶主题的记录影响深远，成为清康雍乾三朝官方认同的参考。甚至殷弘绪在描述景德镇瓷器生产工艺的过程中，亦可能间接了解过有关内容[13]。

清乾隆时期制作的《陶冶图册》是现存描绘景德镇制瓷工艺最全面的图绘记录之一（图二）。乾隆八年（1743 年），乾隆皇帝降旨，将内府完成的《陶冶图册》二十幅交予督陶官唐英，令其编明先后次第，并详细说明每幅内容[14]。可见《陶冶图册》及其编次是以乾隆皇帝为预设观众，力求再现御窑厂的生产情况。而北京故宫博物院藏雍正朝《陶冶图册》的存在，暗示乾隆八年《陶冶图册》有可能源于更早的宫廷粉本

或民间创作[15]。林业强曾根据以上图像资料服务对象的不同,将其分为明清版刻制瓷图(以《天工开物》《景德镇陶录》为代表)、清代院画系统制瓷图连环画(以《陶冶图册》为代表)以及清代外销制瓷图连环画(广州制作的外销画)三大类[16]。然而,这些宫廷或民间创作与外销瓷器制运图的绘制有何具体关联?以目前所见的图像资料仍不足以解答。

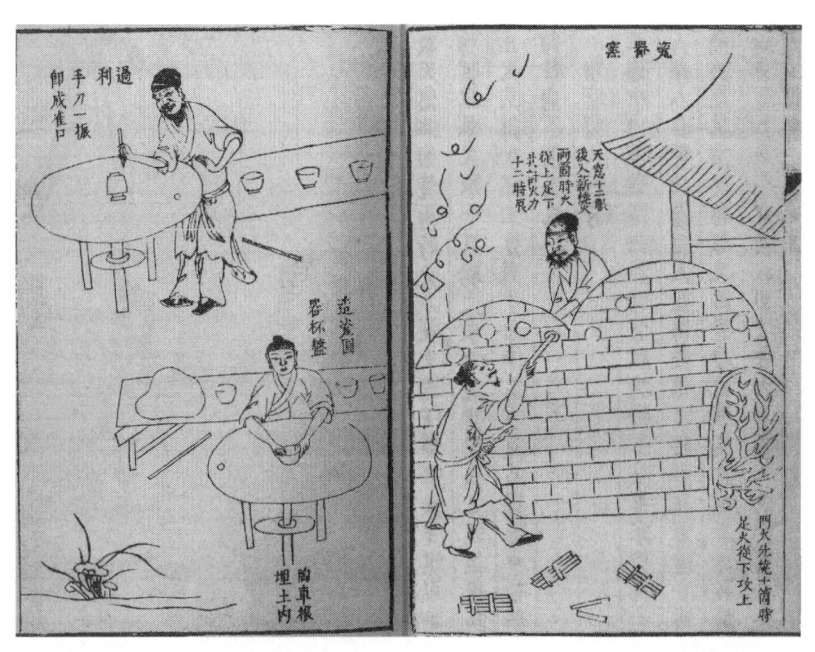

图一 《天工开物》卷中《陶埏》第七卷插图(中国国家图书馆藏)

图二 《乾隆八年唐英奉旨编〈陶冶图编次〉》之《制画琢器》(台北私人收藏)

值得留意的是,根据唐英的说明,他对《陶冶图册》所绘内容的准确性及全面性存在疑虑,甚至在一些画幅中指出绘者的谬误,认为其描绘与实际不符,证明《陶冶图册》及其可能的粉本并非是对瓷器生产情况的准确记录[17]。这一现象在外销瓷器制运图中更为明显，例如，在外销画绘制的18—19世纪，景德镇主要使用蛋形窑烧制瓷器，窑炉外形因酷似覆于地面的半只鸭蛋而得名，前端高而宽，逐渐向窑尾收缩，尾端设一独立烟囱，高度与窑室同长（图三）。炉上以配套的窑房覆盖，为二层木构建筑，底层为装坯烧窑及开窑选瓷之用，上层则用以储备松柴，并在窑门相应高度设投柴口，方便添加燃料[18]。瑞典隆德大学图书馆藏瓷器制运外销画中所绘窑炉形制与实际情况大相径庭，呈直立蛋形，不见烟囱，且裸露在外而无窑房覆盖（图四），或源于广州画家的主观臆想。而画面中有关制瓷工艺的细节、工具配件的描绘就有更多错漏[19]。

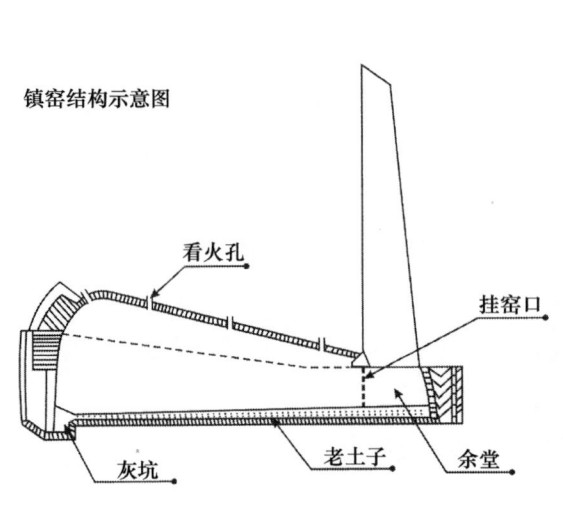

图三　蛋形窑结构示意图[20]

图四　瑞典隆德大学图书馆藏《瓷器制运图》LUND30描绘窑炉

不仅如此，相对于宫廷陶冶图对瓷器制作工序的细致描绘，外销画册中有关瓷器制作的内容往往被简略处理。以隆德大学图书馆藏本（简称隆德本，编号代码LUND）为例，50幅中仅有中段的12幅（LUND24—35）是对作坊中瓷器制作过程的描绘，之前以23幅（LUND1—23）描绘采土备料，包括有关周边矿产及风物景色；瓷器制成后，又以15幅（LUND36—50）描绘瓷器在中国国内运输及贸易的情形。这或许反映出广州画家对瓷器制作工艺的认知十分有限。但也可以想象，在对中国与瓷器皆鲜有所知的海外消费者眼中，瓷器制作之外，中国的风土人情、城镇面貌以及交通贸易等亦是他们意欲"窥探"的对象，而广州的画家们对此了然于心。

虽然在记录制瓷工艺时不够全面准确，外销画对瓷器国内运输及贸易情形的描绘却十分详尽。这些内容更因为不见于宫廷陶冶图而具有独特的参考价值。因此，我们依然可以透过解读18世纪的外销画册，了解当时中国瓷器制作、包装、运输以及贸易的大致情形。不过，可惜的是，以往有关瓷器制运图的研究并未引起陶瓷学者的普遍关注。如前文所述，林业强对于制运图的不同版本作出详细梳理，奠定重要基础，而有关具体图册内容及帧幅的辨认仍有待未来持续深入的研究[21]。江滢河曾就隆德大学图书馆藏图册进行介绍，但文中对图册关键帧幅的解读仍有修正完善的空间[22]。此外，江氏将图册命名为"烧造图"，未能突出外销画在记录瓷器制作之外，亦详细描绘包装、运输及贸易过程的独特价值。因此之故，本文拟就相关议题做进一步的探讨，选取已系统公开发表的瑞典隆德大学图书馆藏瓷器制运外销画为主要研究对象，辅以笔者曾近距离观察研究的香港海事博物馆藏《瓷器制运图》进行讨论。

隆德大学图书馆藏本制作于18世纪30年代或稍早，纸本粉彩，册页尺寸为41厘米×31厘米，共50幅，无题字。香港海事博物馆藏本（简称海事本，编号代码HKMM）制作于18世纪末，纸本粉彩，册页尺寸为29厘米×30厘米，共34幅，每页皆有两字图题，以及"检""尚"两方钤印。本文将聚焦于外销画的内容，提取及辨识关键帧幅，重构明清时期景德镇瓷器开启全球航行之前在中国本土的丰富旅程。

《饶州》（HKMM1）是海事本的首页，描绘朝廷官员一行乘船抵达饶州的场景，不见于隆德本。江西饶州府治位于鄱阳县，下辖七县，包括陶瓷生产中心景德镇所在的浮梁县。明清时期，宫廷及内外销瓷器订单皆经由饶州府送达景德镇（图五）。LUND4描绘采石的情形，工人在矿洞中凿取瓷石，将石块运往山下溪流边的碓棚（图六）。LUND13描绘舂土的主题，开采的瓷石被放入碓臼，水流驱动水轮，带动碓杵反复舂打，令瓷石粉碎（图七）。LUND14描绘淘土过程，将粉碎的瓷石倒入淘洗池，进行搅拌淘洗。待泥浆沉淀分层后，取出细化的泥浆进行稠化脱水，过程中需练泥，使之更为均匀（图八）。LUND23中，工人用模具将调好的泥料制成大小一致、重量相若的块状，俗称"不（dǔn）子"，待晾干后封装、钤印，贮存于架上，以便交易（图九）。海事本《印土》（HKMM7）一幅与此内容相近，并在其后添加了交易、运输不子的情形（HKMM8）[23]。

图五　香港海事博物馆藏《瓷器制运图》HKMM1《饶州》

两套外销画册对瓷器成形及上釉工艺的描绘都十分有限，海事本仅车胎、修胎、荡釉三幅。隆德本虽有6幅（LUND24—29），却是最为模糊、最多错漏的部分。仅就主题来看，LUND25呈现拉坯场景，一人驱动陶车，一人手持工具塑形，成形的坯体被置于一旁晾干（图一〇）。其后的LUND26已经略过釉下装饰，直接描绘上釉的情形。作坊一隅，工匠正将成形的坯体放进釉料桶中蘸釉（图一一）。瓷坯在塑形及装饰之后，会在表面罩一层状似泥浆的石灰釉，入窑高温烧造后，在瓷器表面形成玻璃质透明釉层。外销画绘制的18世纪，景德镇主要使用蘸釉及吹釉两种方法上釉。圆器（可一次拉坯成形，常见者如盘、碗、杯、碟等）中尺寸较小者多用蘸釉法，而琢器

图六　瑞典隆德大学图书馆藏
《瓷器制运图》LUND4《采石》

图七　瑞典隆德大学图书馆藏
《瓷器制运图》LUND13《椿土》

图八　瑞典隆德大学图书馆藏
《瓷器制运图》LUND14《淘土》

图九　瑞典隆德大学图书馆藏
《瓷器制运图》LUND23《印土》

图一〇　瑞典隆德大学图书馆藏
《瓷器制运图》LUND25《拉坯》

图一一　瑞典隆德大学图书馆藏
《瓷器制运图》LUND26《上釉》

（与圆器相对，常见如壶、瓶、尊、罐等，当中器形浑圆者为分段拉坯接胎而成）及大尺寸圆器则使用吹釉法上釉，工匠以头蒙细纱的纤细竹筒蘸釉后，将釉料均匀吹在器物表面，反复多次而成[24]。在两套外销画册中，皆没有关于釉下彩装饰的描绘，图中看似青花的瓷器亦是以釉上蓝彩绘饰。这与《陶冶图册》中有关青花料采取、拣选、制备、画坯等工艺的详尽描绘形成反差[25]，或源于绘者对制瓷工艺观察、理解及想象的差异。

LUND27描绘修坯挖足的情形（图一二）。画面左侧一位工匠正以工具旋修在陶车上转动的坯体。用于旋坯挖足的陶车与拉坯陶车结构基本相同，惟于车盘中心设一木桩，桩顶包以丝绵，方便扣合器物时保护坯体[26]。画面右侧的工匠正以工具挖出圈足。器物拉坯成形后，足下会留有一定尺寸的泥靶，方便在画坯及上釉过程中抓握，完成后，工匠会旋去这段泥靶，挖出圈足[27]。

LUND30—32描绘装窑、烧窑及开窑的场景。LUND30前景中两位工人正在劈柴，为烧造瓷器准备燃料。远处矗立三座窑炉，工人正将装有器物的匣钵叠起，放进其中一座的窑室。旁边一座窑炉的窑门已经封上，暗示装载完成，等待点火烧窑（图一三）。LUND31中，匣钵装载完成，工人们以窑砖和泥，封实窑门。窑炉后部冒出烟尘，暗示窑炉已经点火，开始烧制瓷器。一般情况下，整个烧窑时间为18—24小时[28]（图一四）。烧窑结束后，需熄灭窑火，再经1—2日的自然冷却，方可开窑[29]。LUND32中工人打开封闭的窑门，捧出叠放的匣钵。由于余温尚存，他们以布套隔热，以免烫伤手臂（图一五）。至此，瓷器烧造完成，如有需要，还会经过加彩、烤烧的工序，完成釉上装饰。

图一二　瑞典隆德大学图书馆藏《瓷器制运图》LUND27《修坯挖足》

图一三　瑞典隆德大学图书馆藏《瓷器制运图》LUND30《装窑》

LUND33—35描绘釉上装饰工序。LUND33的角落里，一名工匠正用擂钵研磨彩料。其他工匠则为烧好的白瓷加绘彩饰（图一六）。瓷器表面的釉上彩装饰，须再以600—850℃低温烤烧，谓之"烤花"，使颜料充分发色并牢固附于釉面之上。烤花用

图一四 瑞典隆德大学图书馆藏
《瓷器制运图》LUND31《烧窑》

图一五 瑞典隆德大学图书馆藏
《瓷器制运图》LUND32《开窑》

炉有别于烧瓷窑炉，外销画绘制的18世纪，景德镇主要使用体型较小的明炉及暗炉。瓷器小件用明炉烤烧（LUND34），炉门横向打开，瓷器置铁轮上，工匠以铁叉托住铁轮，将瓷器送入炉中，用铁钩拨动铁轮旋转，使瓷器表面均匀受火（图一七）。大件则使用暗炉（LUND35），以窑砖砌成两层同心圆柱体，将瓷器置于内层炉膛，以炉壁夹层中的木炭加热，烤烧一日一夜。炉顶亦需封闭，仅留一小孔以观察火候[30]（图一八）。

图一六 瑞典隆德大学图书馆藏
《瓷器制运图》LUND33《上彩》

图一七 瑞典隆德大学图书馆藏
《瓷器制运图》LUND34《明炉》

LUND37很可能描绘本地牙行商人或广东商人查验瓷器质量的情形（图一九）。明清之际，外国商人不被允许进入中国内陆活动，只可在广州进行瓷器贸易。从事瓷器贸易的广东商人会派员前往景德镇，通过当地的牙行瓷商订购瓷器，并将瓷货运回广州交易。部分外销画有描绘广东商人或其代理人前往景德镇交易瓷器的情形（HKMM17—20）[31]。交易及查验完成后，瓷器便会被包装起运。LUND38中，工人正将制作完成的瓷器包扎，以便长途运输。粗瓷会用茭草包扎，以竹筐装载。其余细器则先用纸包扎，再装入木桶（图二〇）。LUND42显示，在昌江码头，工人正将包装好的瓷器搬上货船，准备启程，经水路及陆路运往广州（图二一）。

图一八　瑞典隆德大学图书馆藏《瓷器制运图》LUND35《暗炉》

图一九　瑞典隆德大学图书馆藏《瓷器制运图》LUND37《验货》

图二〇　瑞典隆德大学图书馆藏《瓷器制运图》LUND38《束草装桶》

图二一　瑞典隆德大学图书馆藏《瓷器制运图》LUND42《装船》

描绘瓷器国内水路及陆路运输最为详尽的，应属海事本及相同粉本的外销画册。过滩（HKMM28）一幅，描绘载有瓷器的货船驶过满布礁石的激流。风高浪急，船夫分别竭力掌舵和撑船，以免船只触礁。商人则在船舱内焦急张望，极为生动（图二二）。货船会循昌江进入鄱阳湖，再沿赣江南下抵达南安府（今江西省大余县）。江西、广东二省以大庾岭相隔，到达南安府后，瓷器转由挑夫运送，循陆路翻过大庾岭，前往广东南雄府（今广东省南雄市），并在此重新装载上船，沿珠江水系运到广州。过岭（HKMM29）即是描绘这一情景（图二三）。相较而言，隆德本虽然亦有两幅描绘瓷器的运输（LUND41—42），却既无险滩亦无高山，难以辨认出具体的运输路线。

图二二　香港海事博物馆藏
《瓷器制运图》HKMM28《过滩》

图二三　香港海事博物馆藏
《瓷器制运图》HKMM29《过岭》

图二四　瑞典隆德大学图书馆藏
《瓷器制运图》LUND45《抵埠》

LUND45表现满载瓷器的货船到达广州码头，画面中央描绘出广州城外的一间瓷器商铺，铺内货架上整齐码放各类瓷器。画面右下角的佛塔应为六榕寺千佛塔，俗称"花塔"（图二四）。外销画在表现广州城景时，往往会描绘千佛塔、海珠炮台、粤海关等特色地标[32]。

LUND47—48两幅描绘了外国商人走进广州瓷器商铺，准备订货交易的情形（图二五、二六）。其主题及内容皆与海事本的开铺（HKMM33）极为接近。后者亦描绘欧洲商人走向广州的一间瓷器商铺，两名随从各拿大袋，里面可能装满银币（图二七）。值得留意的是，与隆德本不同的是，海事本在《开铺》（HKMM33）之前增加了《法琅》（HKMM31）的主题，画作描绘广州工匠为运达当地的景德镇白瓷加饰釉上彩绘的情形（图二八），反映出外销瓷上彩地点的多元化。将景德镇瓷器运往广东加彩的做法，使活跃于此的外商可以直接参与瓷器的装饰环节，降低成本的同时，亦促使本地釉上彩装饰更趋多样性。18世纪末，色彩绚烂、金碧辉煌的"广州织金彩瓷"（简称广彩）异军突起，成为代表广东釉上彩工艺成就的特色品种。

图二五　瑞典隆德大学图书馆藏
《瓷器制运图》LUND47《瓷器商铺》

图二六　瑞典隆德大学图书馆藏
《瓷器制运图》LUND48《瓷器商铺》

图二七　香港海事博物馆藏
《瓷器制运图》HKMM33《开铺》

图二八　香港海事博物馆藏
《瓷器制运图》HKMM31《法琅》

两册外销画描绘商铺之后的内容出现了明显的差异，隆德本详细描绘了瓷器外销出海的情景，海事博物馆藏本中则不见相关内容。LUND49中，外国商船仅被允许碇泊于黄埔港（图二九），商人需换乘小船驶往广州城贸易。他们在广州采买的瓷器亦需经由本地舢板运到黄埔港，再装上外国商船，如LUND50中所描绘的荷兰东印度公司商船（图三〇），开启其全球旅程。

综上可见，两本外销画册所表现的帧幅各有侧重及取舍，其内容的表现也各有特色。此外，两册的纸质、颜料、绘画风格、尺幅以及装帧方式等亦有区别，限于篇幅，未能尽论，寄望在未来研究中与读者持续交流探讨。

图二九　瑞典隆德大学图书馆藏
《瓷器制运图》LUND49《运输货物》

图三〇　瑞典隆德大学图书馆藏
《瓷器制运图》LUND50《装船出海》

三、《瓷器制运图》：值得关注与持续研究的重要课题

　　隆德本绘制于18世纪30年代或稍早，海事本则绘制于18世纪末，通过对两个版本关键内容的比较可知，《瓷器制运图》应有几个粉本的流传与交汇融合，各有特色，亦不乏雷同的构图及细节。与此同时，相似的主题亦非一成不变。当中部分内容的修改完善，反映出广州画家对瓷器制作工艺理解及认识的深入，以及对本地作坊及商铺的细致观察与写实记录的持续追求。举例来说，明清时期景德镇使用的陶车构造简单，以一端深埋地下的稳固立轴，顶起一块木制车盘。瓷质轴顶碗及荡箍等重要配件协助保持陶车的水平及灵活转动。车盘表面留有一孔，使用时，以搅车棍插入，拨动车盘旋转，利用车盘旋转的惯性，在其上拉塑瓷坯或修整器形（图三一）[33]。隆德本中的陶车被描绘成双层齿轮，与现实中陶车的外形及结构相去甚远，可见绘者并不理解陶车运作的原理（图三二）。这一情况在海事本中得到修正（图三三），反映外销画家并非循规蹈矩地模仿既定粉本，而是在传承中加入新的观察与认识。

　　此外，两个版本描绘的广州瓷器商铺，虽然空间结构与人物关系相类，商铺内陈列的商品却有所变化。瑞典隆德本中商铺内陈列的瓷器货品包括常见的碗盘杯碟，以及茶壶、花瓶之属，还可见当时欧洲市场开始流行的动物造型瓷器（图三四）。这些瓷器以欧洲设计为原型，专为外销制作，相似器形如美国大都会艺术博物馆收藏的法国制鸭形陶盖盆（图三五），以及英国皇家收藏的景德镇鸡形瓷盖壶（图三六）。相较之下，海事本所描绘的瓷器货品明显更加丰富（图三七），陈列中新出现的对鹤、猎犬及宝塔瓷塑等皆属18世纪中后期流行的外销品种，在公私收藏中亦可找到实例（图三八—四〇）。由此推测，广州画家对于本地商铺的描绘具有相当的写实性。

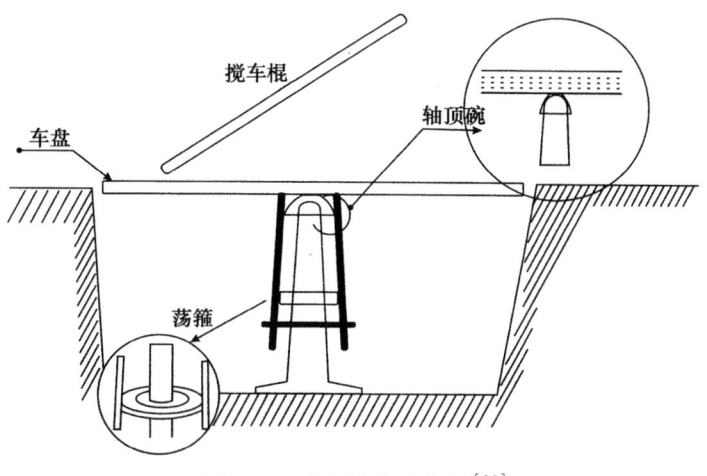

瓷国的秘密——16—18世纪欧洲人眼中的中国瓷器产业 ·167·

图三一　陶车构造示意图[34]

图三二　瑞典隆德大学图书馆藏《瓷器制运图》LUND25 描绘拉坯

图三三　香港海事博物馆藏《瓷器制运图》HKMM10 局部《车胎》

图三四　瑞典隆德大学图书馆藏《瓷器制运图》LUND47（局部）描绘广东瓷器商铺

图三五　鸭形盖盆
（约1750年，法国史特拉斯堡锡釉陶，美国大都会艺术博物馆藏）

图三六　粉彩鸡形盖壶
（1730—1750年，江西景德镇瓷器，英国皇家收藏信托藏）

图三七　香港海事博物馆藏《瓷器制运图》HKMM33局部《开铺》

图三八　粉彩鹤（一对之一）
（约1750—1770年，高44厘米，大英博物馆藏）

图三九　粉彩猎犬一对
（1740—1770年，各高25.1、24.7厘米，英国皇家收藏信托藏）

图四〇　青花粉彩饰金宝塔
（约1800—1803年，鎏金铜镶扣（约1816—1818年），通高5.18米，英国皇家收藏信托藏）

总括而论，不同版本瓷器制运外销画所绘内容的增减变化，折射出广东画家以及海外消费者对于瓷器制作认知的演进，亦反映了瓷器外销贸易的特定变动，是值得持续关注与发掘的主题。

注　释

[1]〔葡〕杜阿尔特·巴波萨《巴波萨书的中国简述》，〔葡〕巴洛斯、〔西〕艾斯加兰蒂等著，何高济译《十六世纪葡萄牙文学中的中国·中华帝国概述》，中华书局，2013年，177页。

[2]〔葡〕加斯帕·达·克路士《中国志》，〔葡〕伯来拉、克路士等著，Charles Ralph Boxer编注，何高济译《南明行纪》，台湾书房出版有限公司，2010年，85页。

[3] 伯来拉的报导在成稿时仍较为混乱，后经整理出版，并没有正式的名称，常称 Pereira's manuscript 或 Pereira's Report（伯来拉手稿或伯来拉报导），中译本作《中国报导》，收〔葡〕伯来拉、克路士等著，Charles Ralph Boxer编注，何高济译《南明行纪》，台湾书房出版有限公

司，2010年，1-28页。

[4]〔葡〕盖略特·伯来拉《中国报导》，〔葡〕伯来拉、克路士等著，Charles Ralph Boxer 编注，何高济译《南明行纪》，21页。

[5] 欧阳哲生《十七世纪西方耶稣会士眼中的北京——以利玛窦、安文思、李明为中心的讨论》，《历史研究》2011年3期，26—47，转189页。

[6] 吴蕙仪《清初中西科学交流的一个非宫廷视角——法国耶稣会传教士殷弘绪的行迹与学术》，《北京行政学院学报》2018年6期，114—126页。

[7]《耶稣会传教士殷弘绪神父致耶稣会中国和印度传教会巡阅使奥里神父的信（1712年9月1日于饶州）》及《耶稣会传教士殷弘绪神父致本会某神父的信（1722年1月25日于景德镇）》，〔法〕杜赫德编，郑德弟译《耶稣会士中国书简集：中国回忆录Ⅱ》，大象出版社，2001年，87—113、247—259页。

[8] 江滢河《濡染西风的蚕桑图》，刘明倩、刘志伟主编《18—19世纪羊城风物——英国维多利亚阿伯特博物院藏广州外销画》，上海古籍出版社，2003年，16—23页。

[9] 周湘《从茶园到茶行》，刘明倩、刘志伟主编《18—19世纪羊城风物——英国维多利亚阿伯特博物院藏广州外销画》，上海古籍出版社，2003年，24—33页。

[10] 林业强《清代制瓷图连环画研究》，《广州艺术博物院院刊》（第1辑），广州艺术博物院，2004年，21—32页；施君玉《陶冶之路：清代瓷器制运图》，香港海事博物馆，2015年，86—87页。

[11] Esbjörn Belfrage, "Chinese Watercolours from the 18th Century Illustrating Porcelain Manufacture." In: Poul A. Christiansen, (ed.), *Transactions*, Copenhagen: The Danish National Library of Science and Medicine, 1992, pp. 124-131.

[12]（明）宋应星《天工开物》卷中《陶埏》第七卷，中华书局，1959年，1-16页。崇祯十年（1637年）刻本是《天工开物》最早版本，目前已知有三部存世，分别藏于中国国家图书馆（原北京图书馆）、日本静嘉堂文库和法国国家图书馆。

[13] 余佩瑾《〈陶冶图册〉所见乾隆皇帝的理想官窑》，《故宫学术季刊》30卷3期，2013年3月，190—191页。

[14]《各作成做活计清档》"乾隆八年，记事录，四月初八日"条，中国第一历史档案馆、香港中文大学文物馆《清宫内务府造办处档案汇总11：乾隆七年起，乾隆八年止（1742—1743）》，人民出版社，2005年，493页。

[15] 余佩瑾《〈陶冶图册〉所见乾隆皇帝的理想官窑》，《故宫学术季刊》30卷3期，2013年3月，185—235页。

[16] 林业强《清代制瓷图连环画研究》，《广州艺术博物院院刊》（第1辑），广州艺术博物院，2004年，21—32页。

[17] 黄婉嫦整理《乾隆八年唐英奉旨编〈陶冶图编次〉》，《景德镇陶瓷》2022年2期，173—184页。

[18] 郑鹏《匠心冶陶：景德镇传统手工制瓷技艺》，文物出版社，2018年，100—104页；刘振群《窑炉的改进和我国古陶瓷发展的关系》，中国硅酸盐学会编《中国古陶瓷论文集》，文物出版社，1982年，162—172页。

[19] 林业强《清代制瓷图连环画研究》，《广州艺术博物院院刊》（第1辑），广州艺术博物院，2004年，27—28页。

[20] 郑鹏《匠心冶陶：景德镇传统手工制瓷技艺》，文物出版社，2018年，102页。
[21] 林业强《清代制瓷图连环画研究》，《广州艺术博物院院刊》（第1辑），广州艺术博物院，2004年，21—32页。
[22] 江滢河《清代广州外销画中的瓷器烧造图研究——以瑞典隆德大学图书馆收藏为例》，《故宫博物院院刊》2008年3期，99—109页，转160页。
[23] 施君玉《陶冶之路：清代瓷器制运图》，香港海事博物馆，2015年，30—31页。
[24] 黄婉嫦整理《乾隆八年唐英奉旨编〈陶冶图编次〉》之《蘸釉吹釉》，《景德镇陶瓷》2022年2期，180页。
[25] 黄婉嫦整理《乾隆八年唐英奉旨编〈陶冶图编次〉》之《采取青料》《拣选青料》《圆器青花》《制画琢器》，《景德镇陶瓷》2022年2期，178—180页。
[26] 黄婉嫦整理《乾隆八年唐英奉旨编〈陶冶图编次〉》之《旋坯挖足》，《景德镇陶瓷》2022年2期，181页。
[27] 黄婉嫦整理《乾隆八年唐英奉旨编〈陶冶图编次〉》之《旋坯挖足》，《景德镇陶瓷》2022年2期，181页。
[28] 郑鹏《匠心冶陶：景德镇传统手工制瓷技艺》，文物出版社，2018年，129页。
[29] 郑鹏《匠心冶陶：景德镇传统手工制瓷技艺》，文物出版社，2018年，129页。
[30] 黄婉嫦整理《乾隆八年唐英奉旨编〈陶冶图编次〉》之《明炉暗炉》，《景德镇陶瓷》2022年2期，183页；郑鹏《匠心冶陶：景德镇传统手工制瓷技艺》，文物出版社，2018年，136页。
[31] 施君玉《陶冶之路：清代瓷器制运图》，香港海事博物馆，2015年，48—55页。
[32] 施君玉《陶冶之路：清代瓷器制运图》，香港海事博物馆，2015年，74—75页；Walter A. Staehelin, *The Book of Porcelain: The manufacture, transport and sale of export porcelain in China during the eighteenth century, illustrated by a contemporary series of Chinese watercolor*, New York: The Macmillan Company, 1966, pp. 72-73.
[33] 郑鹏《匠心冶陶：景德镇传统手工制瓷技艺》，文物出版社，2018年，44—45页。
[34] 郑鹏《匠心冶陶：景德镇传统手工制瓷技艺》，文物出版社，2018年，45页。

The Secret of Chinese Porcelain: European Perception of Porcelain Production and Trade during the 16th to 18th Century

Wang Guanyu

(Art Museum, The Chinese University of Hong Kong)

Abstract: In the 16th century, Europeans flocked to the Orient, plunging the Ming Empire into the globalization matrix. Chinese porcelain was thus transported to a wider overseas market through the prosperous maritime trade and became sought-after global commodity. It was unprecedented material to Europeans who were not yet get command of the techniques of high-temperature firing porcelain. Therefore, the details of porcelain production, transportation, and trade in China became secrets eagerly sought after. The Portuguese started to explore the secret since its first arrival in the Indian Ocean, however it was until the 1720s that the details of Chinse porcelain production were exposited to the Europeans systematically for the first time. Meanwhile, porcelain production and trade became attractive theme of the export paintings made in Guangzhou, and important reference for the Europeans to imagine the production, transportation and trade of Chinese porcelain. Through studying the information from both historical documents and images, this article aims to reveal the development of Europeans' knowledge of Chinese porcelain during the 16th to 18th century, to understand the unique contribution Chinese export porcelain has made to the world porcelain industry and its irreplaceable role in the process of globalization.

Key Words: Ming and Qing Export Porcelain, Guangzhou Export Paintings, Paintings of Porcelain Production and Trade

书 评

读《华光礁一号沉船遗址发掘报告》*

黄学文

（北京大学考古文博学院）

摘要：华光礁一号沉船是我国水下考古发掘的第一艘远海沉船，也是一艘南宋早期的远洋贸易船。华光礁一号沉船遗址经过全面、系统、科学的考古发掘，遗迹、层位、空间意识贯穿本次发掘工作始终。《华光礁一号沉船遗址发掘报告》对发掘过程和遗迹现象的介绍细致、准确，尤其在船体构件测绘数据、陶瓷器分类和产地辨识、遗物数量统计等方面超越了以往的水下考古调查和发掘报告。华光礁一号沉船相对明确的年代信息、独特的船体结构、丰富的船货组合对陶瓷考古、造船技术、海外贸易研究有重要意义。

关键词：《华光礁一号沉船遗址发掘报告》，南宋早期，造船史，陶瓷考古，陶瓷贸易

华光礁一号沉船位于南海西北部，西沙群岛的西部，是我国水下考古发掘的第一艘远海沉船。沉船在1996年被渔民发现后遭到盗掘，1998—1999年西沙水下考古队对其进行抢救性试掘并发表试掘报告[1]。2007—2008年由国家博物馆水下考古研究中心主持，对华光礁一号沉船遗址进行全面揭露、清理和遗物提取。2011年海南省博物馆策划"华光礁一号沉船特展"，自2013年起在全国各地巡回展出，出版多本图录[2]，相关研究也逐步开展。经过数年整理，《华光礁一号沉船遗址发掘报告》（下文简称《华光礁》）于2022年正式出版[3]。尽管遗址保存情况并不理想，但经过全面、系统的科学发掘，华光礁一号沉船遗址在宋代造船技术、陶瓷考古、海外贸易等领域展现出重要的研究价值。本文将从报告编写、水下发掘工作、沉船遗址三个层面进行述评。

在我国水下考古工作开展的三十多年间，前后已经出版过两个系列的水下考古报告[4]。一是"中国水下考古报告系列"，共出版4本，即《绥中三道岗元代沉船》[5]、《西沙水下考古（1998~1999）》[6]（下文简称《西沙》）、《福建连江定海湾沉船考古》[7]、《福建平潭大练岛元代沉船遗址》[8]。二是"国家文物局水下文化遗产保护中心考古报

---

* 本文为国家社科基金一般项目"海外遗址出土宋元贸易陶瓷研究"（项目编号：21BKG029）阶段性成果。

告系列",包括《福建沿海水下考古调查报告（1989~2010）》[9]、《南海Ⅰ号沉船考古报告之一——1989~2004年调查》[10]（下文简称《南海之一》）、《安徽水下考古调查报告（2008~2016）》[11]、《南海Ⅰ号沉船考古报告之二——2014~2015年发掘》[12]（下文简称《南海之二》）等，《华光礁》正是这个系列的第5部。其中，除去考古调查、试掘报告，进行过全面、系统发掘的沉船遗址实则只有4处——绥中三道岗沉船、白礁一号沉船、平潭大练岛元代沉船、南海Ⅰ号沉船，保存状况不一。在此基础上，《华光礁》借鉴了已有报告的整体内容，但更多的是结合遗址自身情况对具体章节设计进行调整。

《华光礁》共分六章，包括前言、发掘概述、船体遗存、出水遗物、科技分析与研究、结语。第一章简述华光礁一号沉船水下考古工作概况及遗物、遗迹的编号原则。第二、三、四章集中展示了水下发掘工作的过程和发现。第五、六章为针对华光礁一号沉船的考古发现开展的初步研究。下文将依次对第二至六章内容加以述评。

第二章"发掘概述"介绍了沉船沉没地点的地理环境、历史沿革及既往工作，详述2007年和2008年的发掘工作，尤其是从表面清理到发掘、测绘、回填或遗物提取的整个发掘过程。《华光礁》对水下发掘的具体操作和遗迹现象的描述比以往报告更为细致，读者可以据此了解水下堆积原状。鉴于水下考古工作的特殊性，每一次实践经验的积累都极为重要，第二章单列若干小节介绍水下发掘技术与方法、遗址考古摄影拼接、考古发掘现场的文物保护，尤其是对所用设备、操作及其优缺点的阐述有助于考古工作者更加安全、高效、科学地开展水下发掘工作。其中，出水文物的保护是水下考古工作的重点和难点，报告仅述及发掘现场的保护措施，并未涉及研究者针对不同类型的出水文物制定的保护方案[13]。这些相关内容或可以附录的形式择要纳入。

与绥中三道岗沉船、白礁一号沉船、平潭大练岛元代沉船等船体基本不存的状况不同，华光礁一号沉船保存了部分船体，并经过精细发掘和记录，因而《华光礁》将"船体遗存"作为独立章节详细介绍。第三章分为两部分，分别与水下和地上的考古工作相对应。一是整体介绍作为水下遗迹的船体结构，包括船体保存状况和连接方式；二是将船体构件拆解提取后作为遗物分别介绍。沉船整体构架及其连接方式在泉州后渚港沉船、宁波古船、蓬莱古船等地上沉船遗迹，以及整体打捞出水的南海Ⅰ号沉船中保存较好，因此这些沉船的报告对沉船本体的介绍更注重整体性，缺少各个构件的精确测绘数据[14]。华光礁一号沉船拆解提取的方式反倒弥补了这一缺憾。《华光礁》除分别介绍龙骨、龙骨翼板、龙骨补强材、船壳板、压缝板、肋骨、隔舱板、舌形榫的位置和连接方式外，又以附录的形式展现了全部520个构件的位置、尺寸、形制及痕迹、出水日期，是目前唯一提供了沉船各构件详细测绘数据的发掘报告。除文字描述和测量数据，报告还展示了每一构件的平、剖面图，绘制各层船壳板平面图，并在船体遗迹总平、剖面图中标注了每一构件的编号。此外，报告还公布了大量反映船体构件水下原貌及衔接、加固痕迹的照片。《华光礁》为船型和结构的复原提供了尽可能详细的信息，通过文字、数据、线图、照片的全方位记录，在有限的保存条件下，可以实现对船体构件的重新拼接。美中不足的是，《华光礁》图3-81等部分船体构件平、剖面图漏掉了剖面线，导致无法确定剖面的位置。

第四章重点对华光礁一号沉船出水遗物进行分类描述，包括陶瓷器、金属器和凝结物。遗物以陶瓷器为主，共 10792 件（套/片）。如何系统、有序地展现大量出土遗物是考古报告面临的关键问题之一。分类选取标本加以展示是考古报告常用的方法，分类标准直接决定了我们对被代表遗物的认识。《华光礁》对陶瓷器的分类涵盖窑场与釉色、器类、器型、亚型四个层级，改变了以类型学建立编年框架为目的的传统体例。《华光礁》与《南海之二》都改变了以往以釉色作为第一层级的分类方式，首先区分陶瓷器的产地。沉船遗迹基本可以视作一个短期迅速形成的堆积单位，因此遗物分类应当反映一个年代单位之下更为细节的信息，陶瓷产品的产地即是其一。另一方面，尽管考古发掘报告力求客观，但不可避免地受到当下学术关注点的影响，以窑场为基础的分类更适应当下陶瓷贸易研究所关注的从生产到销售过程的问题。《华光礁》不再使用"式"这一分类层级也体现了发掘者对考古类型学及陶瓷考古的深入理解。"式"在类型学中代表逻辑发展的先后关系，而在短期堆积的沉船遗址中主要表现为"型"的差别。随着窑址调查和发掘工作的推进，研究者对窑场的认识也在不断细化。《西沙》将试掘出水的青白瓷器划分为两大类，认为分别来自景德镇湖田窑和福建泉州地区的窑址（如德化窑、南安窑等），《华光礁》进一步确定了后者部分来自于闽清义窑[15]。此外，《华光礁》还补充了试掘时未曾出水的遇林亭窑黑釉瓷等产品。《华光礁》型与亚型的划分标准与《西沙》不同。以《西沙》A 型青白瓷碗为例，《西沙》依据口部形制将其分为敞口、撇口、唇口三亚型，但同一亚型的器物差别较大。而同类器物在《华光礁》中对应的是闽清义窑青白瓷小碗，依据内底形态的不同分为三型。《西沙》Aa 型青白瓷碗（图一）包含《华光礁》中闽清义窑 A 型（图五）、C 型青白瓷小碗（图二）；《西沙》Ab 型（图三、图四）、Ac 型青白瓷碗均包含《华光礁》中闽清义窑 A 型（图五）、Ba 型青白瓷小碗（图六）。《西沙》A 型青白瓷碗口部的差异更可能是工匠拉坯力度的细微差异所致，相比而言，《华光礁》的分类更能体现产品类别的不同。

合理的分类是报道遗物的基础，但遗物展示的数量和质量同样影响了读者对遗物的认识。笔者分别统计了《华光礁》中各型陶瓷器标本总数、器物描述、照片和线图的数量，发现《华光礁》首先保证了每一型器物都有文字描述和照片，标本数多的类型则多加展示，加之每一层级的分类都准确标明了器物数量，使得读者在了解所有出水器物类型的同时还能对不同类型器物的比例有直观的印象。遗物描述准确、全面，器物照片涵盖了不同角度，尤其是以往报告中常常忽略的圈足照片，对于观察制瓷工艺极为重要。然而，《华光礁》的线图在数量和质量上尚有改进空间。线图数量较少，龙泉窑器物、景德镇 B 型青白瓷盘等器物没能做到每个亚型至少一张线图，读者对于这些类型器物的理解只能基于文字描述和照片。报告较少绘制俯视图，而以照片代替，刻划线条并不清晰。以《华光礁》W1：719 为例，《华光礁》仅绘制正视图，难以反映内壁纹饰全貌，线条也稍显生硬（图七）。与之相比，《西沙》同类器物 W1：0464 加入手绘俯视图，且线条细腻，更有利于表现刻、划的深度和起刀、落刀之处（图八）。电

图一 《西沙》Aa型青白瓷碗 W1:0167

图二 《华光礁》C型青白瓷小碗 W1:73

图三 《西沙》Ab型青白瓷碗 W1:0010

图四 《西沙》Ab型青白瓷碗 W1:0079

图五 《华光礁》A型青白瓷小碗 W1:754

图六 《华光礁》Ba型青白瓷小碗 W1:171

图七 《华光礁》B型青白瓷碗 W1:719

图八 《西沙》Bb型青白瓷碗 W1:0464

脑绘图技术为器物线图的绘制提供了便利，但绘图者尚需精进对线条粗细变化的掌控。此外，《华光礁》遗物的编号没有体现出土位置信息，无法据此还原遗物的埋藏空间。幸而附录二、附录三分别以探方和船舱为单位统计了各类型陶瓷的数量，提供了各探方或船舱中不同窑场陶瓷器的比例关系，但据此讨论遗物空间特点只能停留在窑场层面。报告在2007年发掘经过部分提到"清理到成叠成摞的瓷器堆积时，根据需要进行细部清理，并按探方、按船舱逐层做好器物登记"，这部分记录若能以附录的形式补充，可以弥补这一遗憾。

科技分析一直是沉船研究中不可或缺的手段之一，但在早期水下考古报告中体现较少[16]。第五章"科技分析与研究"借鉴《南海之一》，介绍了陶瓷器产地和船体树种的科技分析两部分内容。研究者通过便携式XRF分析出水陶瓷器的瓷釉成分，确定了考古学观察中存疑的部分青白瓷、青釉瓷的产地，指出酱黑釉器除磁灶窑外可能还有另外的来源。釉料的Ca-K关系表明闽清义窑、南安窑和部分酱黑釉器的釉料不同于南方地区典型的高钙釉，使用的是钙碱釉或碱钙釉。但对于这一数据差异能否表明其配釉工艺与北方制瓷工艺的关系仍需谨慎。沉船船体的树种鉴定表明华光礁一号船体主要木材为硬木松，香樟仅用作船体最重要的承重结构，符合宋代造船用材的一般特征。

第六章"结语"讨论了华光礁一号沉船的船体结构、沉船年代、船货组合、运输路线，及宋代海外贸易港口和船货组合的阶段性变化。结语指出沉船船体结构符合宋代"福船"特点，六层船壳板表明华光礁一号已接近无法涉海远航。根据本次发掘出水"壬午载潘三郎造"闽清义窑青白釉碗，结合沉船陶瓷器总体特征，《华光礁》将沉船年代定在南宋早期，修正了《西沙》"南宋中、晚期"的结论。结语对比华光礁一号沉船、全富岛一号沉船、爪哇海沉船、南海I号沉船相似的船货组合，指出龙泉窑、福建窑场的青瓷，景德镇窑、闽清义窑、德化窑的青白瓷，晋江磁灶窑的酱黑釉器，福建窑场的黑釉瓷等是南宋沉船中常见的船货组合，铁制品也是对外输出的重要商品。出水瓷器产地的确定为判断交通运输路线提供了基础。以往水下考古发掘报告以上述沉船年代和航线作为关注的重点，《华光礁》则进一步结合其他沉船资料分析了宋代南海贸易商品和港口的阶段性变化，将华光礁一号沉船置于海外贸易港口由江浙、广州转移至福州、泉州，及新的腹地经济发展的大背景下，突出了华光礁一号沉船的重要地位。

调查和发掘报告是考古学的一手资料，不仅是考古学研究的基础，也是田野发掘过程和成果的体现。《华光礁》记录的细致程度反映了本次水下考古发掘工作的严谨性，遗迹、层位、空间意识贯穿了本次发掘工作始终。遗迹意识即不以提取遗物为重点，而以全面发掘遗址信息为中心。华光礁一号沉船遗址的表面清理和发掘都做到了先摄影、摄像、测绘记录，再提取遗物，保证了信息的整体性。层位意识指自上而下逐层清理并保证遗物与层位信息对应。这一点在船体发掘中体现尤为明显，从《华光礁》所附各层船壳板平面图即可看出。空间意识指将沉船遗迹视作一个小型聚落，充分考虑不同部位的空间关系。尽管华光礁一号沉船保存情况并不理想，但发掘者对于成摞成叠的器物还是做到了按船舱提取，并将信息体现在"华光礁一号沉船遗址遗物分布图"上。

　　总体而言,《华光礁》基本反映了当前条件下水下考古发掘和报告编写的最高水平,符合科学规范。而沉船相对明确的年代信息、独特的船体结构、丰富的船货组合又对造船技术、陶瓷考古、海外贸易研究有重要意义。

　　华光礁一号沉船发现的六层船壳板证实了《马可波罗行纪》"六板之船"的记载,为宋代海船造船工艺研究提供了重要的实物材料。在泉州后渚港沉船发掘之前,造船史研究主要借助文献梳理中国古代船舶的发展脉络[17]。后渚港沉船为文献记载提供了实物依据,更为船舶复原提供了具体参照[18]。尖底、头尖尾方、船身扁阔、多重板、水密舱、多桅、艌料填缝、铁钉连接等结构特点,使用松木、杉木、樟木等用材特点成为研究者对宋元福船的普遍认识[19]。新安沉船[20]、宁波沉船[21]的发现和复原进一步补充了对鱼鳞式搭接[22]、减摇龙骨[23]等船舶结构的认识。关于多重船壳板,早在20世纪70年代陈高华、吴泰[24]已经注意到《马可波罗行纪》的相关记载:"船舶,每年修理一次,加厚板一层。其板刨光涂油,结合于原有船板之上……应知此每年或必要时增加之板,只能在数年间为之,至船壁有六板厚时遂止。盖逾此限度以外,不复加板,业已厚有六板之船,不复航行大海,仅供沿岸航行之用,至其不能航行之时,然后卸之。"[25]以往发现的后渚港沉船、宁波沉船均为三层船板,华光礁一号沉船是目前发现船壳板层数最多的沉船,印证了"六板之船"的存在,只是六板之船仍可航行大海,是否如马可·波罗所言航行海船不超过六层船板仍待更多考古发现的验证。针对多层船壳板的建造工艺,有学者提出多层船壳板是一次成型还是逐年增加的问题[26],华光礁一号沉船或可提供线索。舌形榫是连接船板的重要构件,华光礁一号沉船中不同部位的舌形榫穿透了不同层数的船壳板,或许是船壳板逐年增加所致,具体仍需详细分析各个构件的组建顺序。

　　华光礁一号沉船较为明确的绝对年代信息为窑址所见陶瓷产品的断代提供了参照。华光礁一号沉船出水的陶瓷器产地以福建地区为主。福建地区的陶瓷产品面貌复杂,窑址调查为城市、墓葬、窖藏、沉船等遗址出土陶瓷产地的判断奠定了基础,但产品年代问题一直没有得到较好地解决。早期的窑址发掘以窑炉为核心,注重揭露窑炉结构,对废弃堆积关注不足。即便发掘报告介绍了地层堆积情况,出土遗物也常常不标注具体地层,而是全部归入某一窑或探方统一编号,再分型分式加以描述,导致读者无法根据层位关系研判报告分期断代的可靠程度。除去窑址地层被扰乱、简报篇幅较小等客观因素,分类举例介绍标本的写作方式也使得读者难以了解各发掘单位产品的整体情况和比例关系。最终导致有较好的地层关系、能够用以分期的窑址材料较少。即便有的窑址建立起了相对年代序列,绝对年代的判断也常常借助于龙泉窑、景德镇窑的编年体系,即以同类仿烧器物略晚于创烧地为前提。然而何种相似可以判定为对某类器物的仿烧,仿烧与创烧是否亦步亦趋,两者年代差有多少等问题都没有得到论证。因此,短期迅速埋藏的纪年材料对福建陶瓷的断代尤为重要,分述如下。

　　1976年福建省博物馆发掘德化盖德碗坪仑窑址和浔中屈斗宫窑址,发掘者将窑址堆积分为盖德碗坪仑下层、上层和屈斗宫三期[27]，而三期的绝对年代一直存在争议。林忠干、张文崟将盖德碗坪仑下层、上层瓷器分别与墓葬、窑址出土的景德镇、龙泉窑同类型器物对比，将绝对年代分别定为北宋晚期至南宋中期、南宋晚期至元代早期[28]。华光礁一号沉船出水的德化窑青白瓷以盒、瓶为主，C型青白瓷小瓶（图九）、A型青白瓷小盒（图一〇）、C型青白瓷盒（图一一）分别与盖德碗坪仑下层一类瓶（图一二）、二类Ⅲ型盒（图一三）、二类Ⅰ型盒（图一四）相似[29]。此外，南平南山村绍兴二十二年（1152年）墓出土德化窑瓷盒（图一五）[30]与盖德碗坪仑下层二类Ⅲ型盒一致，福州兴利山绍兴二十七年（1157年）墓出土德化窑盖罐之盖（图一六）[31]与盖德碗坪仑下层二类盖（图一七）相近。与盖德碗坪仑下层器物相关的纪年材料均集中于南宋早期，即12世纪中晚段，目前尚未见到明确早到北宋晚期的德化窑器物。因而，华光礁一号等沉船材料或可帮助细化德化窑盖德碗坪仑下层的绝对年代。

经过考古发掘的景德镇宋代青白瓷窑址有湖田窑[32]、铜锣山[33]、凤凰山[34]、道塘里[35]，报告虽未能提供较好的地层依据，但研究者结合丰富的纪年材料建立起了比较精细的景德镇宋元青白瓷编年框架[36]。目前所见南宋早期纪年材料以灯、炉、盒、瓶、罐、执壶为主，碗、盘、杯等器物少见[37]，导致南宋早期器物辨识存在困难。华光礁一号沉船出水器物恰好填补了这一阶段的纪年材料。

闽清义窑、磁灶窑、南安窑、遇林亭窑、松溪窑目前没有较好的地层单位确定产品的相对年代序列，沉船建立起的编年体系有助于从绝对年代的角度认识这些产品。华光礁一号沉船的瓷器组合与爪哇海沉船[38]、布雷克暗沙沉船[39]基本一致，也为两艘没有明确纪年信息的沉船提供了年代参考。

除了对窑址编年研究的推动，华光礁一号沉船出水的部分陶瓷器也丰富了窑场的产品类型。例如，景德镇青白瓷B型碗（图一八）、A型盏、B型盘、C型盘等类型产品，在国内墓葬、窖藏、城市、窑址的调查和发掘中尚未发现，但在同时期海外发现的爪哇海沉船、布雷克暗沙沉船中均有出水。这一方面补充了南宋早期景德镇青白瓷产品的类型，同时也提示我们未来关注国内此类产品的出土情况。

华光礁一号等宋元时期沉船出水陶瓷器产地的确定推动了陶瓷贸易讨论中生产端与消费端的连接。自1998年华光礁一号沉船试掘出水部分瓷器后，瓷器产地就成为研究者首先关注的重点。产地的确定使得沉船成为连接窑址与海外遗址材料的中间环节，进一步证实了中国古代外销瓷的生产、运输、销售链条和贸易路线[40]。沉船中福建陶瓷与景德镇窑产品共出，也使得福建窑场的仿烧模式再次被关注[41]。2007—2008年华光礁一号沉船全面发掘，明确的纪年信息[42]和更加精细的产地判断推动陶瓷贸易研究的深化。一方面，沉船的编年体系不断细化，研究者藉此探讨不同时期参与海外陶瓷贸易窑场的变迁及其原因[43]。另有研究者通过对比沉船与海外遗址、国内沿海港口遗址出土瓷器的窑场组合[44]，或借助某类瓷器（如青白瓷）在外销市场中所占比例[45]，揭示年代、窑址、港口、市场等不同变量之间的对应关系。实际是在外销窑场的阶段

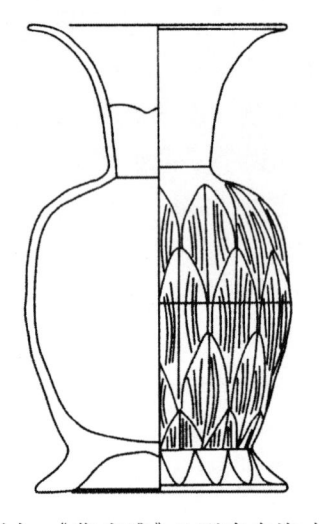

图九 《华光礁》C型青白瓷小瓶 W1:614

图一〇 《华光礁》A型青白瓷小盒 W1:93

图一一 《华光礁》C型青白瓷盒 W1:1287

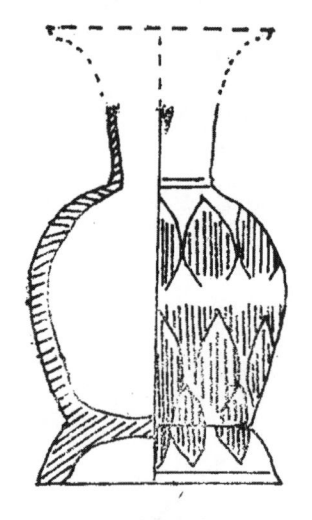

图一二 《德化窑》碗坪仑下层一类瓶

图一三 《德化窑》碗坪仑下层二类Ⅲ型盒标本 1305

图一四 《德化窑》碗坪仑下层二类Ⅰ型盒标本 1326

图一五 南平南山村绍兴二十二年（1152年）墓出土德化窑瓷盒

图一六 福州兴利山绍兴二十七年（1157年）墓出土德化窑盖罐

图一七 《德化窑》碗坪仑下层二类盖

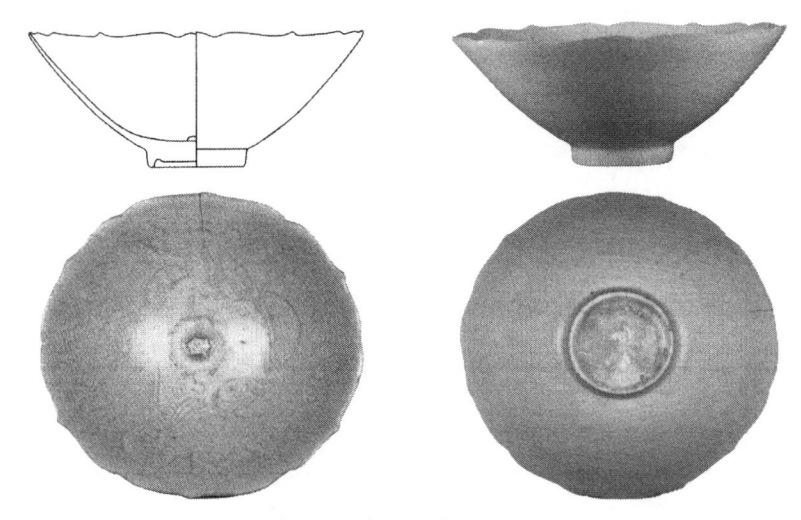

图一八 《华光礁》B 型青白瓷碗 W1∶597

性变化之上加入市场差异、港口差异进行讨论，使得结构观察的角度更为复杂。《华光礁》的出版或将推动问题研究进一步细化，比如结合窑址信息讨论同一窑场的产品呈现出怎样的市场差异；借助更准确的数量统计讨论同一批船货中仿烧瓷器与原创瓷器的组合与比例关系，不同陶瓷产品在不同时代、地域、类型市场上的份额差异，以及同时期不同窑场在外贸活动中所扮演的角色差异；结合遗物出土的空间信息讨论船货装载方式及其管理模式等。

华光礁一号沉船作为南宋早期沉船的代表在以上研究中不可或缺，相信《华光礁》提供的丰富、详细、全面的信息将进一步推动相关领域的研究，并在之后的水下考古工作和报告编写中发挥重要的借鉴作用。

注　释

[1] 中国国家博物馆水下考古研究中心、海南省文物保护管理办公室《西沙水下考古（1998～1999）》，科学出版社，2006年。

[2] 海南省博物馆《大海的方向：华光礁Ⅰ号沉船特展》，凤凰出版社，2011年；山西博物院、海南省博物馆《华光礁一号沉船遗珍》，山西人民出版社，2013年；浙江省博物馆《扬帆南海——华光礁1号沉船出水文物特展》，中国文化出版社，2014年。

[3] 国家文物局考古研究中心、海南省文物局、海南省文物考古研究所《华光礁一号沉船遗址发掘报告》，文物出版社，2022年。

[4] 还有部分沉船遗址已不在水下，田野发掘与报告编写方法同陆地遗迹相近，如泉州湾后渚港宋代沉船、宁波古船、蓬莱四艘元明时期沉船。

[5] 张威《绥中三道岗元代沉船》，科学出版社，2001年。

[6] 中国国家博物馆水下考古研究中心、海南省文物保护管理办公室《西沙水下考古（1998～1999）》，科学出版社，2006年。

[7] 中国国家博物馆水下考古学研究中心、厦门大学海洋考古学研究中心、福建博物馆考古研究所

等《福建连江定海湾沉船考古》，科学出版社，2011年。

[8] 中国国家博物馆水下考古研究中心、福建博物院文物考古研究所、福州市文物考古工作队《福建平潭大练岛元代沉船遗址》，科学出版社，2014年。

[9] 国家文物局水下文化遗产保护中心、中国国家博物馆、福建博物院等《福建沿海水下考古调查报告（1989～2010）》，文物出版社，2017年。

[10] 国家文物局水下文化遗产保护中心、中国国家博物馆、广东省文物考古研究所等《南海Ⅰ号沉船考古报告之一——1989～2004年调查》，文物出版社，2017年。

[11] 国家文物局水下文化遗产保护中心、安徽省文物考古研究所《安徽水下考古调查报告（2008～2016）》，科学出版社，2017年。

[12] 国家文物局水下文化遗产保护中心、中国国家博物馆、广东省文物考古研究所等《南海Ⅰ号沉船考古报告之二——2014～2015年发掘》，文物出版社，2018年。

[13] 张月玲、付永海、张可《西沙"华光礁一号"出水文物科学保护》，东亚文化遗产保护学会、内蒙古博物院、中国文物保护技术协会编《东亚文化遗产保护学会第二次学术研讨会论文集》，科学出版社，2013年，363—370页；马丹、郑幼明《"华光礁一号"南宋沉船船板中硫铁化合物分析》，《文物保护与考古科学》2012年3期，84—89页；胡晓伟《几件西沙华光礁Ⅰ号沉船遗址出水瓷器的保护研究》，《文物保护与考古科学》2013年4期，54—64页；包春磊、刘爱虹《"华光礁Ⅰ号"南宋沉船保护（Ⅰ期）与研究》，文物出版社，2021年。

[14] 福建省泉州海外交通史博物馆《泉州湾宋代海船发掘与研究》，海洋出版社，1987年；林士民《宁波东门口码头遗址发掘报告》，浙江省文物考古研究所《浙江省文物考古研究所学刊（1981）》，文物出版社，105—129页；山东省文物考古研究所、烟台市博物馆、蓬莱市文物局《蓬莱古船》，文物出版社，2006年。

[15] 1958年，文物普查发现闽清义窑5处窑址。20世纪80年代，故宫博物院再次调查，采集部分标本。1983年厦门大学历史系考古专业进行过调查并发表简报，介绍了义窑11个山头的窑址和遗物。2009—2010年福建博物院文物考古研究所与闽清县博物馆抢救性发掘捆蛇垱一号窑、二号窑及二师傅岗一号窑三座窑炉遗迹。2015年又对下窑岗一号窑址进行抢救性发掘并发表简报，揭露出窑炉、淘洗池、储泥池等遗迹。以此为契机，2015年联合考古队又对义窑展开全面调查，共发现111处窑址，调查报告较为全面地展现了闽清义窑产品的面貌和生产状况。针对窑址开展的调查与发掘工作为辨识遗址中出土的闽清义窑产品提供了基础。丘家炳、严惠芳《闽清宋代窑址》，《文物》1959年6期，69—70页；故宫博物院《故宫博物院藏中国古代窑址标本·福建》，故宫出版社，2016年，682—693页；福建省闽清县文化局、厦门大学历史系考古专业《福建省闽清县义窑和青窑调查报告》，中国人民政治协商会议福建省闽清县委员会文史工作组编《闽清文史资料（古陶瓷专辑）》，1984年，1—30页；福建博物院、闽清县博物馆《闽清下窑岗一号窑址发掘简报》，《福建文博》2018年2期，2—11页；福建博物院《闽清义窑考古调查发掘报告》，海峡书局，2020年。

[16] 早期沉船的科技分析多以独立研究的形式呈现，如围绕泉州后渚港沉船就曾开展过木材、贝类、果品种子、药物、香料的鉴定，作为研究部分将零散的成果整合在《泉州湾宋代海船发掘与研究》一书中。《福建连江定海湾沉船考古》开始在报告中加入附着海洋生物的鉴定。除海洋生物分析之外，《南海之二》还在附录中加入了人骨、动物、植物鉴定及 ^{14}C 测年报告。

[17] 杨槱《中国造船发展简史》，中国造船工程学会编《中国造船工程学会1962年年会论文集（第

二分册 运输船舶）》，国防工业出版社，1964年，7—32页；周世德《中国沙船考略》，中国造船工程学会编《中国造船工程学会1962年年会论文集（第二分册 运输船舶）》，国防工业出版社，1964年，33—63页。

[18] 泉州湾宋代海船复原小组、福建泉州造船厂《泉州湾宋代海船复原初探》，《文物》1975年10期，28—35页；福建省泉州海外交通史博物馆《泉州湾宋代海船发掘与研究（修订版）》，海洋出版社，2017年。

[19] 叶文程《从泉州湾海船的发现看宋元时期我国造船业的发展》，《厦门大学学报（哲学社会科学版）》1977年4期，65—71页。庄为玑、庄景辉强调后渚港沉船与广船和浙船的差异，认为广船不用铁钉和桐油灰，浙船狭长；庄为玑、庄景辉《泉州宋船结构的历史分析》，《厦门大学学报（哲学社会科学版）》1977年4期，75—83页。

[20] 〔韩〕公报部、文化财管理局编《新安海底遗物（资料篇Ⅱ）》，文化公报部、文化财管理局，1984年，121—144页。

[21] 林士民《宁波东门口码头遗址发掘报告》，浙江省文物考古研究所编《浙江省文物考古研究所学刊1981》，文物出版社，1981年，105—129页；席龙飞、何国卫《对宁波古船的研究》，《武汉水运工程学院学报》1981年2期，23—32页。

[22] Lee Chang-euk, "A Study on the Sructural and Fluid Characteristics of a Rabbetted Clinker Type Ship (The Sunken Ship Salvaged off Sinan)." *Proceedings: International Sailing Ships History Conference*, 1991, pp. 154-168；何国卫《泉州南宋海船船壳的多重板鱼鳞式搭接技术》，《海交史研究》2016年1期，1—12页。

[23] 席龙飞、何国卫《中国古船的减摇龙骨》，《自然科学史研究》1984年4期，368—371页。

[24] 陈高华、吴泰《关于泉州湾出土海船的几个问题》，《文物》1978年4期，81—85页。

[25] 〔意〕马可·波罗著，〔法〕A. J. H. Charignon注，冯承钧译，党宝海新注《马可波罗行纪》，河北人民出版社，1999年，567—568页。

[26] 袁晓春《马可波罗对海上丝绸之路中国造船技术的记载与传播》，《南海学刊》2016年1期，108—112页。

[27] 福建省博物馆《德化窑》，文物出版社，1990年。

[28] 林忠干、张文崟《宋元德化窑的分期断代》，《考古》1992年6期，559—566页。

[29] 福建省博物馆《德化窑》，文物出版社，1990年，30、32、36—43、49—51页，图版五、七、八。

[30] 张柏《中国出土瓷器全集·福建卷》，科学出版社，2008年，79页。

[31] 张柏《中国出土瓷器全集·福建卷》，科学出版社，2008年，80页。

[32] 江西省文物考古研究所、景德镇民窑博物馆《景德镇湖田窑址——1988-1999年考古发掘报告》，文物出版社，2007年。

[33] 江西省文物考古研究所、景德镇民窑博物馆《江西景德镇竟成铜锣山窑址发掘简报》，《文物》2007年5期，48—59页。

[34] 江西省文物考古研究所、浮梁县博物馆《江西浮梁凤凰山宋代窑址发掘简报》，《文物》2009年12期，25—38页。

[35] 江西省文物考古研究所、浮梁县博物馆《江西景德镇道塘里宋代窑址发掘简报》，《文物》2011年10期，35—50页。

[36] 刘新园、白焜《景德镇湖田窑考察纪要》，《文物》1980年11期，39—47页；江西省文物考古研究所、景德镇民窑博物馆《景德镇湖田窑址——1988-1999年考古发掘报告》，文物出版社，

2007年；裴亚静《简论景德镇宋元时期青白瓷器》，中国古陶瓷研究会编《中国古陶瓷研究》（第五辑），紫禁城出版社，1999年，209—221页；孙琳《宋代纪年墓葬出土青白瓷器的类型与分期》，吉林大学硕士学位论文，2008年；宋东林《景德镇窑五代宋元时期青白釉瓷器研究》，北京大学博士研究生学位论文，2014年；江西省文物考古研究院、中国人民大学历史学院、北京大学考古文博学院《银坑坞：景德镇南河流域窑址考古调查报告之一》，文物出版社，2020年，204—216页。

[37] 如建炎四年（1130年）赵仲湮墓出土香炉，绍兴二十年（1150年）董氏墓出土长颈瓶，绍兴三十年（1160年）胡六郎墓出土碗和灯，乾道元年（1165年）徐衎墓出土盖罐、筒形杯、方盒、灯、注壶，乾道九年（1173年）汪澈墓出土执壶、魂瓶、盏托，淳熙十一年（1184年）张敦颐墓出土盖罐，大定二十四年（1184年）马令夫妇墓出土印花碗、菊瓣牒，庆元六年（1200年）汪庚墓出土碗。彭适凡《宋元纪年青白瓷》，庄万里文化基金会，1998年，59—67、94—96页；刘涛《宋辽金纪年瓷器》，文物出版社，2004年，105页；杨后礼《新建县樵舍南宋墓》，《江西历史文物》1983年2期，20—21页；江西省博物馆《江西宋代纪年墓与纪年青白瓷》，文物出版社，2016年，184—185页；辽宁省博物馆《辽宁朝阳金代壁画墓》，《考古》1962年4期，182—185页。

[38] William M. Mathers, Michael Flecker, *Archaeological Recovery of the Java Sea Wreck*, Annapolis: Pacific Sea Resources, 1997; Michael Flecker, "The Thirteenth-Century Java Sea Wreck: A Chinese Cargo in an Indonesian Ship." *The Mariner`s Mirror*, Vol. 89 No. 4, 2003, pp. 388-404; Michael Flecker, "Rescue Excavation: The Java Sea Wreck." *Heritage Asia*, Dec. 2005-Feb. 2006, pp. 25-29.

[39] Franck Goddio, *Weisses Gold*, Gottingen: Steidl Verlag, 1997, pp. 47-67; Marie-France Dupoizat, "The Ceramic Cargo of a Song Dynasty Junk Found in the Philippines and its Significance in the China-South East Asia Trade." In: Rosemary Scott, John Guy, (eds.), *South East Asia & China: Art, Interaction & Commerce*, London: Percival David Foundation of Chinese Art, 1995, pp. 205-224.

[40] 栗建安《从水下考古的发现看福建古代瓷器的外销》，《海交史研究》2001年1期，98—106页；栗建安《福建陶瓷外销源流》，《文物天地》2004年5期，12—22页；孟原召《宋元时期泉州沿海地区瓷器的外销》，教育部人文社会科学重点研究基地吉林大学边疆考古研究中心编《边疆考古研究》（第5辑），科学出版社，2007年，137—156页；羊泽林《从西沙华光礁一号沉船上的青釉褐彩器看福建釉下彩瓷的生产及外销》，中国古陶瓷学会编《中国古陶瓷研究》（第十四辑），紫禁城出版社，2008年，11—20页。

[41] 冯冕《从华光礁一号出水青白瓷看景德镇对福建青白瓷生产的影响》，中国古陶瓷学会编《外销瓷器与颜色釉瓷器研究》，故宫出版社，2012年，75—84页。

[42] 张威《西沙群岛华光礁I号沉船遗址抢救性发掘》，国家文物局主编《2007中国重要考古发现》，文物出版社，2008年，173—176页。

[43] 栗建安《略谈我国沉船遗址出水的陶瓷器及相关问题》，厦门大学海洋考古学研究中心《海洋遗产与考古》，科学出版社，2012年，185—193页；刘未《中国东南沿海及东南亚地区沉船所见宋元贸易陶瓷》，《考古与文物》2016年6期，65—75页；孟原召《华光礁一号沉船与宋代南海贸易》，《博物院》2018年2期，11—26页。

[44] 森达也《宋元外销瓷的窑口与输出港口》，沈琼华主编《2012'海上丝绸之路——中国古代瓷器输出及文化影响国际学术研讨会论文集》，浙江人民美术出版社，2013年，353—361页。

[45] 丁雨《南宋至元代中国青白瓷外销情况管窥》，北京大学中国考古学研究中心、北京大学震旦古代文明研究中心编《古代文明》（第 15 卷），2021 年，299—319 页。

Reviews of *Archaeological Report on the Excavations of Huaguang Jiao I Shipwreck Site*

Huang Xuewen

(School of Archaeology and Museology, Peking University)

Abstract: Huaguang Jiao I is the first far-sea shipwreck excavated by Chinese, and also an ocean trading ship sunk in the early southern Song dynasty. The site has been excavated comprehensively, systematacially and scientifically. The archaeologists of this excavation have paid attention to the remains, layers and spatial. This report presents the excavation process and relics meticulously and accurately. It surpasses the previous underwater archaeological survey and excavation reports, especially in the surveying and mapping data of the hull components, the ceramics categorization and origin identification, and the statistics of the number of relics. However, the quantity and quality of the plan and sectional drawings, and the spatial information of the excavated relics still need to be improved. The huaguang Jiao I shipwreck is important for the study of ceramic archaeology, shipbuilding technology and overseas trade because of its clear chronological information, unique hull structure, and rich cargo mix.

Key Words: *Archaeological Report on the Excavations of Huaguang Jiao I Shipwreck Site*, Early Southern Song Dynasty, Shipbuilding History, Ceramic Archaeology, Ceramic Trade

1. 窑址周围环境
2. 文保单位标志
3. 散落的遗物
4. 出露的遗迹

图版一 窑址情况

1. A型酱釉盏（15JCQ采：17）
2. B型Ⅰ式酱釉盏（15JCQ采：16） 
3. B型Ⅱ式酱釉盏（15JCQ采：19） 
4. C型酱釉盏（15JCQ采：76） 
5. C型酱釉盏内底（15JCQ采：76） 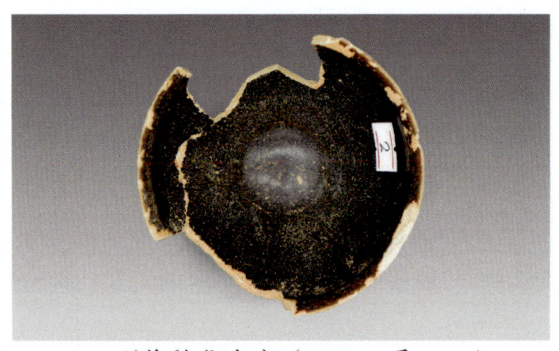
6. 酱釉器盖（15JCQ采：105、106） 
7. 青白釉A型墩式碗（15JCQ采：23） 
8. 青白釉B型墩式碗（15JCQ采：41） 

图版二　采集酱釉、青白釉瓷器

1. A型平口碗（15JCQ采：28）
2. B型平口碗（15JCQ采：44） 
3. 碗底（15JCQ采：40） 
4. 碗底（15JCQ采：68） 
5. 盏（15JCQ采：2〔上〕） 
6. 盘（15JCQ采：45） 
7. 盒（15JCQ采：31） 
8. 炉（15JCQ采：18） 

图版三　采集青白釉瓷器

1. 青白釉执壶流（23JCQ采：3） 　　2. 青白釉灯盏（15JCQ采：9）

3. 青白釉灯盏（15JCQ采：10） 　　4. 青白釉B型罐盖（23JCQ采：2）

5. 青白釉A型罐盖（15JCQ采：4） 　　6. 青白釉盒盖（15JCQ采：1）

7. 火照（15JCQ采：5） 　　8. 火照（15JCQ采：5）

图版四　采集青白釉瓷器及窑具

1. A型窑撑（15JCQ采：75）
2. A型窑撑（15JCQ采：75） 
3. B型窑撑（15JCQ采：77） 
4. C型窑撑（15JCQ采：71） 
5. 窑砖（15JCQ采：158） 
6. 窑砖（15JCQ采：158） 
7. D型窑撑（15JCQ采：74） 

图版五　采集窑具

图版六　光孝明因寺遗址T01—T06航拍图

1. T0306①：4

2. T0406①：1

3. T采：133

图版七　光孝明因寺遗址出土陶器残片

1. T0310④：9

2. T0702④：1

3. T0702④：2

4. T0601④：20

5. T0701③：1

6. T0702②：2

7. T0601②：9

8. T散：37

图版八　光孝明因寺遗址出土青釉瓷残片

1. 青白釉瓷残片（T0503③：4） 　　2. 青白釉瓷残片（T0702③：1）

3. 青花瓷残片（T0504②：15） 　　4. 青花瓷残片（T0506①：13）

5. 黑釉瓷残片（T0309③：50） 　　6. 黑釉瓷残片（T0703③：1）

7. 酱褐釉瓷残片（T0310②：2） 　　8. 酱褐釉瓷残片（T0310②：22）

图版九　光孝明因寺遗址出土青白釉、青花、黑釉、酱褐釉瓷残片

1. 瓦当（T0605④：28） 　　2. 瓦当（T0606④：15）

3. 筒瓦（T0605③：34） 　　4. 板瓦（T0605④：43）

5. 滴水（T0605①：31） 　　6. 花纹砖（T0205④：33）

图版一〇　光孝明因寺遗址出土建筑构件

1. 玻璃壶（迎宾大道 M16：4） 　　2. 釉陶壶Ba型（迎宾大道M62：2） 　　3. 灰陶壶（迎宾大道 M75：4）

图版一一　平城玻璃器、釉陶器与灰陶器

1. 平城釉陶罐Ea型（电焊厂M23：4） 　　2. 平城釉陶罐C型（迎宾大道M16：34） 　　3. 平城釉陶罐C型（迎宾大道M16：28）

4. 三燕酱釉陶小口罐（朝阳十二台乡砖厂88M1：42） 　　5. 三燕双耳釉陶小壶（辽阳三道壕8号墓出土） 　　6. 三燕四系釉陶罐（北票喇嘛洞ⅡM64出土） 　　7. 三燕四系陶罐（北票喇嘛洞ⅠM30出土）

图版一二　平城釉陶器与十六国三燕釉陶器

1. 平城釉陶壶Cb型（电焊厂M240∶8）
2. 平城釉陶壶Ca型（仝家湾M7∶1） 
3. 南方青瓷盘口壶（台州黄岩秀岭水库M44∶5） 
4. 南方青瓷盘口壶（南京李纂夫妇墓M2∶11） 
5. 南方青瓷盘口壶（河南淅川下寨M4∶1） 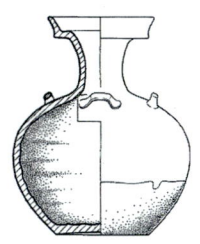
6. 南方青瓷褐彩鸡首壶（温州雨伞寺墓出土） 
7. 南方青瓷鸡首壶（南京谢珫墓M6∶11） 
8. 南方青瓷鸡首壶（南京谢珫墓M6∶12） 
9. 南方青瓷鸡首壶（南京谢珫墓M6∶13） 
10. 南方酱釉鸡首壶（大同金属镁厂M14∶1） 

图版一三　平城釉陶器与南方瓷器

1. 釉陶罐Be型（七里村M6∶3）
2. 釉陶罐Bd型（二电厂M36∶4） 
3. 彩绘灰陶三足樽（雁北师院M2∶19） 
4. 彩绘灰陶三足樽（田村北魏墓标本13） 

图版一四　平城釉陶新见器形及参考器物

1. 田村北魏墓标本58　　2. 雁北师院
　　　　　　　　　　　　M2∶72　　3. 草厂坡1号墓
　　　　　　　　　　　　　　　　　出土　　4. 迎宾大道M56∶4

图版一五　平城釉陶灯参考器物

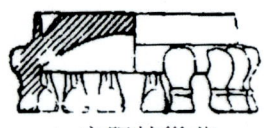

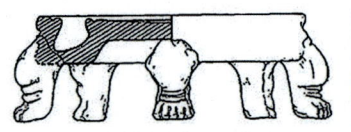

1. 安阳韩邕墓　　2. 西安长安张綝墓　　3. 郑州西郊郑仲明墓

4. 安阳桥村隋墓　　5. 安阳小屯1937YM386　　6. 兖州城郊乡旧关村墓

7. 章丘城角头M465　　8. 吉水房后山M11　　9. 湘阴城关镇郊外墓　　10. 长沙隋墓M4

11. 兴安县红卫村M1　　12. 扬州隋炀帝萧后陵　　13. 长沙咸嘉湖M1　　14. 长沙左家塘M36

15. 安阳置度村M8瓷捧砚侍女俑

图版一六　隋唐陶瓷辟雍砚（甲类A型）

1. 西安南郊李裕墓 　2. 西安南郊苏统师墓 　3. 礼泉长乐公主墓 　4. 朝阳蔡须达墓

5. 固原史索岩墓 　6. 朝阳孙则墓 　7. 乾县懿德太子墓 　8. 郧县李徽墓

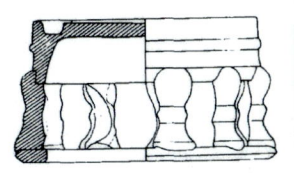

9. 郑州西陈庄唐墓 　10. 巩义市食品厂92HGSM1 　11. 偃师古城砖厂唐墓 　12. 南京后头山M11毛明府墓

13. 陕西师大新校区工地M45 　14. 陕县刘家渠M34 　15. 西安郭杜镇紫薇田园都市M309 　16. 禹州白沙172号唐墓

图版一七　隋唐陶瓷辟雍砚（甲类B型）

1. 长沙隋墓M7 　　2. 福建永春唐墓 　　3. 梅县梅畲M4

4. 全州赵司仓墓 　　5. 广州华侨新村唐墓 　　6. 高州良德唐墓

7. 瑞昌北溪水村 　　8. 太原隋斛律彻墓 　　9. 郑州郑仲淹墓

图版一八　隋唐陶瓷辟雍砚（乙类）

1. 安阳相州窑 　　2. 曲阜宋家村窑址 　　3. 曲阜宋家村窑址

4. 曲阜宋家村窑址 　　5. 泗水尹家城窑址 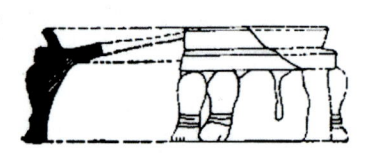　　6. 枣庄中陈郝窑址

7. 内丘邢窑88H1 　　8. 内丘邢窑03H48 　　9. 内丘西关北

图版一九　北方窑址出土隋唐辟雍砚

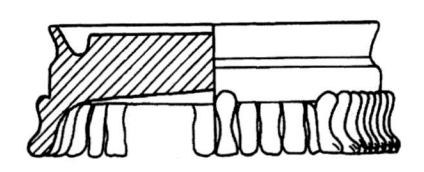

1. 丽水吕步坑窑
2. 丰城洪州窑 
3. 桂林桂州窑 
4. 成都青羊宫窑 
5. 成都青羊宫窑 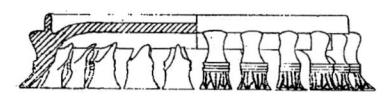
6. 成都青羊宫窑 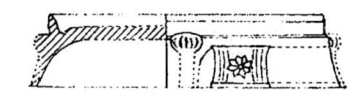
7. 邛崃十方堂窑 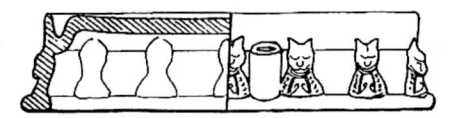
8. 邛崃十方堂窑 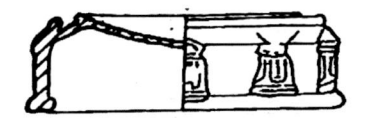
9. 浦城果子坞窑 
10. 桂林桂州窑 
11. 新会官冲窑 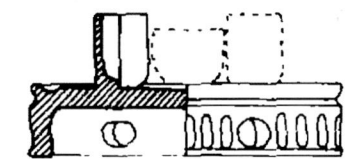
12. 新会官冲窑 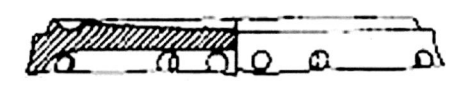
13. 新会官冲窑 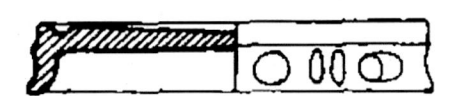
14. 新会官冲窑 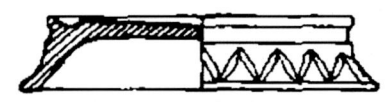

图版二〇　南方窑址出土隋唐辟雍砚

1. 渤海上京城遗址 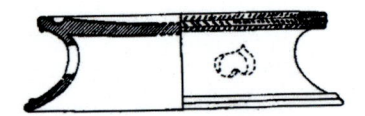　　　　　2. 渤海上京城遗址 　　　　　3. 咸镜北道锦城里渤海墓

4. 扶余锦城山 　　　　　　　5. 扶余扶苏山城 　　　　　　6. 庆州皇龙寺遗址

7. 庆州皇龙寺遗址 　　　　　8. 奈良法隆寺御坊山3号墓 　　9. 藤原京右京五条四坊

图版二一　渤海、百济、新罗及日本出土陶瓷辟雍砚

1. 唇口碗 　　　　　　　2. 敞口碗 　　　　　　　3. 敞口碗

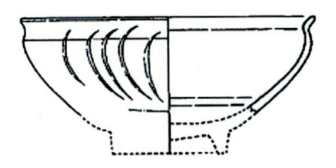

4. 刻划折扇纹束口碗 　　5. 刻划折扇纹束口碗 　　6. 刻划莲瓣纹侈口碗

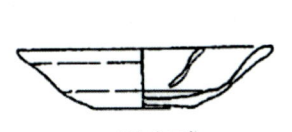

7. 平底碟 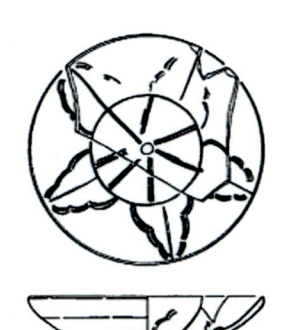　　　　　　　8. 刻划蕉叶纹平底碟 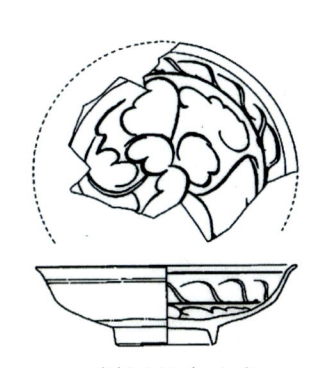　　9. 刻划花卉纹盘

图版二二　日本遗址出土广东陶瓷

（图中1—6、8、9：太宰府市教育委員会《太宰府市の文化財49：大宰府条坊跡XV》，2000年，Pla. 3、Pla. 2、Pla. 4、16页Fig. 2、Pla. 7、Pla. 7、23页Fig. 4、16页Fig. 2；图中7：福岡市教育委員会《博多出土貿易陶磁分類表——福岡市高速鉄道関係埋蔵文化財調査報告Ⅳ》，《福岡市埋蔵文化財調査報告書（第105集別冊）》，1984年，4页）

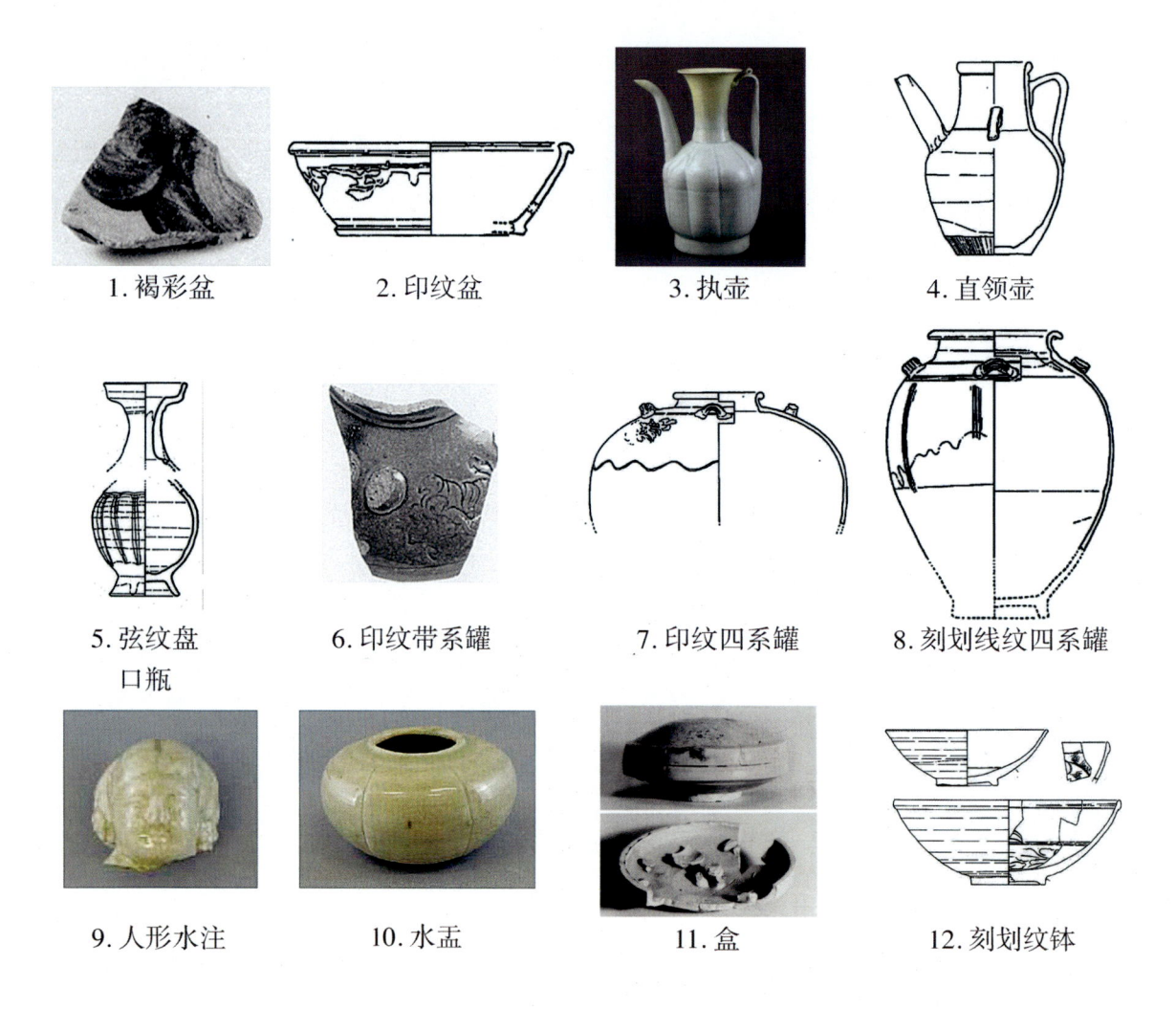

1. 褐彩盆　　2. 印纹盆　　3. 执壶　　4. 直领壶

5. 弦纹盘口瓶　　6. 印纹带系罐　　7. 印纹四系罐　　8. 刻划线纹四系罐

9. 人形水注　　10. 水盂　　11. 盒　　12. 刻划纹钵

图版二三　日本遗址出土广东陶瓷

（图中1：福冈市教育委员会《博多Ⅱ》，《福冈市埋藏文化财调查报告书（第86集）》，1982年，PL.15；图中2、4、7、8：太宰府市教育委员会《大宰府条坊跡ⅩⅤ——陶磁器分類編》，54页Fig. 21、58页Fig. 23、60页Fig. 24、28页Fig. 7；图中3：东京国立博物馆藏https:// webarchives.tnm.jp/imgsearch/show/C0013030，2023年7月31日；图中5：福冈市教育委员会《都市計画道路博多駅築港線関係—埋蔵文化財調査報告（Ⅱ）》，《福冈市埋藏文化财调查报告书（第184集）》，1988年，189页图282；图中6：福冈市教育委员会《博多34—博多遺跡群第56次発掘調査報告》，《福冈市埋藏文化财调查报告书（第326集）》，1993年，图版36；图中9、10：博多第6次调查出土，见福冈市埋藏文化财中心网站：https://www.city.fukuoka.lg.jp/ maibun/html/myc/toujiki.html，2023年7月31日；图中11、12：福冈市教育委员会《博多50——博多遺跡群第79次調査の概要》，《福冈市埋藏文化财调查报告书（第447集）》，1996年，66页Ph.50、65页Fig.27）

1. 青釉碗 　　　　　　　　2. 青釉碗

3. 青黄釉小罐 　　4. 青釉四系罐

5. 青黄釉带系罐

6. 青釉双系带流壶 　　7. 青釉六系大罐

图版二四　东南亚出土9—10世纪广东陶瓷

（图中1、5：Darrell J. Kitchener, Henry Kustiarsih, *Ceramics from the Musi River, Palembang, Indonesia: Based on a Private Collection*, Fremantle: Australian National Centre of Excellence for Maritime Archaeology, 2019, p.162 & p.114 Fig. 232；图中2、6、7：Regina Krahl, John Guy, J. Keith Wilson, Julian Raby, (eds.), *Shipwrecked: Tang Treasures and Monsoon Winds*, Washington, DC: Smithsonian Books, 2010, p. 198 Fig. 145 & p. 196 Fig. 143 & p. 197 Fig. 144；图中3：秦大树、任林梅《早期海上贸易中的越窑青瓷及相关问题讨论》，《遗产与保护研究》2018年2期，96—111页，图28；图中4：Horst Hubertus Liebner, *The Siren of Cirebon-A Tenth- Century Trading Vessel Lost in the Java Sea*, Doctoral thesis, The University of Leeds, 2014, pp. 177 Fig. 2.2-114）

1. 褐彩盆 　　2. 弦纹盘口瓶 　　3. 弦纹盘口瓶 　　4. 褐彩瓶 　　5. 刻莲瓣纹碗

6. 粉盒 　　7. 直领壶 　　8. 直领壶 　　9. 军持 　　10. 凤首壶

11. 瓜棱腹小罐 　　12. 刻划纹四系罐 　　13. 印纹四系罐

图版二五　东南亚陆上遗址出土10—12世纪广东陶瓷

（图中1：Southeast Asian Ceramic Society (West Malaysia Chapter), (ed.), *A ceramic legacy of Asia's Maritime trade-Song Dynasty Guangdong Wares and other 11th to 19th century Trade Ceramic found on Tioman Island, Malaysia,* Kuala Lumpur: Southeast Asian Ceramic Society, 1985, p. 84；图中2：黄慧怡《九至十二世纪潮州窑产品在东南亚的发现》，北京艺术博物馆编《中国潮州窑》，中国华侨出版社，2015年，340—346页，图3；图中3、4、7、13：Darrell J. Kitchener, Henry Kustiarsih, *Ceramics from the Musi River, Palembang, Indonesia: Based on a Private Collection,* Fremantle: Australian National Centre of Excellence for Maritime Archaeology, 2019, p. 177 & p. 181 & p. 171 & p. 116 Fig. 239；图中5、6、9、10、11、12：Roxanna M. Brown, (ed.), *Guangdong ceramics from Butuan and other Philippine sites,* Singapore: Oxford University Press, 1989, p. 100 & p. 104 & p. 108 & p. 92 & p. 107；图中8：Edwards McKinnon, *Kota Cina: its context and meaning in the trade of Southeast Asia in the twelfth to fourteenth centuries,* Doctoral thesis, Cornell University, 1984, p. 488 Fig. 124）

1. 唇口碗　　2. 侈口碗　　3. 褐彩盆　　4. 刻划纹盆

5. 四系罐　　6. 印纹四系罐　　7. 印纹四系罐　　8. 弦纹盘口瓶

9. 军持　　10. 瓜棱腹执壶　　11. 直领壶　　12. 印纹盆

图版二六　东南亚沉船遗址出土10—12世纪广东陶瓷

（图中1、5、6、9、12：http://epress.nus.edu.sg/sitereports/lingga/text/investigation,'the Ceramics Cargo Catalogue' Fig. 23 & Fig. 61 & Fig. 63 & Fig. 53 & Fig. 55；图中2、7、11：Michael Flecker, "Sister ships: three early 12th century CE shipwrecks in Southeast Asia." *Current Science(Bangalore)*, Vol. 117, No. 10, 2019, p. 1661 & p. 1659 & p.1660；图中3、4：Michael Flecker, "Sister ships: three early 12th century CE shipwrecks in Southeast Asia." *Current Science(Bangalore)*, Vol. 117, No. 10, 2019, p. 1657 & p. 1658；图中8、10：Roberto Gardellin, "Shipwrecks around Indonesia." *The Oriental Ceramic Society Newsletter*, No. 21, 2013, p. 18 & p. 19）

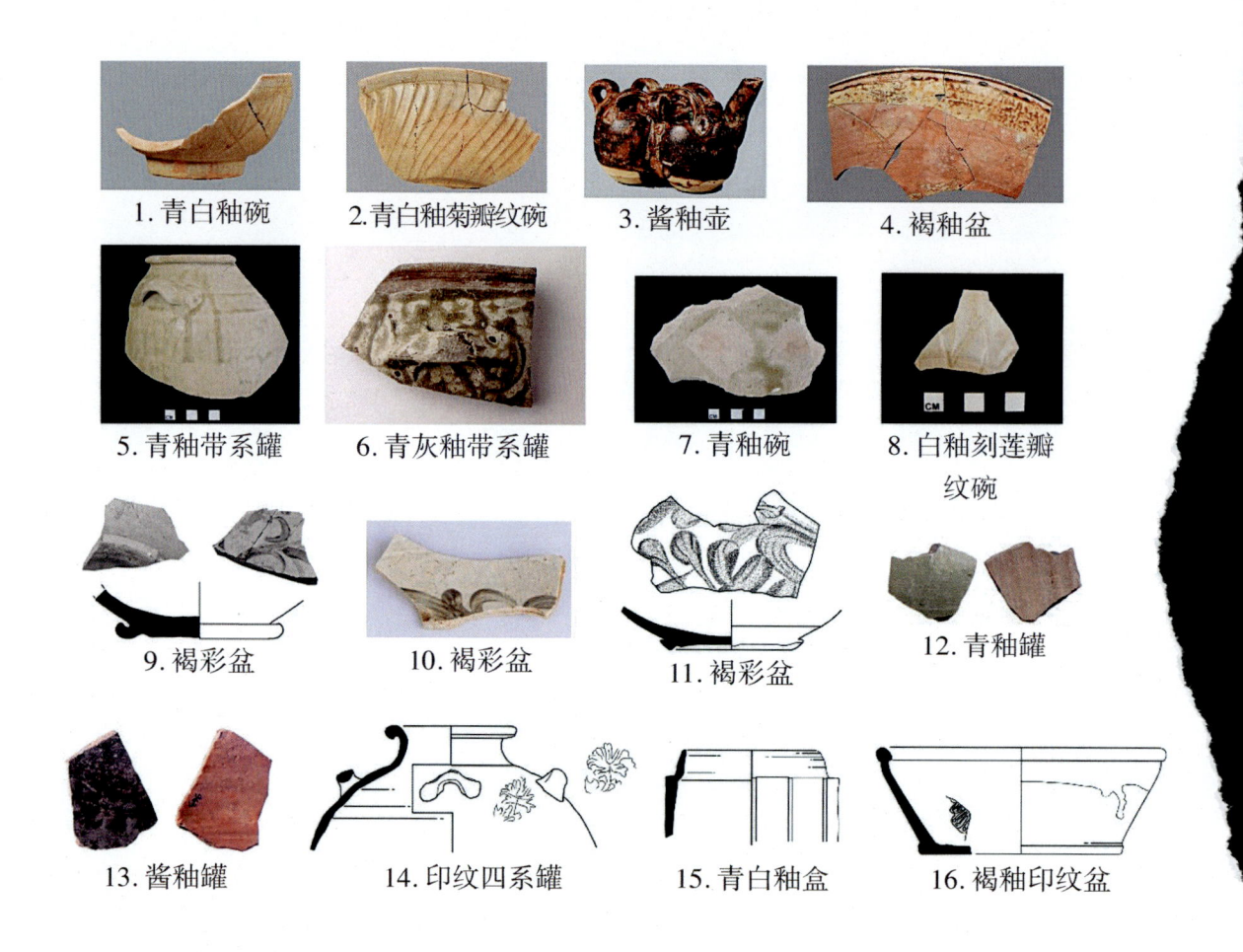

1. 青白釉碗　2. 青白釉菊瓣纹碗　3. 酱釉壶　4. 褐釉盆

5. 青釉带系罐　6. 青灰釉带系罐　7. 青釉碗　8. 白釉刻莲瓣纹碗

9. 褐彩盆　10. 褐彩盆　11. 褐彩盆　12. 青釉罐

13. 酱釉罐　14. 印纹四系罐　15. 青白釉盒　16. 褐釉印纹盆

图版二七　西印度洋遗址出土9—12世纪广东陶瓷

（图中1—4：王建文《斯里兰卡贾纳夫阿莱皮蒂遗址2018年发掘简报》，《考古学集刊》（第23集），社会科学文献出版社，2020年，图版二六—二九；图中5、7、8：大英博物馆藏https:// www.britishmuseum.org/collection/search?keyword=2007,6001.2798，2023年7月31日；https:// www.britishmuseum.org/collection/search?keyword=2007,6001.2782，2023年7月31日；https://www.britishmuseum.org/collection/search?keyword=2007,6001.8198，2023年7月31日；图中6：John Carswell, Siran Deraniyagala, Alan Graham, *Mantai: City by the Sea,* Aichwald：Linden Soft Verlag, 2013，电子附图；图中9：Bing Zhao, "Global trade and Swahili cosmopolitan material culture: Chinese-style ceramic shards from Sanje ya Kati and Songo Mnara (Kilwa, Tanzania)." *Journal of World History,* Vol. 23, No. 1, 2012, pp. 41-85, Fig. 6；图中10：丁雨《肯尼亚曼布鲁伊遗址及马林迪遗址的考古学研究》，北京大学博士学位论文，2015年，244页图3.8；图中11—16：Axelle Rougeulle, *Un entrepôt de commerce medieval sur la côte du Hadramawt (Yémen, ca. 980-1180),* Oxford: Archaeopress, 2015, p. 308 Fig. 213 & p. 316 Fig. 218 & p. 316 Fig. 218 & p. 312 Fig. 215 & p. 302 Fig. 209 & p. 301 Fig. 208 & p. 310 Fig. 214 & p. 310 Fig. 214）

图版二八　Sepon矿区遗址出土明代中国瓷器

图版二九　Sepon矿区遗址出土清代民窑青花瓷

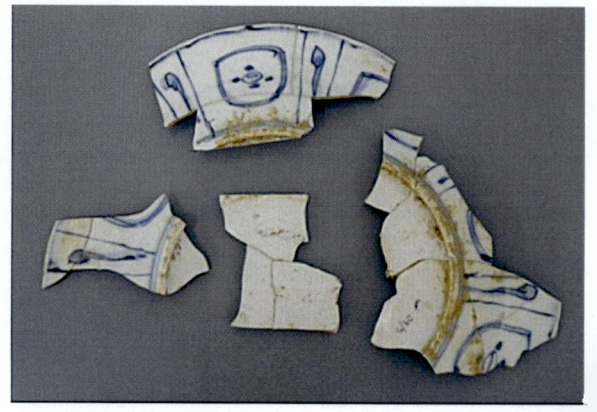

图版三〇　Sepon矿区遗址出土的明代景德镇窑青花开光纹饰盘

1　　　2　　　3　　　4

图版三一　Sepon矿区遗址出土的明代漳州窑青花瓷

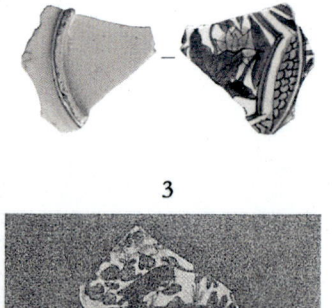

1　　　2　　　3　　　4

图版三二　越南会安、平顺沉船及老挝万象发现的中国瓷器